AF252904

LES PONTIFICAUX

ET

LES GARIBALDIENS

OU

HISTOIRE ANECDOTIQUE

DE

L'INVASION DES ÉTATS-PONTIFICAUX

D'APRÈS LES DOCUMENTS OFFICIELS ET LES CORRESPONDANCES

PRÉCÉDÉE D'UNE INTRODUCTION SUR L'ÉGLISE ET LA PAPAUTÉ

Par J. C. P.

Se vend au profit du Denier de Saint-Pierre
et des blessés de l'armée romaine

PARIS

NOUVELLE LIBRAIRIE CATHOLIQUE

VICTOR SARLIT, LIBRAIRE-ÉDITEUR

25, RUE SAINT-SULPICE, 25

1868

LES PONTIFICAUX

ET

LES GARIBALDIENS

PARIS. — IMP. SIMON RAÇON ET COMP., RUE D'ERFURTH, 1.

LES PONTIFICAUX

ET

LES GARIBALDIENS

OU

HISTOIRE ANECDOTIQUE

DE

L'INVASION DES ÉTATS-PONTIFICAUX

D'APRÈS LES DOCUMENTS OFFICIELS ET LES CORRESPONDANCES

PRÉCÉDÉE D'UNE INTRODUCTION SUR L'ÉGLISE ET LA PAPAUTÉ

Par J. G. P. LÉGAL

Se vend au profit du Denier de Saint-Pierre
et des blessés de l'armée romaine

PARIS

NOUVELLE LIBRAIRIE CATHOLIQUE

VICTOR SARLIT, LIBRAIRE-ÉDITEUR

25, RUE SAINT—SULPICE, 25

1868

PRÉFACE

—

Cet ouvrage nous a été inspiré par le désir de contribuer, selon notre faible pouvoir, à la défense du saint-siége, en propageant le souvenir et la *gloire* de *ses* défenseurs. Au milieu de ces injustes agressions dirigées contre l'Église, nous n'avons point voulu laisser ni périr, ni même oublier ses vaillants soldats. Tant de sacrifices spontanés, tant d'actes de dévouement qui rappellent les plus beaux âges de l'Église, ont besoin d'être conservés et surtout popularisés. C'est tout le but de ce travail, dont le fond appartient presque tout entier aux récits si émouvants de la presse catholique.

L'Univers, *l'Union*, *le Monde*, *la Gazette du Midi* surtout, et les mandements de NN. SS. les évêques, nous ont fourni les plus riches documents. Nous leur renvoyons tout l'honneur de ce livre, simple mosaïque, dont ils nous ont prêté les éléments si précieux et si variés.

J. C. P.

LES PONTIFICAUX

ET

LES GARIBALDIENS

CHAPITRE PREMIER

INTRODUCTION

—

Quand on étudie de près toutes ces passions exaltées contre l'Église, et que l'on assiste au spectacle de ces fureurs et de ces mensonges qui l'assiégent de toutes parts, on se demande si c'est un rêve, ou plutôt, on est tenté de répéter aux implacables ennemis de l'Église la belle réponse de Jésus-Christ : « *Multa bona opera ostendi vobis ex Patre meo : propter quod eorum opus me lapidatis?* « J'ai accompli devant vous et par vous un grand nombre de bonnes œuvres par la puissance de mon père. Pour *laquelle* me lapidez-vous?»Hélas! Il n'y a point de réponse possible. C'est toujours le grand combat dont nos luttes intérieures ne sont que la faible image; c'est la guerre acharnée et interminable de la chair contre l'esprit, du mensonge contre la vérité, de la force contre le droit, de Satan contre Dieu. Les bienfaits de l'Église, trop éclatants pour ne point confondre ses ennemis, ont aussi souvent besoin d'être rappelés pour encourager ses défenseurs.

On vante les progrès de l'âge présent, mais à qui revient la gloire de cette action puissante qui prépare toutes les grandeurs de la civilisation contemporaine? C'est à l'Église. C'est elle qui, au milieu des convulsions de l'empire, prenant comme par la main les enfants de la Germanie, entraînant à son char de triomphe les vainqueurs et les vaincus, les conduit du sein des ténèbres à la lumière et aux splendeurs de la vérité ; et au milieu de la sanglante poussière des combats, éteignant des haines de race, les ramène toutes aux sentiments de la miséricorde et de la charité. En d'autres termes, c'est l'Église seule, qui dans l'ordre moral, intellectuel et même matériel, a préparé les grandeurs de l'Europe civilisée.

Mais qui songe à contester les bienfaits de l'Église, répondent nos adversaires ? — D'accord avec les protestants, ce que nous voulons, disent les libres penseurs, c'est l'anéantissement de la papauté. Garibaldi et toute sa secte l'avoue. Hélas! parmi les chrétiens de nos jours, combien de catholiques peu instruits semblent ne point comprendre l'origine et les droits de la puissance pontificale! Le pouvoir même purement *spirituel* du pape leur apparaît comme une institution purement humaine, accessible à la loi du progrès et qui, à ce titre, doit un jour être remplacée. Quant au *pouvoir temporel*, ils ne conçoivent pas qu'on maintienne sur la même tête deux autorités si contraires, celle de la tiare et celle du diadème.

On sait que le protestantisme a envahi notre société moderne ; toute autorité lui pèse, surtout dans le domaine de la conscience. Et cependant, la Bible et la tradition à la main, il faut bien reconnaître que la papauté est comme *puissance spirituelle* aussi ancienne que l'Église et a été établie par Jésus-Christ.

Le jour où Jésus dit à Pierre : « *Tu es Pierre, et sur cette pierre je bâtirai mon Église; je te donnerai les clefs du royaume des cieux ;* » évidemment, le divin Sauveur établissait saint Pierre le fondement de cette Église contre laquelle les puissances de l'enfer ne prévaudront point. Il l'investissait des clefs du royaume des cieux, avec le pouvoir de lier et de délier, d'ordonner, de commander et d'absoudre, avec le droit de gouverner l'Église. « Tout est soumis à ses clefs, dit Bossuet ; tout, rois et peuples, pasteurs et troupeaux. Nous le publions avec joie ; car nous aimons l'unité, et nous tenons à gloire notre obéissance. C'est manifestement le dessein de Jésus-Christ de mettre premièrement dans un seul ce que dans la suite il voulait mettre dans plusieurs. Mais la suite ne renverse pas le commencement et le premier ne perd pas sa place. Cette première parole : *Tout ce que tu lieras* dite à *un seul*, a déjà rangé sous sa puissance chacun de ceux à qui on dira : *Tout ce que vous remettrez ;* car les promesses de Jésus-Christ, aussi bien que ses dons, sont sans repentance ; et ce qui est une fois donné indéfiniment et universellement est irrévocable, outre que la puissance donnée à plusieurs porte sa restriction dans son partage ; au lieu que la puissance donnée à un seul et sur tous, et sans restriction, emporte la plénitude. » Or, évidemment, la prérogative qui établit saint Pierre le fondement de l'Église, en lui conférant les clefs, et avec les clefs le pouvoir de gouverner l'Église, devait durer autant que l'Église, c'est-à-dire jusqu'à la fin des temps. En vain le Sauveur du monde eût-il bâti son Église sur la chaire de Pierre, si cette chaire eût dû tomber avec Pierre. Il faut donc reconnaître que la primauté de Pierre n'était pas seulement pour Pierre, mais pour tous ceux qui devaient lui succéder jusqu'à la consommation des siècles. En confessant que Jésus est le Christ, fils du Dieu vivant, Pierre s'attire l'inviolable promesse qui le fait le fondement de l'Église. La parole de Jésus-Christ, qui de rien fait ce qu'il lui plaît, donne cette force à un mortel. Qu'on ne dise point, qu'on ne pense point que ce ministère de saint Pierre finisse avec lui : ce qui doit servir de soutien à une Église éternelle ne peut jamais avoir de fin ; Pierre vivra dans ses successeurs ; Pierre parlera toujours dans sa chaire ; c'est ce que disent les Pères, c'est ce que confirment six cent trente évêques au concile de Chalcédoine [1].

La même preuve se tire des autres paroles de Jésus-Christ : « J'ai prié pour toi afin que ta foi ne défaille point, et quand tu seras converti, affermis tes frères : *confirma fratres tuos*, » et encore ailleurs : « Pais mes agneaux, » c'est-à-dire les fidèles ; « pais mes brebis, » c'est-à-dire les pasteurs. « Il n'y aura qu'un bercail et *un seul* pasteur. »

[1] Cardinal Gousset.

S'il y avait le moindre doute sur le sens de ces paroles, nous aurions pour le fixer toute la tradition des Pères, des conciles et mille faits empruntés à l'histoire profane ou ecclésiastique. De plus, la raison appelle cette autorité, sans laquelle nous flotterions à tout vent de doctrine, comme il est arrivé dans les Églises séparées.

Tertullien, si près de la tradition apostolique, écrivait dès le deuxième siècle : « Le Seigneur a donné les clefs à Pierre et par lui à l'Église; » saint Optat de Milève : « Saint Pierre a reçu *seul* les clefs du royaume des cieux pour les *communiquer* aux autres pasteurs. » Saint Cyprien ne s'exprime pas avec moins de force : « Notre-Seigneur, dit-il, en établissant l'*honneur* de l'épiscopat, dit à saint Pierre dans l'Évangile : « Tu es Pierre, etc. » C'est *de là*, par la suite des temps et des successions, que découlent l'ordination et la dignité épiscopale. Et saint Augustin ajoutait : « Le Seigneur nous a confié ses brebis parce qu'il les a confiées à Pierre. » Saint Grégoire de Nysse confesse la même doctrine en présence de tout l'Orient. « Jésus-Christ, dit-il, a donné par Pierre, aux évêques, les clefs du céleste royaume. » Saint Jean Chrysostome écrit : « Jésus-Christ a confié à Pierre le gouvernement de l'Église *dans toute la terre*. Pierre est le prince du char apostolique, la *colonne* de l'Église. » Et saint Jérôme écrivait au pape Damase : « Je suis uni de communion avec Votre Béatitude, c'est-à-dire à la chaire de Pierre, sur laquelle je sais que l'Église a été bâtie... Celui qui n'amasse point avec vous, dissipe, etc. »

Nous ne citerons point les Pères des âges postérieurs au huitième siècle. Les protestants eux-mêmes n'osent les contester. Les conciles parlent comme les saints Pères.

Le premier concile de Nicée, de 325, professe la primauté de l'Église romaine, regardant cette primauté comme aussi ancienne que le christianisme : *Ecclesia romana semper habuit primatum.* Remarquez que les Pères de Nicée ne prétendent pas donner à l'Église romaine une prérogative nouvelle; ils disent simplement ce qu'elle est et ce qu'elle a toujours été, ce qu'elle a et ce qu'elle a toujours eu : l'Église romaine, disent-ils, a toujours eu la primauté; aussi, le concile de Sardique, qui est un appendice de celui de Nicée, reconnaît et sanctionne, dans l'évêque qui a été déposé par le concile de la province, le droit d'en appeler au pape.

Le concile œcuménique de Constantinople, de 381, tout en voulant élever l'évêque de cette ville au-dessus des évêques d'Alexandrie et d'Antioche, respecte la primauté du siége apostolique, en n'accordant à l'évêque de Constantinople l'honneur de la primauté qu'après l'évêque de Rome : *Constantinopolitanæ civitatis episcopum habere oportet primatus honorem post romanum episcopum.*

Dès la mort de saint Pierre sous Néron, une suite de témoignages historiques nous montrent ses successeurs reconnus par l'Église entière comme les chefs de la chrétienté. Une suite de traits nous prouvent que, sans pouvoir être encore, dans les temps de persécutions, d'invasions barbares, de communications difficiles, ce qu'elle est devenue depuis, cette suprématie s'exerçait partout à l'occasion dès les premiers siècles, où les liens de la hiérarchie n'étaient point

aussi resserrés. Toujours les premiers à la mort, puisque
sur trente-trois papes, l'histoire pontificale a pu inscrire vingt-huit martyrs, ils furent toujours , à la
paix de l'Église, les premiers à conquérir le monde à
Jésus-Christ. Pendant que les conciles généraux con-
damnaient les hérésies de ces premiers siècles (Arius,
Macédonius, Pélage, Nestorius, Eutychès, etc.), les
papes, par leur action personnelle ou par celle des
évêques délégués, rattachèrent au catholicisme les
peuples nouveaux, ariens ou idolâtres, qui avaient
renversé l'empire romain et le remplaçaient sur la
scène du monde.

Ainsi la primauté du souverain pontife se faisait
sentir partout dans le domaine spirituel, et c'est de
Rome que partirent les missionnaires qui arrachèrent
l'Europe à la barbarie. La puissance qu'ils exercèrent
au moyen âge sur les rois souvent si empressés à se
constituer les feudataires du saint-siége, n'était qu'une
conséquence de cette juridiction spirituelle qu'ils
avaient toujours exercée sur l'Église.

Du reste, la raison elle-même proclame la nécessité
d'un seul chef pour cette immense société spirituelle
qui devait embrasser dans la pensée de Jésus-Christ
toutes les nationalités.

« Les nationalités, sans doute, dit admirablement
M. Dœllinger, ne sont pas l'œuvre du hasard[1]. »

Toutefois, au-dessus de la communauté nationale
qui constitue un peuple, s'élève cette société, destinée à ramener la pluralité des peuples à une sainte
et religieuse unité, à établir des rapports fraternels

---

[1] *L'Église et les Églises.*

entre eux, à faire de tous les peuples une grande famille. Telle est l'Église du Christ. C'est la volonté de son fondateur qu'elle réalise cette parole : « Un seul pasteur et un seul troupeau. » Dans ses vues, dans ses institutions, dans ses mœurs, elle ne doit porter elle-même aucune couleur nationale. Elle ne doit être, de préférence, ni allemande ni italienne, ni française ni anglaise. Elle ne doit témoigner à aucun peuple une prédilection particulière. Encore moins doit-elle vouloir imprimer sur les autres peuples le sceau d'une nationalité étrangère.

Celui qui dit : Je ne reconnais pas le pape ; l'Église à laquelle j'appartiens veut subsister par elle-même ; le pape est pour nous un étranger, son Église n'est pas la nôtre ; celui-là dit par là même : Nous nous séparons de l'Église universelle ; nous ne voulons plus être membres de ce corps. Affirmer théologiquement qu'il ne doit et qu'il ne peut y avoir dans l'Église, *en général*, aucun primat, que la papauté est une institution contraire à la volonté du Christ, c'est déclarer en d'autres termes qu'il ne doit pas exister une Église universelle embrassant toute la multitude des nations ; que les peuples, au point de vue religieux, doivent être séparés les uns des autres ; que l'état normal, c'est qu'il y ait autant d'Églises différentes qu'il y a de nations ou de gouvernements. Mais cet état d'une Église divisée en une foule d'Églises particulières et nationales ne peut pas même prétendre à une ombre d'approbation divine. Il ne s'appuie pas sur la Bible. On n'a pas essayé une seule fois de démontrer théoriquement que cet état est conforme à la volonté de Dieu...

Ainsi est parfaitement établie l'origine divine de la papauté, sa nécessité, son rôle, dans le domaine purement spirituel. Tout rêve d'Église nationale est une erreur antichrétienne, en même temps qu'une décapitation et l'anéantissement du catholicisme.

Mais à quoi bon ce cumul de la royauté temporelle se surajoutant à l'autorité spirituelle? Les papes n'ont point toujours été rois ; leur pouvoir temporel a fait son temps. C'est ce que nous allons examiner.

Non, les papes n'ont point toujours été rois ; pas plus que la dynastie de la maison de Savoie, des Bourbons, des Hapsbourg ou des Napoléon, la puissance temporelle des papes ne remonte pas au déluge, ou même, si vous l'aimez mieux, à Jésus-Christ. Si vous voulez en connaître l'origine, elle est aussi légitime qu'ancienne. Peu de rois de la terre pourraient en dire autant.

Dès l'origine, toute la puissance temporelle des papes consistait dans la perception des aumônes et d'un impôt désigné sous le nom magnifique de *Denier de Saint-Pierre*.

La souveraineté temporelle naquit à la fois et de l'attachement des Italiens à la papauté, et de la protection des rois francs. La faiblesse ensuite des derniers empereurs d'Occident, l'éloignement et l'impuissance de ceux d'Orient, habituèrent de bonne heure la Péninsule, sans cesse menacée et envahie par les barbares, à ne chercher d'appui contre eux que dans l'activité et le dévouement des papes, dont les Attila et les Genséric eux-mêmes respectaient le caractère sacré. Mais, bien qu'ils eussent une grande autorité dans l'Italie centrale, les papes ne l'exercèrent jusqu'au huitième siècle qu'avec l'assentiment et au nom des Empereurs, qu'ils appelaient en vain et sans cesse contre les Lombards. En 726, la protection que Léon l'Isaurien accordait aux iconoclastes contre les catholiques changea, dans le duché de Rome, en souveraineté pleine et entière, le pouvoir accidentel et comme emprunté des papes. Trente ans plus tard, sans s'inquiéter des prétentions et de la souveraineté nominale des empereurs grecs, Pépin le Bref, après avoir repris aux rois lombards, qui s'en étaient emparés, un grand nombre de villes de l'exarchat de Ravenne et de la Pentapole, les *restitua* (ainsi parlent les chroniques) au pape leur maître plus réel.

Lorsque, plus tard, sous le pape Léon III (795-816), Charlemagne alla, aux fêtes de Noël (800), déposer sur le tombeau de saint Pierre la donation faite par son père et augmentée par lui, le pape lui mit sur la tête la couronne impériale, aux acclamations du peuple s'écriant : « Salut à l'empereur Charles-Auguste que Dieu couronne. »

Depuis Charlemagne, le pouvoir temporel des papes, comme tous les autres, fut soumis à mille vicissitudes. A la suzeraineté sur l'Italie méridionale, accordée à Léon IX par le Normand Robert Guiscard, Grégoire VII ajouta la possession de Bénévent (1077) ; et la comtesse Mathilde les donations considérables de Viterbe à Pérouse, dans le bassin du Pô inférieur (1132). — Philippe le Hardi céda à Grégoire X le comtat Venaissin (1274), auquel il ajouta la ville d'Avignon. Jules II acquit Parme, Plaisance et Reggio ; Léon X Modène. Charles-Quint et François Ier aliénèrent ces acquisitions. En 1790 Avignon, et le comtat Venaissin revinrent à la France. Enfin Napoléon Ier démembra, puis anéantit le pouvoir temporel, rétabli par le traité de Vienne, en 1815, aujourd'hui réduit et menacé par l'Italie, mais patroné par la France.

Telle est l'origine et l'histoire du pouvoir temporel de la papauté, fondé, selon l'expression d'un auteur protestant, sur mille ans de respect et sur le libre choix d'un peuple protégé contre la barbarie et délivré par les papes de la servitude.

Mais, dira-t-on, les temps sont changés. Le pouvoir temporel, nuisible à l'Italie, est inutile à la papauté.

Entre le pape, les évêques de toute la catholicité, qui affirment, et la révolution qui nie, le choix d'un chrétien ne peut être douteux : « Si le pape était privé du patrimoine de Saint-Pierre, dit Mgr l'archevêque de Dublin, s'il était réduit à la condition de sujet vis-à-vis de quelque prince temporel, s'il devenait dépendant d'autrui, tout le monde ne voit-il pas que les hautes fonctions du siége apostolique ne pourraient être exercées avec la liberté qui leur est propre et avec l'énergie nécessaire ? »

En premier lieu, l'élection du pape serait continuellement troublée, peut-être même essayerait-on d'imposer des antipapes à l'Église, ce qui tarirait la source de la juridiction spirituelle et exposerait les fidèles aux plus grandes privations.

En second lieu, le pape n'aurait pas les moyens nécessaires pour entretenir près de lui les conseillers et les aides dont il a à se servir pour paître le troupeau du Christ, et il serait continuellement contrarié dans l'élection des évêques et des autres prélats de l'Église.

Si le prince sous lequel il vivrait était un fauteur d'hérésie, de schisme ou de pratiques criminelles, le pape serait exposé à d'inévitables persécutions, lorsque, pour éloigner les fidèles des pâturages empoisonnés de l'erreur, il voudrait signaler le danger au monde.

Si le prince dont le pape serait le sujet était en guerre avec d'autres, sans nul doute ceux-ci ne verraient qu'avec défiance les actes de l'autorité ecclésiastique, et peut-être refuseraient-ils de les accepter. Dans ces circonstances, l'Église ne serait-elle pas continuellement privée de l'action nécessaire au saint-siége? Les diocèses ne resteraient-ils pas sans évêques, comme cela est arrivé en Irlande, de 1809 à 1814, lorsque Pie VII était captif en France? n'y aurait-il pas là un danger perpétuel d'innovations et de schisme? L'histoire jette de vives lumières sur ce sujet.

Dans les premiers siècles de l'Église, pendant que le paganisme dominait, les papes étaient obligés de se cacher dans les catacombes, et c'est par le martyre qu'ils terminaient ordinairement leur carrière. Plus tard, lorsqu'ils furent placés sous le sceptre des empereurs grecs, nous trouvons un Justinien qui, quoique prince catholique, traita le pape Silvère de la façon la plus arbitraire, le tenant captif, le soumettant aux plus grandes ignominies, et rendant impossible l'exercice de ses pouvoirs spirituels. Tout le monde connaît les difficultés et les troubles dans lesquels un autre pape, le pape Vigile, fut enveloppé par le même Justinien, et les schismes et les querelles qui, par suite, divisèrent l'Église.

Plus tard encore, lorsque les empereurs d'Allemagne, et surtout ceux de la maison de Souabe, obtinrent une grande influence politique en Italie, leur principale ambition paraît avoir été d'établir leur suprématie sur le siége apostolique, et s'en faire un instrument favorable à leurs vues politiques.

Telle a été, de notre temps même, la conduite de Napoléon Ier vis-à-vis de Pie VII. Comme ce saint pontife ne voulait pas sacrifier sa conscience en s'engageant dans une guerre contre l'Angleterre qu'il considérait comme injuste, le conquérant le fit amener en France, et là, dépendant du caprice impérial, le pape fut soumis à mille outrages. L'humble pontife, cependant, montra le plus invincible courage dans ce conflit, qui se termina par son retour triomphal à Rome, pendant que Napoléon allait, captif à son tour, terminer sa carrière dans une île déserte, séparée du reste du monde par les eaux de l'immense Océan.

Ces faits montrent clairement combien il est nécessaire que le pape soit indépendant de tout prince temporel, pour pouvoir accomplir librement et entièrement les devoirs de son autorité spirituelle.

Si les pontifes, en effet, étaient les sujets d'un prince temporel, ils se verraient bientôt obligés ou de trahir leur conscience, ou de se cacher dans les catacombes, ou de prendre la route de l'exil, ou de terminer leur carrière par le martyre. Y a-t-il un catholique, y a-t-il un ami de la liberté qui puisse désirer voir le pape réduit à une telle extrémité?

La nécessité d'un pouvoir temporel pour le pape sera mise encore mieux en relief par un autre exemple.

Vous savez qu'au neuvième siècle, le trop fameux

Photius, patriarche de Constantinople, leva l'étendard de la révolte contre le siége de Rome, et usurpa sur l'Orient l'autorité que les pontifes romains possèdent légitimement et par l'institution divine sur l'univers entier. Le pouvoir de Photius et de ses successeurs, quoique illégitime, fut reconnu par les évêques de l'Orient, par les empereurs grecs et par leurs sujets. Eh bien, quelle était la condition de ces patriarches sous les souverains qui régnaient alors ? Aussi longtemps que l'empire grec subsista, ils furent traités comme des vassaux et ne furent qué des instruments dans la main des empereurs. Lorsque Constantinople tomba sous la domination des Turcs, les sultans se conduisirent de la même manière à leur égard, jusqu'à ce qu'enfin le pouvoir patriarcal ne fut plus qu'une ombre. Les Russes refusèrent de reconnaître les droits d'un patriarche soumis aux Turcs, et la Grèce, lorsqu'elle recouvra son indépendance, ne voulut pas consentir à se soumettre à Constantinople dans les matières spirituelles ; les Grecs élurent un patriarche particulier pour eux.

Il est évident que si le pape était le sujet d'un pouvoir quelconque, d'autres nations agiraient comme ont agi les Grecs. Et c'est pour cela que l'erreur et l'infidélité montrent tant d'acharnement à détruire le pouvoir temporel du pape. Les ennemis de l'Église affirment qu'ils n'en veulent pas à l'autorité spirituelle du pape ; en réalité, il est évident qu'ils attaquent cette autorité en la prenant par le côté qu'ils regardent comme le plus vulnérable. Ils voudraient réduire le pape à la condition de vassal vis-à-vis d'un autre prince, afin que les autres peuples et les autres princes se trouvassent amenés, par des motifs temporels, à être en opposition avec le centre du christianisme, afin de détruire l'efficacité de son action.

Si les ennemis de la religion réussissaient dans leurs projets, voyez quels maux en résulteraient. Les décisions du pape en matière de foi et de morale, ses décrets disciplinaires, l'élection des évêques, tout ce qui concerne le gouvernement de l'Église, serait accepté avec défiance ou refusé comme inspiré par le prince dont le pontife serait le sujet. Ainsi seraient détruits le respect, la vénération et l'obéissance qui sont dus au siége apostolique, et la doctrine et l'enseignement catholiques languiraient, pendant que l'erreur et le schisme, l'incrédulité et l'immoralité lèveraient impunément la tête et se répandraient par tout le monde.

Alors, s'il était possible, les portes de l'enfer prévaudraient contre l'Église, les prophéties et les promesses du Rédempteur seraient démenties, et les bienfaisants effets de sa mission sur la terre seraient annulés. Quel torrent de maux inonderait l'univers ! N'y a-t-il pas là un motif suffisant pour exciter nos sympathies à l'égard du pape, pour nous pousser à élever notre voix vers le ciel en sa faveur, pour nous engager à user de toute notre influence, de tous les moyens qui sont à notre disposition, afin de le défendre ?

CHAPITRE II

L'INVASION GARIBALDIENNE

—

GARIBALDI

« Entre Charlemagne, l'héroïque empereur, qui a fondé le pouvoir temporel, en se prosternant aux genoux du souverain pontife, dit Eugène de Mirecourt, et le soldat de fortune qui tient à briser ce même pouvoir et veut *extirper le chancre de la papauté*, les hommes sensés n'hésitent pas.

« Ils se rangent du côté de Charlemagne.

« Si vous me dites que le présent a le droit d'éclairer le passé de son flambeau et de provoquer les réformes, je vous réponds que les grands génies d'un âge barbare me semblent plutôt des modèles à suivre que les *crétins* d'une époque civilisée, — ou du moins qui se déclare telle, sans attendre la sanction de l'avenir.

« Excepté chez les cabaretiers qui s'abonnent au *Siècle*, je crois qu'on est assez généralement de cet avis-là.

« Joseph Garibaldi est né à Nice, le 4 juillet 1807. »

Nous ne raconterons pas toutes les péripéties de la vie aventureuse de notre héros : ses pérégrinations et ses combats en Amérique ; ses affiliations au carbonarisme italien ; les insurrections soulevées par lui en Sicile, à Naples et à Rome, où il dut céder le terrain' aux armées françaises ; son excursion avortée et ses déceptions en Angleterre ; mille autres tentatives qui aboutirent au *fiasco* d'Aspromonte. Nous avons hâte d'arriver aux événements de 1867, à cette audacieuse expédition, arrêtée ou du moins suspendue par l'intervention française.

Voyons d'abord avec quelle ardeur fébrile il cherche à préparer les voies et à surexciter les passions révolutionnaires. Il parcourt d'abord les anciens États de l'Église : à Orvieto, une députation vient le recevoir à la gare. A l'hôtel des Beaux-Arts, il se met à la fenêtre et parle en ces termes :

« 9 septembre.

« J'ai conservé un souvenir reconnaissant de cette chère population. J'ai eu occasion de la voir en des temps bien plus difficiles que les temps actuels, en des temps de périls et de craintes. Nous nous sommes vus, lorsque certains jésuites d'alors voulaient nous fermer les portes de la ville ; mais le peuple revendiqua ses droits et donna asile aux débris de la liberté et des défenseurs de Rome. » On entend les cris de : *Rome ou la mort !*

« Non, reprend Garibaldi, ce n'est plus : *Rome ou la mort !* mais : *Rome et la vie !*

« Nos ennemis ne sont pas seulement les prêtres ; notre ennemi capital est l'empereur des Français. Qui nous empêche d'aller à Rome? Les prêtres. Qui nous en empêche encore ? L'empereur français. » Cris de : *Mort à l'empereur ! mort à Bonaparte !*

« Ne confondez pas la nation avec Bonaparte ; la nation est grande et généreuse ; la nation est avec nous ; les nations sont toutes sœurs. Maintenant, je dois vous rappeler que, sans Rome, l'Italie n'est pas faite. » Cris : *A Rome ! à Rome !*

« On nous dit qu'ils sont là 40,000... Mais nous, au nouvel appel, nous serons plus de 40,000 ; nous serons un million, et, *unis à la valeureuse armée,* nous achèverons notre rédemption. » (*Applaudissements frénétiques.*)

« Beaucoup d'entre nous sont habitués au feu des batailles ; mais *aux mercenaires des prêtres, nous ne ferons pas même l'honneur de la baïonnette,* NOUS LES CHASSERONS à coups de crosse de fusils. » (Cris : *Dehors les prêtres ! mort aux prêtres !*)

« Ce sont eux qui ont achevé le dernier abaissement du premier peuple du monde. » (Cris : *C'est vrai ! c'est vrai !*)

« Le droit international permet aux Romains de s'insurger, il leur permet de se lever de la fange dans laquelle les ont jetés les prêtres. »

Quelques heures après son arrivée, Garibaldi fut félicité par la garde nationale et voulut recevoir les députations des villes qui sont encore sous le *joug* papal. Le soir, la ville était illuminée, et deux corps de musique exécutaient des morceaux variés.

Il y a une qualité qui nous plaît dans Garibaldi,

c'est sa brutale franchise. Il avoue son but, sans détours, sans ménagements hypocrites. Il ne vient pas, un fusil à la main, nous dire qu'il respecte le *pouvoir spirituel*, qu'il veut mieux sauvegarder son indépendance, en faisant du pape le grand aumônier de Victor-Emmanuel ; il ne se vante point de vouloir seulement le renversement du pouvoir temporel, dans l'intérêt de l'Église, qui désormais vivra libre dans l'État libre... Non, ce qu'il veut extirper, c'est la puissance *spirituelle* du pape autant que son pouvoir temporel. Il veut tout simplement supprimer le catholicisme. Si vous en doutez, suivez-le à Genève.

Garibaldi était annoncé. Tout le ban et l'arrière-ban des libres penseurs, et sans doute aussi de nombreux protestants, qui aiment en lui l'ennemi de la papauté, s'empressent de venir le saluer, musique en tête, au milieu des salves de l'artillerie. A peine installé, notre héros voulut haranguer la foule :

« Citoyens, dit-il, ce n'est pas la première fois que je me trouve dans le cas d'exprimer ma gratitude au brave peuple de l'Helvétie.

« En 1848, quand notre malheureux pays a été vaincu dans sa lutte contre le despotisme européen, c'est ici, sur ce sol sacré de la liberté, que nous, proscrits, avons trouvé un asile. Oui, je dois une reconnaissance profonde à ce beau peuple, aux neveux de Rousseau, aux descendants de Guillaume Tell ; à cette ville qui a de tout temps donné asile aux martyrs du dévouement à la patrie, et qui est aujourd'hui appelée à servir de lieu de réunion aux démocrates du monde entier. (*Applaudissements.*)

« La belle réception que vous me faites, ces applaudissements, ces marques de sympathie, m'enhardis-
sent un peu ; vous trouverez peut-être Garibaldi *un
peu impertinent* (Cris unanimes : *Non ! non !*), cependant je vous dois la vérité ; si je l'altérais sur ce sol
sacré, je croirais commettre un sacrilége, car n'est-ce
pas d'ici qu'est partie la vérité pour se répandre partout, comme l'eau de vos glaciers sur les vastes plai-
nes de l'Europe ?

« C'est au peuple genevois que j'en appelle pour
qu'il achève ce qu'il a commencé ; qu'il nous aide à
renverser totalement l'autorité qu'il a si facilement
ébranlée ! *Il faut écraser le monstre*[1] !

« Nous voulons y parvenir (*Applaudissements*), mais
pour cela, nous avons besoin du concours de tous les
démocrates du monde, nous espérons en vous et en
tous les hommes libres de l'Europe. (*Bravos.*) Eh
bien, trouvez-vous qu'il y a quelque chose *d'impertinent* dans mon discours ? (Cris : *Non ! non !*)

« Alors, laissez-moi continuer et vous recommander une chose : la concorde. (*Applaudissements nombreux. Cris : Oui ! oui ! oui !*) Oui ! Garibaldi vient vous
recommander la concorde, parce que la concorde du
peuple helvétique signifie la concorde de tous les
peuples du monde.

« Votre concorde, c'est votre conservation, et nous
y sommes tous intéressés, et si jamais votre patrie
était menacée, nous revendiquerons l'honneur de
porter une carabine à vos côtés pour la défendre.
(*Longs et chaleureux applaudissements*[2].)

---

[1] Le catholicisme.
[2] Politique de non-intervention.

« Adieu !

« La réception que vous m'avez faite m'a profondément ému, j'en garderai le souvenir éternellement gravé au fond de mon cœur.

« Adieu ! »

Quoi de plus clair ?

Le *Journal de Genève* applaudit. Les catholiques lui répondirent :

« Le *Journal de Genève* accepterait-il que du haut du balcon de l'hôtel des Bergues, on vînt proclamer en face du peuple et au son du canon national la déchéance du consistoire, et déclarer que la vénérable Compagnie est un MONSTRE et une INSTITUTION PESTILENTIELLE? trouverait-il que ce prêcheur est un homme d'une *sympathique tolérance*, et qu'il fait un acte qui, dans un pays mixte, ne trouble pas la paix confessionnelle? »

Il n'y avait rien à répondre.

Pendant que, dans ce congrès de la *paix*, Garibaldi prêchait la *guerre* d'extermination contre le pape, contre les prêtres, et mieux contre le catholicisme, M. J. Fazy donnait sa démission.

La roche Tarpéienne est près du Capitole. Devant l'opposition imposante des vingt mille catholiques de Genève et de la fraction protestante qui confesse encore la divinité de Jésus-Christ, Garibaldi dut s'incliner.

Il croyait que la ville de Calvin, la Rome protestante, allait s'associer à ses idées contre le saint-siège; mais quand il vit son coup manqué, il gagna la route du Simplon, et le lendemain il était à Domo d'Ossola, sur une terre italienne. Personne ne se trompa sur ce départ précipité ; raison de plus pour que Garibaldi déclare qu'il ne s'était point enfui de Genève. Il serait aussi vraisemblable de nier la blessure au talon reçue à Aspromonte. Mais qu'importe? Du moins le héros de la paix avoue la dissolution forcée du congrès, tout en l'attribuant à l'affluence des espions.

Ainsi, à peine échappé de Genève, au milieu des tardifs mais louables désaveux des protestants eux-mêmes, Garibaldi semble vouloir effacer le ridicule sous l'odieux, et, pour se faire prendre encore au sérieux, s'il était possible, il menace de nouveau la frontière romaine. Arrivé à Bedgirato, il harangue la foule et s'écrie dans son langage théâtral : « Suivez-moi à la délivrance des Romains; vous devez me suivre, je vous l'ordonne. » Il fait distribuer à ses volontaires des Romagnes un revolver et cinquante francs par homme. Il fait pénétrer dans l'État pontifical un certain nombre de complices, également porteurs de sommes assez fortes pour y vivre jusqu'au moment où il donnera le signal ; alors ceux-ci, agissant sur divers points et jouant leur rôle de loups dans la bergerie, pourront en ouvrir l'accès.

Les catholiques prévenus à temps poussèrent un cri d'alarme. Pour mieux cacher son rôle, le gouvernement italien, renouvelant les anciens démentis essayés pour Marsala, fit publier dans la *Gazette officielle* la déclaration suivante destinée à calmer ou mieux à tromper les esprits :

« Le ministère a suivi, jusqu'à présent, avec attention la grande agitation qui, sous les auspices du nom glorieux de Rome, tentait de pousser le pays à violer les stipulations internationales consacrées par le vote du parlement et par l'honneur de la nation.

« Le ministère voyait avec peine les préjudices que de telles excitations portaient à la tranquillité de l'État, à notre crédit et aux opérations financières, d'où dépendent le bien-être et la fortune du pays.

« Il a respecté jusqu'à présent les droits de tous les citoyens. Mais maintenant qu'au mépris de ces droits, on veut traduire les menaces en faits, le ministère sent qu'il est de son devoir de ramener la confiance publique et de sauvegarder la souveraineté de la loi. Fidèle aux déclarations qu'il a faites au parlement, et que le parlement a acceptées, il accomplira ce devoir jusqu'au bout.

« Dans un État libre, aucun citoyen ne peut se placer au-dessus de la loi, se mettre lui-même aux lieu et place des grands pouvoirs de la nation, détourner arbitrairement l'Italie de son œuvre ardue de réorganisation ni l'entraîner dans les plus graves complications.

« Le ministère a confiance dans la sagesse et le patriotisme des Italiens. Mais si quelqu'un essayait de manquer à la loyauté des stipulations et de violer cette frontière dont doit nous éloigner l'honneur de notre parole engagée, le ministère ne le permettrait en aucune façon, et il laisserait aux contrevenants la responsabilité des actes qu'ils auraient provoqués. » Belle morale qui devait être démentie par les faits.

L'article officiel en effet, dirigé contre les projets d'invasion du territoire pontifical, semblait donner à Rome une sécurité définitive et à la France une certitude que la convention du 15 septembre serait fidèlement exécutée. Mais ces assurances ne trompaient

personne et jamais nous n'avons été plus sérieusement alarmés que depuis ce désaveu renouvelé de
Cavour, s'abstenant précisément du mot décisif :
Le royaume d'Italie accepte Florence pour capitale
définitive, renonce à la possession de Rome et à toute
occupation de ses provinces. Cette déclaration, M. Rattazzi s'est bien gardé de la faire : les sociétés secrètes
ne le lui auraient pas pardonné.

Que Garibaldi, n'ayant plus à craindre d'intervention française et sourd aux conseils apparents de M.
Rattazzi, se présente demain à la frontière romaine ;
qu'il y trouve un point mal gardé et pénètre par cette
brèche ; que les détachements pontificaux se replient
sur Rome, ainsi que l'ordre en a été donné, par mesure de précaution, aux postes avancés occupant la
province de Frosinone : rien n'empêche plus alors les
frères et amis qui ont déjà pénétré dans ces provinces,
comme simples voyageurs, d'y opérer un mouvement
et de donner la main à l'invasion. Le rôle de l'armée
italienne serait, en ce cas, tout simple ; elle court
après le *téméraire* Garibaldi pour *rétablir l'ordre* chez
le pape, et… elle y reste ! Après cela, on négocie pour
persuader au pape qu'il doit s'estimer bien heureux
de garder une capitale (sans territoire pour la faire
vivre) et un port de mer (sans commerce intérieur
pour l'alimenter).

O Molière ! tu es vaincu ! La digue que Rattazzi
paraissait vouloir opposer au torrent ne faisait que le
grossir. C'est ce qu'il voulait.

L'agitation, loin de se calmer, devenait plus vive
et plus audacieuse après la déclaration du ministère
se déclarant résolu à accomplir son devoir et à main-

tenir la parole donnée. Un grand nombre de volontaires s'acheminent vers les frontières.

Des dépôts d'armes étaient faits; d'autres accompagnaient ou suivaient Garibaldi de Florence et d'Arezzo, se dirigeant vers la même frontière par Asinalunga.

Entouré de ses bandes, Garibaldi proclamait en ces termes son plan arrêté d'anéantir l'armée pontificale sous les ruines du pouvoir temporel :

« Nous irons facilement à Rome avec des hommes comme vous ; vous êtes désireux de vous battre avec les zouaves du pape : ces gens-là ne *méritent que d'être chassés avec la crosse de nos fusils*.

« Nous n'avons plus que peu de chose à faire : il nous reste seulement à *balayer les ordures*. Le Tyrol et Rome viendront. Vous, mes amis, soyez fidèles à la discipline ; sans discipline, pas d'armée. L'Italie est fière de vous : vous constituez une grande partie de son avenir ; vous êtes son espérance.

« Soyez disciplinés toujours. Le jour viendra où nous ferons voir à *certains voisins insolents* que nous sommes toujours les descendants des Romains, qui, par la force de la volonté et de la discipline, furent le peuple le plus puissant de la terre.

« Je serai heureux de vous commander alors. Oui, ce serait le plus beau jour de ma vie. Si mes jambes refusaient de me porter aussi vite que vous marcherez, eh bien, je vous accompagnerai assis sur un fourgon. Encore une fois, merci de l'affection que vous me portez, et gardez bien votre belle discipline. »

Puis de la main le général congédia la troupe [1].

---

[1] *Movimento*, 29 septembre

Une telle harangue ne pouvait plaire au gouvernement français. Ces forfanteries et ces bravades lassèrent notre patience. Soit que Rattazzi ait eu peur enfin de Napoléon III, soit qu'il eût voulu soustraire Garibaldi à un péril trop grand, le ministre prit le parti de l'arrêter, sauf à lui rendre la liberté en temps opportun.

Le but de ce mouvement était en effet *trop évident ;* l'action était vraiment commencée. Dès lors surgissait pour le gouvernement une inéluctable nécessité : ou de permettre que les traités fussent rompus contre la foi publique, contre l'autorité des lois et les intérêts de la nation, ou de maintenir sa parole et de conserver intacte à tout prix la majesté de la loi.

Les volontaires qui s'acheminaient ou étaient déjà sur la frontière eurent avis de retourner chez eux ; ceux qui ne le voulurent pas y furent reconduits.

Le général Garibaldi, toujours à Asinalunga, fut sommé, au nom de la loi, de rétrograder. Ayant refusé, il fut, par la force, conduit à Alexandrie, où des dépôts d'armes furent saisis.

Rattazzi, pour justifier ces rigueurs, s'écriait dans le journal officiel de Florence :

« Le ministère a accompli un devoir douloureux ; mais s'il avait plus longtemps temporisé, il prévoyait des conséquences beaucoup plus déplorables. La sagesse des Italiens, si elle n'a pas diminué la douleur de cette démarche, l'a rendue moins difficile. Le ministère espère que, par cette même prudence, doivent disparaître bientôt les traces d'une agitation contre laquelle le ministère poursuit avec conscience sa tâche, pour la dignité de la parole italienne et pour l'avantage de la nation. »

Un témoin oculaire rend aussi compte en détail de ce premier acte de la comédie machiavélique :

« J'étais allé un peu avant midi à la station pour mes affaires personnelles lorsque, chose insolite ! j'ai vu signaler un train extraordinaire qui est arrivé après quelques minutes.

« Il était composé de peu de wagons et dans le premier j'ai vu le général Garibaldi assis entre deux officiers supérieurs de l'armée. J'ai tout de suite compris qu'il s'agissait de son arrestation.

« Il était habillé de sa chemise rouge et du manteau traditionnel par-dessus. Il avait autour du cou un petit mouchoir de soie noire et sur la tête son petit chapeau en champignon. Il parlait tranquillement avec ses deux compagnons. Dans les deux autres wagons j'ai vu des carabiniers et des soldats de la ligne.

« Après un quart d'heure le train a repris, avec une nouvelle machine, la direction de Bologne. »

C'est à Alexandrie qu'il est envoyé.

Nous avons dit qu'en arrêtant au milieu de ses harangues, le Démosthène d'Asinalunga, Rattazzi avait peut-être voulu réserver notre héros pour une meilleure occasion.

La lettre suivante, écrite de Foligno au journal de Paris *la Presse*, prouve assez que nous ne sommes pas seuls de cet avis :

« La farce est jouée, écrit le correspondant, et voilà le général romain coffré dans la forteresse d'Alexandrie. Maintenant que faut-il penser de ce dénoûment ? J'entends d'ici les journaux français exalter le sens politique de M. Rattazzi ; mais je diffère complétement de leur avis, et je mets M. Rattazzi au défi de prouver que Garibaldi pouvait réunir alors plus de cinq cents hommes.

Voici six mois au plus que Garibaldi est sur le continent ; il a parcouru toute l'Italie, cherchant à soulever les masses contre Rome ; mais comme il n'avait pas d'argent et pas *l'armée italienne derrière lui*, il n'a soulevé que des cris et peut-être deux ou trois cents *disperati*. A Turin, il y avait une dizaine de mauvais drôles parcourant les cafés en disant qu'ils attendaient Garibaldi. A Narni, il y en avait autant ; à Orvieto, il y en avait une cinquantaine, récoltés dans toute la Toscane ; à Orbitello, il y en avait, ces jours-ci, une trentaine, dont vingt-deux émigrés romains, que Rattazzi a fait consigner le 24 septembre aux autorités pontificales ; je ne sais pas ce que Menotti avait récolté dans les Abruzzes et jusque près de Ceprano ; mais ils ne devaient pas, en tout, dépasser la cinquantaine.

En supposant maintenant qu'au dernier moment on ait encore trouvé deux cents hommes de bonne volonté, tout cela ne constitue pas une armée pour détruire les zouaves, la légion, les guides, les gendarmes pontificaux. Pourquoi donc M. Rattazzi n'a-t-il pas laissé Garibaldi marcher sur Rome ? Il savait très-bien qu'il n'aboutirait qu'à se faire battre et se faire mettre au fort Saint-Ange : tout était dit, et Garibaldi coulé à tout jamais. Mais ce n'était pas l'affaire de M. Rattazzi ; il *fallait montrer qu'on sait, en Italie, respecter les traités*, qu'on est maître de la situation, qu'on ne craint pas le parti d'action, et que les capitaux français peuvent venir sans crainte se faire dévorer par la consorteria Rattazzi.

Comédie, comédie, que tout cela ; l'arrestation de Garibaldi est un coup de théâtre, mais au fond rien n'est changé, et avant peu vous verrez les amis de M. Garibaldi au ministère, à côté de M. Rattazzi.

Pour moi, malgré mon respect pour la supériorité intellectuelle de l'immortel auteur de *Tartuffe*, je pense sincèrement qu'en fait d'hypocrisie, de mensonge, de diplomatie et surtout de comédie politique, les Italiens sont plus forts que nous. On a vanté Talleyrand, que l'on pouvait frapper par derrière sans voir la moindre trace du coup sur son visage. Était-il de la force de Rattazzi et de Cavour ? J'en doute. Arrêter un homme pour l'empêcher de mourir, ou pour lui éviter du moins la honte d'une fuite précipitée, c'est fort. Mais nous sommes dans la patrie de Machiavel dont Florence garde le tombeau.

« Le martyre de Garibaldi ne pouvait durer longtemps. Invité très-humblement à choisir entre la prison ou le retour à son île de Caprera, il a préféré d'abord les verrous. Son héroïque détermination a tenu deux jours, à l'expiration desquels le pauvre homme, à bout d'efforts, a demandé à être reconduit à sa résidence habituelle. Son désir a été satisfait avec empressement par le gouvernement italien, qui a ouvert aussitôt les portes de la prison de Garibaldi et a mis obligeamment à sa disposition un vaisseau de l'État, sur lequel il voyagera avec tous les égards dus à un ami de Victor-Emmanuel. »

De son wagon Garibaldi a pu adresser aux journaux la lettre suivante :

                    « 24 septembre.

« Les Romains ont le droit des esclaves, s'insurger contre leurs tyrans les prêtres. Les Italiens ont le devoir de les aider, j'espère qu'ils le feront, en dépit de l'arrestation de cinquante garibaldiens.

« *En avant donc*, dans vos généreuses et belles résolutions, Romains et Italiens ! le monde entier vous regarde, et désire voir l'œuvre accomplie, vous marcherez le front haut, et vous direz aux nations :

« Nous avons débarrassé devant vous le chemin de la fraternité humaine de *son plus abominable ennemi, la papauté*.

                    « G. GARIBALDI. »

Tandis que l'Italie se trouvait en proie à tous ces désordres, le 24, le jour même de l'arrestation de Garibaldi, le souverain pontife parcourait à pied les rues de Rome, salué avec amour et béni par ses sujets, qui auraient probablement fait un mauvais parti à l'imprudent qui eût osé pousser le cri : *Vive la République !* Et cependant les excitations au désordre n'ont pas manqué dans la ville éternelle. Deux députés de la gauche, deux âmes damnées de Garibaldi, MM. Nicotera et Zuzzi, ont l'impudence d'avouer dans les journaux qu'il se trouvaient le 24 à Rome, et bien certainement ils ne s'y étaient pas rendus pour leurs plaisirs.

M. Zuzzi s'est signalé par un autre trait d'impudence : il se plaint que la police romaine, prise d'un accès de *terreur imaginaire*, ait fait une descente dans

                                         2.

plusieurs hôtels, entre autres dans celui où il se trouvait. Décidément la révolution pervertit tout ; nonseulement il n'y a plus d'ordre, ni d'autorité, mais il n'y a plus ni logique, ni pudeur. De son côté, le gouvernement français trompé, cherchait à rassurer les honnêtes gens.

On lisait dans le Bulletin politique hebdomadaire du *Moniteur du soir* :

« L'opinion publique en Italie approuve énergiquement les mesures adoptées à l'égard d'un parti qui affecte de ne tenir compte ni du roi, ni du parlement, ni des devoirs internationaux. Quelques attroupements se sont formés à Florence, mais ils ont été facilement dispersés, et le gouvernement, soutenu par la conscience de son droit, a pu donner la preuve de sa force et de son indépendance. Ainsi que la *Gazette officielle* du royaume n'hésite pas à le déclarer, la convention du 15 septembre doit être loyalement exécutée sans réserves ; il ne sera permis à personne de se mettre au-dessus des lois et de prétendre disposer du sort de la nation au gré des passions anarchiques. Le gouvernement italien a prescrit, jusqu'à nouvel ordre, le maintien des mesures de précaution établies sur les frontières pontificales.

« Aucun signe de désordre ou de mécontentement ne s'est produit dans les États-Romains. A l'approche des bandes révolutionnaires, les troupes se montraient décidées à faire leur devoir, et le calme des populations a contrasté d'une manière frappante avec les agitations venues du dehors. »

Ces remarques étaient peut-être vraies à l'endroit des populations ; mais l'événement prouva qu'il n'en était point ainsi de l'armée piémontaise. Garibaldi, prisonnier à Caprera, donnait, par sa retraite forcée, le temps aux troupes italiennes de se masser sur la frontière pontificale et de lui préparer, sous le costume officiel, des chefs et des soldats. Évidemment l'armée d'Asinalunga était trop peu nombreuse. Il fallait attendre, tout en préludant aux invasions par des razzias sur les États de l'Église.

En effet, le 21 septembre, on reçut avis à Acquapendente qu'une bande garibaldienne était entrée dans l'État pontifical, du côté des grottes San Stefano; mais la ville ne s'en émut point. Le lendemain, un grand nombre d'habitants, et même le maire, étaient allés à la campagne pour les vendanges. L'évêque et son clergé s'étaient retirés dans le couvent de Saint-François, pour les exercices spirituels; il n'y avait d'autre autorité que le gouverneur comte de Marcelli, avec vingt-sept gendarmes. Dans l'après-midi, on vit tout d'un coup apparaître une bande de deux cents hommes mal vêtus (*spalscalzoni*) armés, et précédés d'un trompette. Aussitôt les boutiques se ferment, chacun rentre chez soi, et le lieutenant de gendarmerie ordonne à ses hommes de se retrancher dans leur caserne. A leur entrée, les garibaldiens trouvent toutes les rues désertes, à peine quelques enfants et quelques curieux.

Les chefs de la bande étaient les frères Zualli, un nommé Leali et son fils, tous quatre émigrés d'Acquapendente. Les envahisseurs somment le gouverneur de se joindre à eux, mais il refuse, en protestant dignement. De là on court assiéger les gendarmes. Ceux-ci répondent à coups de fusil, et tuent un garibaldien; la plupart s'enfuient précipitamment. Mais un des chefs les ralliant, les ramène à l'assaut. Les gendarmes ne voulaient pas se rendre ; les assaillants escaladent les toits pour les démolir et y mettre le feu, en même temps que d'autres s'efforçaient d'enfoncer la porte. Il fallait céder à la force ; la caserne fut prise, les armes furent mises au pillage, et les uniformes servirent à revêtir une partie des garibaldiens.

Après cet exploit, suivi d'une réquisition de vivres, la bande alla camper hors la ville. Elle prétendit le lendemain exiger de la municipalité qu'elle désarmât elle-même les habitants, et qu'elle abattît l'écusson pontifical ; elle éprouva un double refus. Elle n'oublia pas de vider les caisses publiques qui, heureusement, ne contenaient pas en ce moment de fortes sommes. Pour se dédommager de son maigre butin, elle se porte vers le couvent des franciscains, où elle ne trouve plus l'évêque ; mais elle assaille les religieux, leur demande, le couteau sur la gorge, de révéler où ils tenaient des armes cachées. C'était vouloir l'impossible. Ces furieux finirent par se faire livrer quelque argent, dont la vue parut les apaiser. L'évêque eut, à son tour, à subir des insultes et des extorsions dans sa demeure. Enfin, le bruit se répandit que les soldats pontificaux avançaient, et, sans les attendre, les garibaldiens se hâtèrent de se jeter dans les bois voisins. A peine la troupe pontificale se montra-t-elle, que toute la population accourut joyeuse, saluant ses libérateurs aux cris répétés de : *Viva Pio nono !* et ce furent les habitants qui relevèrent eux-mêmes l'écusson pontifical. Rien ne déconcerte plus la révolution que cette fidélité des Romains.

Parmi les garibaldiens tombés au pouvoir de nos troupes à Acquapendente, on en compte 11 de Sienne, 3 d'Empoli, 1 de Pozzuello, 3 de Pérouse, 1 de Florence, 1 de Torre-Alena, 1 de Montecorona. Cette liste servira à faire comprendre quels sont ces insurgés pontificaux dont les journaux ont fait tant de bruit. Cette tentative avortée rassura *le Moniteur* :

« Les mesures prises par le gouvernement italien pour protéger la frontière pontificale contre le passage des bandes hostiles, disait-il, donnent jusqu'à présent les meilleurs résultats et continuent à être rigoureusement maintenues.

« Malgré la plus exacte surveillance, quelques agitateurs cependant ont réussi à s'introduire dans les États du pape, notamment à Acquapendente et Sorano, où, après s'être réunis, ils tentèrent de susciter des désordres. Atteints par des détachements de troupes pontificales, dont la tâche fut facilitée par l'attitude de la population, ils furent promptement battus et dispersés. La tranquillité la plus complète n'a pas cessé un instant de régner à Rome. L'état général des esprits est des plus satisfaisants. »

Si le journal officiel du gouvernement français calmait les terreurs, il en était tout autrement des journaux officieux du gouvernement italien ;

« La solution de la question romaine est devenue une nécessité tellement évidente, disait le journal *l'Italie*, que nous ne voyons pas qu'il existe un esprit sensé qui puisse le contester.

« Il est désormais évident qu'on ne fera rien en Italie de solide, de durable et même de sérieux, tant qu'on se trouvera en présence de ce redoutable in-connu.

« Le moment est donc arrivé où, à tous risques et périls, il faut trancher le nœud gordien.

« Le monde catholique n'a pas à s'alarmer de ce *qui va se passer*. Il n'entre dans la pensée ni du gouverne-ment, ni de la nation italienne de contester au saint-père les garanties d'indépendance qui lui sont néces-saires pour l'exercice de sa mission religieuse. L'Italie *veut compléter son unité* et acquérir son indépendance absolue ; elle ne songe pas à se faire l'instrument d'une croisade antireligieuse, et les paroles impru-dentes qui ont été prononcées n'expriment en aucune façon ses véritables sentiments.

« Il n'y aura donc pas à s'alarmer si le gouvernement est appelé par la force des choses à prendre *une réso-lution vigoureuse et même hardie*. On devra, au con-traire, y trouver un élément de confiance et de sécu-rité.

Ce qu'il faut aujourd'hui, c'est une solution déci-sive, radicale, qui amène un état de choses durable et aussi définitif que peuvent l'être les choses humaines. Il ne peut y avoir de prospérité et même d'ordre en Italie qu'à cette condition [1]. »

Un pareil article émané d'un organe de la presse ministérielle équivalait presque à une déclaration de guerre. Aussi ne devons-nous pas nous étonner de voir les garibaldiens marcher la tête haute dans la voie des envahissements. A l'affaire d'Acquapendente succéda bientôt l'attaque de Bagnorea.

[1] *Italie*, 8 octobre.

Les garibaldiens, qui avaient occupé cette ville, étaient au nombre de cinq à six cents, parfaitement armés et commandés par un député au parlement italien, le colonel Acerbi ou M. Agosti; car tous les deux s'y trouvaient. Les bandes s'étaient fortifiées sur les hauteurs de *Poggio Rio, delle Polare* et de *San Francesco*, qui dominent la ville, et avaient élevé des barricades dans les deux rues assez étroites qui y conduisent. Ces positions, défendues par des hommes résolus et bien armés, étaient très-difficiles à conquérir. Le colonel Azzanesi, dont l'avant-garde avait extrêmement souffert, la veille, dans une opération infructueuse, résolut d'attaquer les garibaldiens avec toutes ses forces composées de quatre compagnies de ligne, de deux compagnies de zouaves, d'une section d'artillerie avec deux pièces de campagne et de vingt-quatre dragons. Les colonnes d'attaque étaient conduites par le major d'infanterie Zanetti et par le capitaine des zouaves Legonidec. Le combat fut acharné ; les soldats pontificaux emportèrent d'assaut à la baïonnette les trois hauteurs, que les garibaldiens leur disputaient pied à pied. Les barricades placées à l'entrée de la ville furent également prises à la baïonnette avec un admirable élan. Ayant perdu successivement toutes leurs positions, les garibaldiens se retirèrent dans la ville et en fermèrent la porte. Quelques coups de canon suffirent pour l'enfoncer. Alors les volontaires renoncèrent à un combat de rues, où ils n'auraient pas eu les habitants pour auxiliaires, et sortirent en assez bon ordre de Bagnorea en se dirigeant du côté de la frontière. Le colonel Azzanesi, dont les soldats étaient exténués par quatre heures d'un combat meurtrier, renonça à poursuivre l'ennemi. Sur ces entrefaites, la population, qui craignait un bombardement, avait hissé le drapeau blanc, et criait : *Vive Pie IX !* C'est au retentissement de ces cris que les pontificaux firent leur entrée en ville. Les garibaldiens, tout protégés qu'ils étaient par leurs fortes positions et par les barricades, laissèrent 70 morts et blessés sur le terrain et 116 prisonniers entre les mains de l'armée. Parmi ces derniers, on remarque le comte Pagliacci, de Viterbe, émigré, connu pour son hostilité au gouvernement du pape. Quant aux pertes des pontificaux, le journal officiel assure qu'ils n'eurent que quatre blessés dans l'assaut livré aux trois collines et aux barricades.

Dans la journée de dimanche, une bande commandée par Menotti Garibaldi en personne, s'est avancée jusque près de Monterotondo et Palombara, à peu de distance de Rome. Elle a été rencontrée dans la forêt de Montelibretti par un détachement de gendarmerie que commandait le capitaine Celli. Après un court combat, la bande s'est dispersée en laissant un capitaine garibaldien et deux volontaires au pouvoir des pontificaux. Menotti Garibaldi a eu un cheval tué sous lui et n'a dû son salut qu'à la rapidité d'un autre, sur lequel il a repassé la frontière. Il est maintenant en Sabine, d'où il va retourner incessamment à la tête d'un corps de volontaires beaucoup plus nombreux.

Malgré les brillants succès de la petite armée pontificale, mais surtout des valeureux zouaves, on s'attendait à de nouvelles attaques de tous côtés. Les frontières romaines, dans presque toute leur étendue, regorgeaient de garibaldiens. A Narni, mille volontaires

complétaient leur armement. Ils attendaient de nouvelles caisses d'armes et de munitions de Florence,
pour entrer sans délai sur le territoire pontifical. Un
certain nombre de *bersaglieri* en chemise rouge doivent faire partie de cette nouvelle expédition.

En attendant, l'armée italienne demeurait l'arme au
bras et laissait passer les bandes en échangeant avec
elles de fraternelles poignées de mains. La convention
de septembre était violée de la manière la plus flagrante pendant que *le Moniteur* nous assurait de la
rigoureuse vigilance des troupes italiennes.

Tout l'état-major de Garibaldi, composé de seize
officiers, parmi lesquels on remarquait Cairoli, passa
plusieurs jours à Rome, visitant la ville éternelle en
touristes et examinant soigneusement les portes, les
murailles et les positions environnantes sous prétexte
d'études archéologiques. La police romaine, qui s'était
aperçue de cette manœuvre, les pria de continuer
leur route sur-le-champ.

Les garibaldiens n'ont pas le droit d'être fiers des
rencontres avec les troupes pontificales. Ils n'ont jamais
réussi qu'à occuper, par surprise, quelques villes
sans garnison, d'où ils ont été délogés à l'arrivée des
plus proches détachements. La déroute a été complète
sur tous les points : ici et là, ces foudres de guerre,
qui devaient chasser les pontificaux à *coups de crosse*,
ont été obligés de décamper, dans les divers combats,
de toute la vitesse de leurs jambes. Bien en a pris au
fils de Garibaldi d'être monté sur un agile cheval.
Jusqu'à ce moment, la légion d'Antibes n'avait pas eu
l'occasion de se mesurer avec les révolutionnaires :
elle en était impatiente et montrait un zèle admi-

rable. A Rome, on comptait beaucoup sur la valeur et l'expérience des légionnaires, sur la bravoure et le talent des officiers qui les commandent. Zouaves, légionnaires, gendarmes et soldats pontificaux, tous étaient prêts à faire bravement leur devoir.

Le gouvernement du souverain pontife, qui avait dès lors en main les preuves palpables de la complicité flagrante du gouvernement italien, crut devoir protester contre ce nouvel attentat dont l'odieux était encore distancé par la plus basse hypocrisie.

Le cardinal Antonelli fut chargé par le pape d'adresser à l'Europe une circulaire destinée à dissiper toutes les illusions, et à démasquer toutes les roueries du ministère italien. En voici la substance, empruntée à *l'Époque*, qui en a publié l'analyse :

·Au moment où la paix la plus profonde régnait dans toutes les provinces restées à l'État pontifical, sont entrées par la frontière des territoires occupés par le gouvernement de Florence, des bandes armées provoquant le désordre et la rébellion contre l'autorité légitime, signalant leur passage par des actes de brigandage.

Les habitants des districts surpris par cette invasion, loin de répondre aux provocations des envahisseurs et d'adhérer à cette révolte importée (*alla importata rivolta*), sont demeurés fidèles au saint-père en témoignant de leur profonde horreur ponr tout acte de félonie.

Les bandes en question se sont formées en Toscane et dans les provinces pontificales usurpées. Elles se composent de jeunes gens natifs de ces localités où d'ailleurs, mais n'appartenant pas à l'État pontifical réduit à ses limites actuelles. Les bandes se sont formées en plein jour, au su et au vu du gouvernement subalpin, qui a délivré aux individus qui les composaient des permis de passage ou feuilles de route (*la carta di via*), bien qu'il fût notoire que ces étranges voyageurs se rendissent dans les États pontificaux.

Les troupes italiennes ont laissé un grand nombre de ces bandits armés franchir la frontière de Toscane et d'Orvieto sur plusieurs points et envahir le territoire pontifical.

Ces mêmes troupes italiennes accueillent les bandes d'envahisseurs, lorsque battus et dispersés par les troupes pontificales, ils repassent la frontière.

En présence de ces faits, le gouvernement du saint-siége proteste hautement et se déclare victime d'un nouvel attentat du gouvernement de Florence qui, nonobstant la convention du 15 septembre, conclue avec la cour des Tuileries, a laissé envahir un territoire qu'il s'était solennellement engagé à défendre.

Cependant Rattazzi protestait toujours de la fidélité à garder sa parole et à repousser les garibaldiens de la frontière pontificale.

Aussi dans son Bulletin hebdomadaire *le Moniteur du soir* invoquait-il encore le zèle et la bonne foi de Rattazzi pour diminuer les terreurs des catholiques.

« Le gouvernement italien, disait-il naïvement, continue de prendre les mesures propres à décourager les passions anarchiques et à faire respecter l'autorité des lois. Garibaldi est surveillé à Caprera par des bâtiments de guerre, et des troupes nombreuses, *animées du meilleur esprit*, stationnent sur la frontière pontificale. Quelques centaines d'agitateurs étaient parvenus à envahir le territoire romain, isolément et à la faveur de la nuit. Ils s'étaient emparés par surprise de la petite ville de Bagnorea, dans la province de Viterbe ; mais ils ont été dispersés et mis en complète déroute par un corps de zouaves pontificaux. Les populations, loin de faire cause commune avec les garibaldiens, ont accueilli par des acclamations les troupes du saint-père. Les excitations venues du dehors ont été désavouées par la sagesse publique, et les esprits sensés apprécient avec une juste sévérité des tentatives contraires non-seulement à la convention du 15 septembre, mais encore à tous les devoirs internationaux et à toutes les règles du droit des gens.

« Il y a lieu d'espérer que le gouvernement du roi Victor-Emmanuel sortira fortifié de la dernière crise. Sur tous les points de la péninsule, l'attitude des populations, de l'armée et de la garde nationale, a prouvé les bons sentiments du pays. On comprend la nécessité de ramener dans les esprits le calme et la confiance, en entourant la dynastie et les institutions du respect qu'elles méritent, et en s'opposant à ce qu'une infime minorité s'arroge le pouvoir de former un État dans l'État.

« A Rome, la tranquillité continue à être complète. L'arrangement relatif au partage de la dette pontificale a été réglé entre l'Italie et le saint-siége. »

« *Le Moniteur du soir*, on le voit, répondait *l'Univers*, n'est point embarrassé d'expliquer la présence des garibaldiens dans les États du saint-siége. Ces agitateurs, qui, d'après les journaux italiens, sont au nombre de plusieurs mille, ont passé un à un « à la faveur de la nuit. » Mais, pour cela, ils ont dû rompre les lignes italiennes en bien des endroits, d'où nous croyons pouvoir conclure que les soldats de Victor-Emmanuel y mettaient de la complaisance. Pas du tout, dit *le Moniteur*, puisque ces centaines d'agitateurs ont passé « isolément et à la faveur de la nuit. » Eh! sans doute, nous comprenons bien que les 40,000 hommes dormaient. Mais pourquoi dormaient-ils ?

« Nous signalerons encore un autre petit fait à l'optimisme du *Moniteur du soir*. La *Gazette du peuple*, à Turin, a ouvert une souscription afin de donner cent francs à tout individu qui va se joindre aux insurgés. Or, cela se fait sous les yeux et avec la permission du gouvernement italien. Oui ou non, est-ce une violation de la convention du 15 septembre? »

Cependant Garibaldi frémissait dans Caprera; le besoin d'une nouvelle proclamation se fit bientôt sentir :

« Italiens,

« Demain nous aurons mis le sceau à notre belle révolution par *la ruine du sanctuaire de l'idolâtrie, de l'imposture et des hontes de l'Italie.*

« Le piédestal de toutes les tyrannies, *la* PAPAUTÉ, *a reçu l'anathème du monde entier* et les nations se tournent aujourd'hui vers l'Italie comme vers leur rédemptrice.

« Adhérant au désir de quelques amis, j'étais venu dans ma demeure, libre et sans condition, avec la promesse qu'on m'expédierait de suite un pyroscaphe pour me ramener sur le continent.

« Or, si *l'homme dont le nom signifie déshonneur*

pour l'Italie, recourt à des précautions dignes des sbires et m'interdit le retour, je ne demande rien de plus à mes concitoyens que de persévérer dans la voie sainte qu'ils se sont proposée, avec le calme et la majesté d'une nation qui a la conscience de sa puissance.

« A l'armée et au peuple j'ai parlé de discipline, alors que le peuple et l'armée, indignés du *timide servilisme de celui qui gouverne*, demandent d'être conduits à Rome.

« Aux soldats j'ai dit qu'ils devaient garder leurs baïonnettes pour une mission plus glorieuse, et que, pour les mercenaires du pape, il suffirait de la crosse de leurs fusils ; notre fraternisation se compose des éléments robustes et formidables de la nation : armée, peuple, volontaires ; malheur à qui jetterait la pomme de la discorde parmi ces frères ! Et si l'Italie voit ces forces rendues compactes par une association de rédemption, alors se cacheront les quelques peureux et cesseront les craintes futiles d'interventions étrangères.

« Je vous le répète donc, vous devez poursuivre la rédemption de Rome de toute façon. Que si jamais vous trouviez mon concours nécessaire, je compte que *vous penserez à me délivrer*.

« G. GARIBALDI. »

Personne ne le croyait vraiment prisonnier. Mais en se posant comme martyr de ses aspirations vers Rome, il flattait l'amour-propre national, consacrait les vœux solennels du parlement et ralliait à lui tous les fanatiques de l'unité italienne. Cette nouvelle page de littérature garibaldienne fit moins d'impression cependant que l'ordre du jour adressé aux troupes de la division d'Ancône, par le successeur de Cialdini, le général Chiabrea. Cette évocation lugubre de Castelfidardo, en pareilles circonstances, était aussi brutale et audacieuse que significative. Il est facile d'en juger :

Ordre du jour du 2 octobre 1867

S. Exc. le général Cialdini, en abandonnant le commandement du département, m'a chargé de saluer en son nom les officiers, les sous-officiers et soldats.

Je crois ne pouvoir mieux remplir cette mission qu'en reproduisant les paroles mêmes de Son Excellence :

« L'existence de ce grand commandement finit. Je désire que ce fait tourne à l'avantage de l'armée et de l'Italie.

« Je ne prends pas congé des troupes par un ordre du jour. Mieux vaut partir en silence quand on part avec l'amertume dans l'âme, quand la douleur enlève aux paroles leur accent accoutumé et leur expression.

« Je vous remercie de votre coopération zélée et intelligente ; je vous prie de saluer en mon nom les officiers, sous-officiers et soldats qui sont sous vos ordres.

« Dites-leur que je recommande à tous, et c'est là ma dernière prière, de garder inaltérable l'obéissance au gouvernement et la fidélité au drapeau, vertus qui sont l'héritage que nous a laissé l'armée subalpine et qui ont été transportées sur un plus vaste terrain. Dites-leur que tous les partis constitutionnels peuvent légalement aspirer et arriver au pouvoir, et que tout parti, en y arrivant, sera bien heureux d'obtenir de l'armée l'obéissance et la fidélité qu'il avait autrefois trouvées inopportunes et parfois blâmées inconsidérément. »

Officiers, sous-officiers et soldats !

Admirons et inspirons-nous des nobles sentiments de patriotisme et de dévouement dont Son Excellence nous donne l'exemple, comme nous avons admiré et nous nous sommes inspirés des hauts et brillants exploits de Palestro, de Castelfidardo, de Gaëte et de Messine. Gardons inviolable sa prière ; c'est le devoir sacré de tout soldat loyal.

Faisons des vœux pour que, dans le cas où le roi et l'Italie devraient recourir à son bras, à son intelligence, nous ayons le bonheur de nous retrouver sous ses ordres.

Le lieutenant général commandant la division,

CHIABRERA [1].

L'invasion prit dès ce moment de vastes proportions ; le traité du 15 septembre était violé dans toute la force du terme par l'Italie. Le *Journal de Rome* signalait l'odieuse conspiration du journalisme

[1] *Italie*, 8 octobre.

italien pour donner le change à l'Europe sur cette sauvage et inqualifiable agression. En effet, quoi de plus révoltant que ce déluge de mensonges sur Rome et les États pontificaux, dont la presse de la péninsule était inondée? Impossible de mentir avec plus d'effronterie et d'impudence. Suivant les journaux italiens, Rome elle-même s'était déjà soulevée, en pleines barricades et au milieu de combats sanglants.

Les nouvelles des provinces étaient toujours très-graves. Les bandes grossissant, l'invasion augmentait à vue d'œil.

La presse révolutionnaire de Paris se faisait l'écho de tous les mensonges de la presse italienne. Heureusement nos journaux officieux se montraient plus accentués, et par leurs insinuations semblaient préparer l'opinion publique à l'idée d'une intervention française. Tous proclamaient surtout la fidélité et le dévouement des Romains au pouvoir temporel du pape.

Le Constitutionnel écrivait, en date du 8 octobre :

« Quelques journaux français affectent de présenter sous un faux jour les événements qui viennent de se passer dans l'État pontifical. Suivant eux, il s'agirait, non pas seulement d'une invasion de bandes garibaldiennes, mais aussi d'une insurrection qui aurait éclaté parmi les sujets du pape. C'est là une *vue erronée*. Il est aujourd'hui notoire que *les populations pontificales ne sont pas soulevées, qu'elles sont restées sourdes à l'appel des envahisseurs, et que leurs sympathies, comme nous l'avons déjà plusieurs fois constaté, se sont déclarées pour le gouvernement romain.*

« Il n'y a donc eu ni à Rome, ni dans le territoire actuel du saint-siége, aucun fait qui autorise à parler d'insurrection et d'insurgés. Les tentatives de désordre qui ont eu lieu sont le fait de quelques bandes qui ont trompé la surveillance des autorités militaires italiennes, et qui ont été jusqu'ici poursuivies et combattues avec succès par les troupes pontificales. »

Voici comment s'exprimait à son tour *le Pays*, jugeant l'état actuel des choses à Rome et en Italie :

« La situation est donc toujours la même.

« Un gouvernement régulier, attaqué chez lui par une troupe de brigands.

« Un souverain reconnu par toutes les puissances, attaqué sur son propre territoire par des aventuriers qui n'appartiennent plus à aucune nation, gens sans aveu, rebut de tous les peuples, condiottieri de l'insurrection, qui ont érigé la violence à la hauteur du droit et le brigandage à la dignité de profession.

« Enfin, un peuple inoffensif, le peuple romain, un peuple que l'on essaye inutilement de pousser à la révolte, et qui ne demande qu'à conserver son souverain, ses coutumes et le gouvernement que les siècles ont consacré.

« De tous les gouvernements de l'Europe, le gouvernement pontifical est le plus ancien.

« Les troupes pontificales sont assez nombreuses pour combattre les garibaldiens, ou plutôt pour leur donner la chasse ; car le plus difficile n'est pas de vaincre ces prétendus héros, mais de les joindre.

« Ce scandale donné par une troupe de bandits cessera bientôt, nous l'espérons.

« Si cependant il se prolongeait, si, par négligence ou par *connivence*, *l'armée italienne* permettait à de nouvelles bandes garibaldiennes de franchir la frontière pontificale, il ne faut pas que les ennemis du catholicisme se bercent d'une décevante illusion.

« *La convention du 15 septembre sera exécutée. —* A. *Lomon.* »

Ce revirement de la presse officielle commençait à devenir plus rassurant. Au milieu des sombres nuages qui enveloppaient l'avenir, les catholiques purent entrevoir une lueur d'espérance. Ce qui frappa surtout dans ces insinuations favorables au maintien de la convention de 1864 et à une intervention française, ce fut l'adhésion d'un journal protestant, dont l'impartiale autorité ne pouvait manquer de faire sensation ; il mettait en demeure le gouvernement français de s'expliquer ou d'intervenir, pour empêcher des massacres inutiles et le renouvellement de la sanglante tragédie de Castelfidardo.

Obéissant à un mot d'ordre, la presse de Florence, sans en excepter la presse officieuse, s'obstinait à parler de l'*insurrection* et des *insurgés* de la province de Viterbe. Or, sur 250 garibaldiens faits prisonniers depuis le 29 septembre, c'est à peine si l'on trouverait 20 ou 30 individus appartenant aux provinces romaines, et encore ces individus sont-ils tous des conspirateurs exilés depuis plus ou moins de temps. Ainsi, à la tête des bandes étaient un certain comte Pagliacci, de Viterbe, un Leali, d'Acquapendente, expulsés en 1862.

Il était si faux que l'armée du saint-père fût en dissolution et que l'élément indigène hésitât entre son

devoir et la trahison, que partout cet élément rivali-
sait d'ardeur avec l'élément étranger.

Le jour où il a été démontré par l'expérience que
les sujets de Pie IX ne veulent pas se révolter, la tentative insensée du parti d'action a été vouée à l'impuissance.

Convaincu de cette vérité, le ministère italien s'efforçait de tromper la France et l'Europe. Pendant
qu'il transforme ses soldats en garibaldiens, il proclamait son impuissance à comprimer l'insurrection.

« Le gouvernement italien a exécuté et exécute tous
les jours la convention du 15 septembre 1864, s'é-
criait hypocritement le journal *l'Italie* : il a d'autant
plus de mérite à le faire, qu'il est obligé de se mettre
en opposition avec le sentiment national et avec ses
propres aspirations. Il a dû arrêter un citoyen populaire, affronter les émotions de la place publique; il
n'a reculé devant aucun de ses pénibles devoirs.

« Mais ces difficultés morales ne sont pas les seules
que rencontre la convention de septembre. Il y a
aussi des difficultés matérielles si grandes, qu'elles
équivalent à des impossibilités.

« Le territoire pontifical touche au royaume d'Italie
par tous ses côtés ; il n'en est séparé ni par de hautes
montagnes, ni par de grands fleuves ; la frontière est
vague et pour ainsi dire arbitraire. Il s'y trouve des
bois et des ravins qui, loin d'être des obstacles, sont
des facilités pour ceux qui veulent la franchir.

« Pour garder cette frontière d'une manière absolue
il faudrait une armée de 200,000 hommes, et encore
y réussirait-on difficilement.

« Le gouvernement a placé sur cette frontière une

armée nombreuse ; il a sacrifié beaucoup de millions
à un service ingrat et pénible.

« Les troupes ont rempli leur mission avec leur abnégation et leur zèle habituel, et nous pouvons dire
qu'une campagne réelle eût été moins pénible pour
les soldats que cette campagne obscure et sans gloire.
Les régiments qui gardent la frontière comptent déjà
un nombre considérable de malades, et les hommes
qui restent sur pied sont plus fatigués que s'ils avaient
fait la guerre.

— « On voit que la convention du 15 septembre
impose à l'Italie des charges bien lourdes, charge d'argent et charge d'hommes ; et nous ne parlons que
des charges matérielles.

« Cependant, cette convention n'atteint pas son but,
comme le démontrent les faits qui ont lieu en ce moment. La raison en est bien simple : on n'arrête pas
les idées avec des soldats, et il n'y a pas de douane
qui ne soit impuissante contre le sentiment national.

« Nous croyons que, depuis longtemps déjà le gouvernement italien a fait comprendre à la France
toutes les impossibilités de cette convention. Si le
gouvernement français a passé outre, c'est qu'il était
convaincu que le saint-siége, voyant sa propre impuissance, se déciderait à s'entendre avec l'Italie. On
sait à quel point cette espérance a été déçue. Mais,
dès lors, on a pu comprendre que la convention de
septembre avait été un état de choses sur la durée
duquel il était impossible de compter.

« Cependant, quels que soient les obstacles qu'il doit
rencontrer, quels que soient les difficultés et les sacrifices, le gouvernement italien exécute et exécutera

la convention, donnant ainsi un exemple de bonne foi dont on trouverait bien peu de précédents. Mais *si tous ses efforts sont impuissants*, si la nature des choses et la puissance de l'opinion renversent tous les obstacles, *personne ne pourra songer à l'en rendre responsable* [1]. »

La révolution, sentant que la proie pourrait lui échapper, enserrait de plus en plus dans un cercle de feu Rome et les provinces pontificales. Dès le 6 octobre, à Narni, étaient réunis environ mille jeunes gens dont la majeure partie n'avaient pas encore atteint l'âge de vingt ans. Venus dans le but de passer les frontières pontificales, ils n'attendaient que d'être entièrement et complétement armés. Quelques caisses de *fusils militaires* étaient déjà arrivées, et l'on en attendait d'autres dans la journée. Bon nombre de *bersagliers* déguisés devaient se joindre à ces jeunes gens. Ces garibaldiens avouent qu'ils ont été envoyés ici afin de renforcer les bandes qui ont envahi les États de l'Église, et qu'armes et munitions, tout leur *est venu directement de Florence.*

Le moment était venu pour la France de réaliser les paroles suivantes que M. Rouher, ministre d'État, prononçait, le 17 mars au corps législatif :

« La question de Rome est à mes yeux une question *factice* pour l'Italie. C'est une question dont les pouvoirs révolutionnaires peuvent vouloir s'emparer, mais *qui manque de sincérité et de base.*

. . . .

« Et quoi ! l'Italie vient, obéissant à ces entraîne-

---

[1] *Italie*, 10 octobre.

ments passionnés et aveugles, engager son existence, son autonomie, sa grandeur, pour s'emparer des derniers débris des possessions romaines ! Ce serait à la fois *une imprudence*, UN DANGER et UNE FOLIE ! *Elle ne s'y exposera pas.* C'est donc avec raison que j'ai dit : Rome a pour garantie l'Italie elle-même.

« Rome a d'autres garanties encore, elle a le sentiment de l'Europe et *la signature de la France* au bas de la convention du 15 septembre. »

Mais il nous fallait de nouveaux défis :

Comme à Florence, la révolution s'agitait à Naples sous le regard du gouvernement, pour envoyer des recrues nouvelles aux garibaldiens. Un comité était établi pour recueillir des hommes et de l'argent. Le préfet Durando en était le président ; c'est dans le palais de la préfecture et en présence du préfet que le comité s'assemblait ostensiblement.

Le directeur de la sûreté publique enrôlait les hommes, et expédiait vers Isoletta (frontière pontificale), pour passer dans les montagnes au-dessus de Veroli, 50 gardes de sûreté et plus de 70 autres garibaldiens ; tous étaient munis d'un revolver, d'un poignard et de cinquante francs.

Le syndic de Naples, M. de Siervo, agissait de même, et dans la nuit il dirigeait vers la frontière cent de ses gardes municipaux.

Le colonel de la 8e légion de la garde nationale de Naples, Paolo Ulloa, ne se comportait pas autrement ; dans une nuit, il expédie à Isoletta six cents fusils, reçus du gouvernement et enveloppés dans des couvertures, tout en se disposant à faire d'autres envois.

De Capoue partent les munitions en cartouches, fabriquées dans les ateliers de cette place de guerre.

Les députés de San Donato, Praus et d'autres recevaient pour le même but, de la trésorerie de Naples cent mille ducats, sur un mandat du gouvernement en date du 1er courant (numéro 1337). Ces députés ont à leur disposition des auxiliaires pour aller en quête de volontaires. Les enrôlements sont reçus publiquement à la questure, à la municipalité, au café d'Italie, chez un certain De Angelis, et à la caserne de San Polito. On attendait un plus grand concours et on recrute seulement des vagabonds... Aussi a-t-on dû recourir aux militaires ; on les travestit et on les expédie aux confins.

Le chemin de fer est à la disposition des préfets. Il suffit d'exhiber une pièce délivrée par eux pour que le porteur ait le passage gratuit.

En résumé, tout est poussé par le gouvernement, et c'est pour importer la révolution qu'on prodigue le produit des impôts.

Enfin, le préfet Durando haranguait les chefs et les exhortait à ne pas reculer, car *autrement la cause de l'Italie serait perdue.*

Rattazzi avait bien raison de se plaindre que les aspirations garibaldiennes ruinaient le trésor.

Heureusement l'armée pontificale ne se laissait point endormir au milieu des assurances menteuses du ministre italien. Si Durando excitait ses conjurés et Garibaldi ses soldats, le général de Courten encourageait sa petite armée et la félicitait de ses premières victoires :

« Officiers, sous-officiers et soldats ! Le fait d'armes

d'hier a fourni un témoignage éclatant de la valeur et du dévouement dont tous les corps engagés dans cette affaire ont donné des preuves. Après une lutte de trois heures, vous avez délivré Bagnorea des bandes garibaldiennes qui l'opprimaient depuis plusieurs jours. Votre cri, au moment de l'action, était : Vive Pie IX ! Et c'est avec le même cri glorieux que la population de Bagnorea vous a accueillis dans un transport de joie.

« Le saint-père, notre vénéré souverain, a daigné manifester sa satisfaction pour votre brillante conduite en donnant sa bénédiction aux chefs et à toute la troupe. Officiers, sous-officiers et soldats, je suis content de vous tous et je suis heureux de vous commander.

« *Le commandant de la première subdivision*,

« (Signé) : Le général DE COURTEN. »

Pendant que les pontificaux se réjouissaient du succès de Bagnorea, Garibaldi annonçait à toute l'Italie que ses bandes étaient partout victorieuses. Il est vrai que nous avons vu les Italiens danser une farandole autour du drapeau, après la *victoire* de Lissa. Tout s'explique. Affirmer à l'Europe que l'armée italienne garde sérieusement les frontières pontificales et transformer des défaites en victoires, c'est toujours remplir le même rôle. L'*unité* italienne ne s'est faite et ne peut se compléter définitivement que par l'unité du mensonge. Cependant les plus crédules commençaient à pénétrer dans les mystères des coulisses, et le théâtre percé à jour laissait voir tous les trucs des machinistes et les masques des acteurs. Comment faire ! Quand un navire est sur le point de sombrer, on jette la cargaison à la mer. Rattazzi eut la pensée de jeter un masque désormais inutile et d'éventer tous les secrets de la complicité du gouvernement.

Deux contre-ordres successifs furent envoyés au général la Marmora pour suspendre l'invasion du territoire pontifical, dans l'espoir qu'on arriverait à faire agréer, par le gouvernement français, un prétexte ou une forme quelconque d'occupation.

La France opposa un *non possumus* absolu à toute proposition de reviser, de compléter ou d'interpréter la convention de septembre. La France s'en tient aux engagements qu'elle a pris et à ceux qui ont été pris vis-à-vis d'elle, et elle refuse d'aliéner ou de restreindre la liberté d'action que cette convention lui réserve dans certains cas.

La France n'a pas laissé ignorer qu'elle ressentirait, comme elle en a le droit et le devoir, la méconnaissance d'un acte au bas duquel est sa signature.

Le gouvernement italien hésite au moment de rompre avec la France et de se mettre en état d'hostilité avec la catholicité entière. Il ne peut ignorer, à cette heure, que la France est en mesure d'user de sa liberté d'action ; que les moyens matériels sont prêts, et qu'il suffit d'un signal du télégraphe.

L'alternative posée maintenant au gouvernement italien est celle-ci : ou de se reconnaître impuissant à tenir ses engagements et de laisser la France, en vertu de la liberté d'action qu'elle s'est réservée, suppléer à sa faiblesse et à son incapacité, ou de violer ses engagements qu'il ne peut exécuter et de faire naître, au profit du gouvernement français, le plus légitime *casus belli*.

Le gouvernement italien avait déjà fait naître ce *casus belli*, en violant la convention. Cependant la politique pouvait juger à propos de lui accorder le bénéfice de ses dénégations impudentes, mais à la condition de le rappeler promptement à l'ordre. C'est ce qu'il fit bientôt. Au milieu de ces incertitudes, les garibaldiens ne perdaient point de temps. Une forte bande, profitant de l'absence des troupes, déboucha des montagnes environnantes et envahit Subiaco. Les quelques gendarmes restés dans la ville furent obligés de s'enfuir dans un lieu appelé *la Rocca*, et le gouverneur, ainsi que l'évêque administrateur, furent mis aux arrêts, comme otages, dans leur résidence.

Le lieutenant-colonel Charette, averti du fait, se détourna de sa marche sur Nerola pour se diriger vers Subiaco. Mais avant d'y arriver, le détachement sorti en campagne rentrait déjà en ville. Alors commença un combat acharné, dans lequel la victoire demeura complétement aux pontificaux, qui délivrèrent ainsi le gouverneur, l'évêque et la ville aux cris de joie des citoyens, répétant à l'envi : *Vive Pie IX, pape et roi ! Vivent les troupes pontificales !*

Quinze garibaldiens tombèrent aux mains des soldats du pape ; plusieurs ont été blessés, et trois restèrent sur le terrain.

L'Angleterre, soit par hostilité contre la France, dont elle aime les embarras, soit par haine de la papauté, qu'elle voudrait anéantir, passait pour encourager les espérances et les menées garibaldiennes. La perquisition ordonnée plus tard chez Otto Russel, la saisie d'une caisse de bombes Orsini, à l'adresse du noble gentleman, tout cela n'est point de nature à diminuer les soupçons. On sait avec quelle habileté cette puissance recueillit le prix de notre sang versé à Magenta et à Solferino, en poussant l'Italie à l'*unité* quand nous voulions la *fédération*, et en nous rendant odieux à ceux que nous avions sauvés.

Le gouvernement pontifical, instruit de cette complicité nouvelle, aurait envoyé au gouverneur britannique une dépêche dont voici la substance :

Le gouvernement papal appelle l'attention sur le fait que les révolutionnaires italiens sont ouvertement appuyés en Angletere ; on fournit, sans se cacher, des armes et de l'argent aux garibaldiens ; il y a tout lieu de penser que, sans cet appui matériel, le mouvement insurrectionnel aurait été impossible.

Le gouvernement de Sa Sainteté ne peut voir dans de tels faits qu'une violation flagrante de la neutralité. Cette violation est d'autant plus flagrante, que les garibaldiens n'ont pas d'autre but que de neutraliser et invalider une convention solennelle, conclue entre deux alliés de l'Angleterre pour sauvegarder la paix de l'Europe.

Le gouvernement de Sa Sainteté fait observer que l'Angleterre, avec raison, a dû se plaindre de ce que les machinations des fénians avaient trouvé de l'appui de la part du gouvernement des États-Unis, et cependant cet appui était moins avoué et moins actif que celui donné par l'Angleterre aux garibaldiens. Il y a là une violation du droit des gens.

Le gouvernement de Washington a empêché l'inva-sion du Canada, tandis que le gouvernement anglais n'a pas empêché les garibaldiens de recevoir en Angleterre des armes et de l'argent. Une connivence aussi fâcheuse est vue avec regret par le gouverne-ment pontifical ; il y a là une ingratitude extrême, car la papauté n'a jamais fait autre chose que d'être utile, autant qu'il lui a été possible, à l'Angleterre; elle n'a pas cessé, dès le principe, de combattre le fénianisme.

Sans sa ferme opposition, il n'est pas de catholique soit en Angleterre, soit en Irlande, qui ne fût devenu un fénian dangereux, et l'Angleterre aurait eu à lutter contre une insurrection formidable.

Si le mouvement actuel des garibaldiens, non-seu-lement toléré, mais même encouragé par l'Angle-terre, venait à aboutir à de graves complications, le gouvernement britannique serait, aux yeux du gou-vernement pontifical, grandement responsable d'une malheureuse catastrophe.

Tant que l'Angleterre favorisera des conspirations contre le gouvernement pontifical, il ne saurait avoir de paix solide et durable. Que peut faire le gouverne-ment papal en de pareilles circonstances? Doit-il demander à l'Irlande catholique des secours contre l'Angleterre? A Dieu ne plaise! Le gouvernement an-glais rend le mal pour le bien; mais le gouvernement papal ne sait et ne saura jamais que rendre le bien pour le mal. Puisse l'Angleterre, ouvrant les yeux à la lumière, agir désormais avec plus de justice vis-à-vis d'une puissance, non-seulement inoffensive, mais encore amicale !

Cependant Garibaldi, dans son style de matamore, préludait à son évasion prochaine par une nouvelle proclamation :

Quoi qu'il en soit de l'authenticité de ce document, il est digne d'attention ; le voici :

« Romains !

« En dépit des conseils timides et des menaces impudentes, vous avez spontanément renoncé aux lenteurs ; et à l'heure où je trace ces lignes, le cri héroïque de votre rescousse est répété des forts de la Sabine aux collines du Janicule. Vous avez fait votre devoir avec une juste impatience. L'Italie, je n'en doute pas, fera le sien. Entre Rome et moi existe depuis longtemps un pacte solennel, et, à tout prix, je maintiendrai ma parole et je serai avec vous ; mais pour vaincre, je suis de trop.

« Les avant-gardes indomptables du Vascello et de S. Pancrazio combattent dans vos rangs ; vétérans éprouvés des batailles nationales, leur nom est une fanfare de victoire. Je ne refuse pas le glorieux mandat de vous guider ; mais, en attendant que j'arrive, je cède à votre désir et à celui de tous les amis, et je transmets la direction de l'affaire aux mains de mon fils Menotti, certain qu'il saura vaincre avec vous ou mourir à son poste. Faites que, *quand j'arriverai*, de la criminelle tentative qui vous a opprimés, il ne reste plus que l'ignominieuse mémoire.

« G. GARIBALDI. »

On ne savait que penser de l'attitude du gouvernement français. Pendant que la presse révolutionnaire s'écriait partout qu'il fallait en finir avec la question romaine, et laisser l'Italie se compléter en réalisant son rêve de Rome capitale, les uns croyaient que l'Empereur initié à tous les secrets de Rattazzi, assisterait impassible à un nouveau Castelfidardo ; d'autres qu'il était dupe des promesses italiennes, ou n'était pas fâché de se laisser endormir par des apparences fallacieuses, sauf à intervenir diplomatiquement plus tard après les faits accomplis ; plusieurs, attentifs aux tendances de la presse officieuse, entrevoyaient la probabilité d'une nouvelle intervention, sans oser affirmer qu'elle arriverait à temps. Enfin *le Moniteur*, sans rompre le silence des oracles, insinuait que la France n'était plus dupe de la fourberie italienne. C'était un démenti aux assurances précédentes, mais qui en ce monde ne se trompe pas ? Il vaut mieux croire à une erreur qu'à une complicité suivie d'un revirement.

Le Moniteur nous livre donc enfin les aveux suivants :

« *Il est constant que des bandes nouvelles ne cessent de traverser la frontière. Beaucoup de leurs officiers sont en uniforme. Le train parti de Florence a amené 400 garibaldiens ; celui du 15, parti de même de la capitale, en a amené 800.* Ils paraissent s'être concentrés au nombre de près de 3,000 entre Montelibretti, Monte Rio Romano, Nerola et Moricone. Bagnorea a été menacé de pillage par les bandes.

« Le 15, à Vallecorsa, sur la frontière méridionale, une colonne de squadriglieri (paysans volontaires) avec quelques gendarmes a tenu en échec 200 garibaldiens et a laissé le temps à une colonne romaine d'arriver. Les garibaldiens ont eu 10 tués, dont le chef et trois officiers, et quelques blessés. On leur a enlevé 46 prisonniers et beaucoup d'armes et de munitions. Dans les provinces de Viterbe et dans celle de Frosinone, plusieurs villes demandent des armes pour aider les gendarmes à repousser les bandes. Dans toute l'étendue des États-Pontificaux, la population non-seulement demeure calme, mais se prononce de plus en plus contre les envahisseurs. »

Le Moniteur a donc fini par reconnaître que les garibaldiens traversaient la frontière par bandes, et non isolément. L'explication qu'il donnait pour excuser le gouvernement de Florence ne suffit plus. Il est manifeste pour tout le monde aujourd'hui que la convention du 15 septembre 1864 a été et est chaque jour audacieusement violée.

Si nous avions à choisir entre la prose des Rattazzi et des Menabrea, et celle de Garibaldi, nous donnerions certes la préférence à celle du héros d'Aspromonte et d'Asinalunga. Elle est claire, énergique, un peu ampoulée, mais sans fard.

Voyez avec quelle tendresse il nous parle des prêtres, du pape et de l'Église, que M. Rattazzi dépouille afin de la rendre libre et indépendante :

« Aux vainqueurs de Bagnorea et d'Acquapendente, salut ! Les mercenaires étrangers ont fui devant les jeunes et valeureux champions de la liberté italienne, et les sbires altérés de sang ont éprouvé l'exquise générosité de leurs vainqueurs. Oui, c'est à vous, prêtres, maîtres passés et raffinés dans l'art des prisons, des tortures et des bûchers, à vous qui avez bu le sang des libérateurs avec la volupté de l'hyène, dans le ca-

lice de vos mensonges, c'est à vous que l'on pardonne !
et l'on pardonne aussi à vos bourreaux enrégimentés,
fange pestilentielle de tous les cloaques du sanfé-
disme.

« Italiens, mettez-vous en mouvement ! Voici l'heure
la plus solennelle de votre existence politique, l'heure
la plus décisive. Ne cessez pas de protester d'une ma-
·nière énergique et constante contre les vils instruments et la tyrannie étrangère. N'oubliez pas. On vous
fera des promesses d'opportunité, de temps meilleurs...
Mensonges... ne les croyez pas ! ils vous tromperont
pour la centième fois. Enfin donc, prenez les armes
et ne les déposez qu'après avoir vu flotter votre étendard sur les sept collines, qu'après avoir renvoyé à
leurs protecteurs les noirs suppôts du despotisme.

« Garibaldi.

« Caprera, 8 octobre 1867. »

On voit que la révolution a changé tout le dictionnaire de l'Académie : *vainqueurs* de Bagnorea signifie
vaincus ; mercenaires, traduisez : *jeunes gens de famille*
qui abandonnent leurs châteaux et leurs riches espérances pour donner au pape leur argent, leur liberté
et leur vie. Le *doux* Pie IX est une *hyène*. Les garibaldiens sont des *aristocrates* désintéressés qui ne boivent
jamais dans le *calice du mensonge*.

Repoussés d'Ischia et de Farnèse, les garibaldiens
avaient momentanément suspendu leurs opérations
pour attendre des renforts. Ils se partageaient en quatre
corps distincts. Le premier, composé de dix bandes
environ, s'élevant au chiffre de 5,000 hommes, se

trouvait épars aux environs du lac de Bolsène et me-
naçait tour à tour Acquapendente et Toscanella, Valentano et Montefiascone, Bolsène et Vitorchiano, Soriano
et Bassanella. Toutes ces bandes avaient pour objectif
Viterbe et opéraient un mouvement concentrique vers
cette ville en s'efforçant de couper les communications
avec Rome.

Un deuxième corps se formait dans la haute vallée
du Tibre et devait entrer bientôt sur le territoire pontifical.

Le troisième corps avait pris pour base d'opération
la rive droite du Garigliano et allait tâcher de s'emparer
de Ceprano et de Frosinone. Son avant-garde était
formée d'une bande de 500 hommes, commandée par
Nicotera et qui avait quitté Naples le 9 octobre.

Le quatrième, enfin, occupait les confins de la Sabine et avait pour base d'opération les hauteurs de
Monte Carpignano. Il se composait de deux détachements, de 1,500 hommes chacun, sous les ordres
de Menotti Garibaldi. Ce dernier attendait le corps qui
s'organisait dans la vallée du Tibre pour se joindre à
lui et marcher ensemble sur Rome. C'est Menotti qui
brigue l'honneur d'entrer dans la ville éternelle et de
planter le drapeau rouge au sommet du Capitole. Enfin, 5,000 garibaldiens, disait-on, devaient arriver
de Sicile, des Calabres et de Naples, et débarquer
entre Terracine et Porto d'Anzio pour attaquer Rome
au midi, tandis que Menotti l'attaquerait au nord. Des
bureaux d'enrôlement étaient ouverts dans les principales villes de l'Italie méridionale, mais surtout à
Naples.

De Faenza étaient partis 250 jeunes gens à la fois

pour grossir les rangs des envahisseurs du patrimoine de Saint-Pierre.

L'ardeur impie et sauvage qui s'empare de ces masses et les pousse sur Rome ne peut se comparer qu'à celle dont étaient animées les hordes d'Alaric, d'Odoacre et d'Attila, emportées vers les sept collines par un instinct irrésistible de destruction.

Cavour disait à Garibaldi :

« Si vous manquez votre coup à Marsala, je vous arrête, vous emprisonne et vous désavoue en face de l'Europe. Si vous réussissez, comptez sur moi. Rattazzi, instruit à son école, voulait marcher sur les traces de son maître. Seulement il se montrait trop pressé et laissait trop vite entrevoir le bout de l'oreille du renard mal dissimulé sous la peau de mouton. »

Ainsi le gouvernement italien ne jouait même plus sur les mots d'*invasion* et d'*insurrection*; il abandonnait des synonymes forcés et puérils et reconnaissait désormais que le mouvement qui entraîne les bandes vers Rome provenait du dehors ; mais il n'en revenait à résipiscence que pour changer de tactique. La généralité, l'impétuosité croissante de ce mouvement formait l'objet de ses craintes. Il redoutait les tendances républicaines manifestées au sein de ces masses sans nom ; il avait peur que le bonnet phrygien, planté au faîte du Capitole, ne fît choir la couronne italienne. Il fallait donc prévenir ce malheur, précéder les bandes à Rome, occuper l'État pontifical et la ville éternelle au nom du salut de la monarchie.

Deux officiers de l'armée italienne, MM. Marangoni et Castellazzi, furent arrêtés à l'hôtel de la Minerve,

M. Marangoni devait prendre le commandement de la révolution qu'on veut faire éclater à Rome. On a trouvé dans ses papiers les cadres d'une organisation militaire clandestine, où plus de mille noms étaient déjà inscrits. On a saisi aussi, entre autres documents d'une importance capitale une dépêche que M. Marangoni était en train d'expédier à Florence, au moment où la police l'a arrêté. Dans cette relation il signalait les dangers de l'esprit républicain qui prenait un développement formidable au sein du parti libéral, et, en présence de ce phénomène inquiétant, il déclarait ses instructions insuffisantes et en demandait de nouvelles au gouvernement italien. Le *post-scriptum* de la dépêche annonçait l'arrivée des prisonniers garibaldiens à Rome et leur entrée au fort Saint-Ange. Les pièces trouvées chez l'agent italien semblent exprimer la conviction que le gouvernement français a donné carte blanche au cabinet de Florence pour l'arrangement de la question romaine. MM. Marangoni et Castellazzi furent conduits aux prisons de Saint-Michel.

Un autre fait inquiétait M. Rattazzi. A côté de ces aspirations républicaines il y avait aussi la lâcheté des bandes garibaldiennes ; elle lui faisait appréhender justement la perte des espérances attachées à sa complicité clandestine. Les garibaldiens vaincus, il était trop démasqué.

Les *vrais garibaldiens* se montraient lâches et peu soucieux de recommencer la comédie de 1860, où ils avaient tiré du feu des marrons que les Italiens officiels avaient mangés. Ce n'était, en général, que la lie honteuse, repoussante, horrible, de la populace, qui se présentait aux bureaux d'enrôlement établis dans les villes italiennes, au su et au vu du gouvernement. Ainsi à Naples, par exemple, au café De Angelis, sur 400 garibaldiens qui s'étaient fait enregistrer et avaient touché d'avance 25 francs de prime, quatorze seulement étaient venus au jour fixé et avaient voulu passer la frontière. Le gouvernement s'était, en conséquence, décidé à recourir à sa propre armée et par là il mettait secrètement la main à l'œuvre abominable de l'invasion de l'État de l'Église.

Des garibaldiens, arrivés de Naples à Isoletta, ont été reçus à la gare par le général Avezzana, entouré de ses officiers ; il a donné lui-même des instructions aux chefs, lesquels ne sont autres que des officiers réguliers revêtus de la chemise rouge ; il a assigné à chaque groupe les positions à prendre, en attendant les engagements suprêmes.

Si de nombreux soldats et officiers de l'armée, joints à la canaille garibaldienne, sont chargés de l'œuvre de l'invasion, d'autres ont la mission de se rassembler à Rome à la sourdine et d'y jouer le rôle de sujets rebelles, rôle auquel se refuse décidément le peuple romain.

Dans ces circonstances, le gouvernement français croit devoir parler haut et ferme. On lisait dans un journal de Florence du 14 octobre :

« Les graves communications qui ont été faites à notre gouvernement de la part du gouvernement français, lequel, en présence de certaines éventualités, ne menacerait de rien moins que d'une intervention à Rome, ces communications, disons-nous, ont donné lieu à plusieurs réunions du conseil des ministres. Celle d'hier a été fort animée, et elle s'est prolongée depuis midi jusqu'à quatre heures.

« On a discuté longuement la question de savoir si l'on devait simplement envoyer à nos troupes l'ordre d'entrer sur le territoire pontifical.

« Les opinions sont divisées. Aucune résolution n'a été prise encore ; mais il n'est pas douteux que l'on arrive à une décision définitive dans la séance de ce soir.

« Si le parti de la non-occupation l'emporte, nous verrons aussitôt la retraite de certains ministres, lesquels, forts de la conscience du droit national, veulent que l'on réponde aux menaces injustes de la France par des actes *prompts, énergiques et audacieux.* »

L'interprétation de cette déclaration officieuse est facile. Attendu que nous voulons absolument violer la convention signée par l'Italie et la France, nous déclarons qu'il y a lieu d'armer contre le pays qui nous a fait ce que nous sommes, pour le châtier de son insolence à maintenir sa signature. Le héros de Cervantes n'aurait pas mieux dit.

Les pontificaux, en attendant le lever du rideau, battaient à Montelibretti les *vainqueurs* de Bagnorea.

Montelibretti est un ancien village fortifié, muni de portes et situé sur une hauteur. A 200 mètres de la porte vers laquelle se dirigeait le détachement de zouaves composé de quatre-vingts hommes et commandé par Guillemin et de Quélen, court un fossé large et assez profond que l'on passe sur un pont de pierre. En arrivant à ce pont, le détachement fut accueilli par des coups de fusil. Un poste de garibaldiens s'était tout à coup démasqué et barrait le passage. Enlever le poste fut l'affaire d'un instant [1].

Les garibaldiens s'enfuirent rapidement, laissant dix prisonniers aux mains du détachement, lequel continua à s'avancer vers le village. Il s'agissait de gravir la pente de 200 mètres pour arriver au seuil de la porte de Montelibretti. Or, les zouaves ne furent pas médiocrement surpris de se voir encore assaillis par une fusillade très-vive. Trois cents garibaldiens étaient cachés dans les vignes qui, à droite et à gauche bordent la route. Prompts comme la foudre, les zouaves se jetèrent tête baissée dans les vignes, chargèrent les garibaldiens à la baïonnette et entrèrent pêle-mêle avec eux dans le village; mais là, la fusillade offrait des dangers plus sérieux : elle tombait des fenêtres dans la rue. Force fut aux zouaves de revenir vers la porte, combattant avec les garibaldiens qu'ils avaient ramenés si vivement.

Pendant cette lutte, surviennent un major à cheval (le major Faseri) et son aide de camp à cheval, excitant le gros des garibaldiens qui les suivait et s'exposant courageusement au feu des zouaves. Il y eut dès lors en présence une poignée de héros chrétiens se battant contre DOUZE CENTS hommes, se battant corps à corps et déployant un courage et une abnégation dignes de la cause de Dieu.

Le brave et regretté Arthur Guillemin tomba l'un des premiers, à la porte même de Montelibretti. Bientôt on vit s'abattre le cheval du major garibaldien, lequel roula avec sa monture sur le pavé. Le sergent de la Bégassière, appuyant le canon de son fusil sur

---

[1] *Univers.*

l'oreille du major, le tua roide. La Bégassière reçut aussitôt une balle dans le bras, et comme une autre balle lui emporta son képi, il se coiffa du képi rouge et vert du major.

Le cheval de l'aide de camp fut aussi abattu, et l'homme qui le montait blessé par le caporal Delalande, Belge, si je ne me trompe.

Un Marseillais, Nouguès, criait à tue-tête et frappait sans relâche, comptant les hommes qu'il tuait. Quand il eut reçu une blessure à la tête, une balle dans chaque bras et qu'une autre balle lui eut emporté deux doigts de la main droite, il estima qu'il pouvait s'arrêter.

— Je ne comprends pas, disait-il , à l'hôpital, avec son accent de Provence, comment sont faits ces garibaldiens. A la première balle, ils tombent ; moi, j'en ai eu quatre, et me voilà.

Un caporal anglais, Colingrigy (c'est ainsi qu'on a prononcé son nom), a fait des prodiges de valeur. On l'a vu se défendant, acculé au mur, contre six garibaldiens. On dit, au reste, qu'il a été tué. Son frère s'est engagé la semaine passée.

Un caporal belge, Mercier, de Namur, a eu une conduite au-dessus de tout éloge : il est blessé.

Un clairon romain, appelé *Mimi* par la troupe, et qui avait eu une main brisée par une balle, a continué à sonner la charge, tenant son instrument de l'autre main.

Le sergent-major Bach, Suisse allemand, semblait s'être trempé dans un bain de sang. C'était du sang ennemi : il n'avait pas une égratignure.

Le Hollandais De Jonghe, sorte d'hercule géant,

était la terreur des garibaldiens. Tête nue, les vêtements en lambeaux, il dédaignait de faire feu de son
arme ; mais il s'en servait comme d'une massue. Ha-
rassé de fatigue, n'ayant pas reçu de blessure, il s'est
tout à coup mis à genoux. On s'est précipité sur lui;
on l'a percé de coups de baïonnette et de poignard. Mais
il y avait quatorze cadavres autour de son cadavre!

Deux autres zouaves hollandais, deux frères, ont
été tués.

Le sous-lieutenant de Quélen, brave comme son
épée, désireux d'imiter son ami Guillemin, se battait
avec un acharnement extrême. Il est tombé des derniers.

C'est à cinq heures et demie du soir qu'a commencé
la lutte ; mais la nuit était superbe. La lune pleine et
tranquille éclairait ces scènes héroïques ; pas un souffle n'agitait les feuilles. A huit heures, les zouaves
tenaient encore et se battaient devant la porte de
Montelibretti.

Tout à coup les garibaldiens du dedans fermèrent la
porte, et les zouaves, commandés par le sergent-major
Bach, se rabattirent sur les garibaldiens restés dehors
et en firent un véritable massacre.

La valeur de Bach, sa persistance, son sang-froid
tiennent du prodige. Il est resté sur la porte de Montelibretti jusqu'à quatre heures du matin, entouré de
huit blessés qu'il avait recueillis et d'une dizaine de
zouaves. Cependant, ne voyant venir aucun renfort et
las d'attendre, il s'était décidé à regagner Montemag-
giore, avec les blessés, les prisonniers et le reste de la
compagnie, quand les habitants de Montelibretti ont
rouvert la porte de leur village.

4

Les garibaldiens s'étaient enfuis par la porte opposée, emportant leurs blessés à Nerola, qu'ils occupaient encore le lendemain.

Le fait d'armes de Montelibretti est donc digne, je le répète, de la cause de Dieu.

` Le cœur des nations catholiques était là avec ce Romain, avec cet Anglais, ce Suisse, ces Hollandais, ces Belges, ces Français.

Les garibaldiens, aidés de l'Italie, et l'Italie aidée de la diplomatie, peuvent prendre Rome, chasser le pape et plonger l'Église dans les larmes, mais ils ne feront pas que ce noble sang ait été versé inutilement et qu'il ne soit pas monté « comme un encens d'une agréable odeur » vers le trône du Dieu de justice et de miséricorde.

Les garibaldiens ont fait subir aux habitants de Montelibretti d'indignes traitements. Le curé, dont ils ont saccagé la maison, a pu se réfugier à Rome.

Le saint-père s'empressa de visiter les blessés à l'hôpital ; on ne peut se faire une idée de l'enthousiasme et de la joie qui ont éclaté à son arrivée. L'état général de ces braves soldats est satisfaisant. Sur les 10 rapportés de Montelibretti, deux seulement ont des blessures graves ; au milieu de leurs souffrances ils sont pleins de sérénité, et ne demandent qu'à guérir pour voler à de nouveaux combats. L'un d'eux, un caporal, racontait une des dernières paroles du lieutenant Guillemin.

« Je suis blessé, s'était écrié le caporal, en laissant échapper un gémissement.— Ce n'est rien, lui dit Guillemin ; crie : *Vive le pape !* et tu ne sentiras plus rien. En avant ! » Comme à Castelfidardo, Guillemin a été frappé en pleine poitrine.

Les blessés sont admirablement soignés. Les sœurs de Charité ne se plaignent que d'une seule chose : des visites que viennent leur faire les Romains et les Français habitant Rome. Mais il est impossible de réprimer cet élan. Comment un Français resterait-il insensible à des traits d'héroïsme qui sont le salut de la papauté et la gloire de notre pays !

Le combat de Libretti fut bientôt suivi de la victoire de Nerola.

Les troupes, placées sous le commandement de M. le lieutenant-colonel des zouaves Athanase de Charette, sont parties le 18, à quatre heures du matin, de Monterotondo. Divisées en deux colonnes, l'une marchant par la route ordinaire de la plaine, l'autre suivant les hauteurs des collines et portant l'artillerie de campagne, elles sont arrivées à dix heures et demie devant Nerola, village bâti sur un plateau élevé, fortifié et muni d'un ancien fort des Colonna Sciarra.

L'attaque avait été ainsi combinée :

La légion et les carabiniers suisses, sous le commandement du major Sirlot, formaient l'aile droite.

L'aile gauche, composée de zouaves sous les ordres de M. le commandant de Troussure, devait tourner le cône que surmonte Nerola et donner l'assaut en même temps que la droite.

Au centre, se tenait M. de Charette avec d'autres compagnies de zouaves.

Les gendarmes avaient été répartis entre les deux colonnes d'attaque.

Une partie des carabiniers avait enfin pour mission de surveiller et de garder la route de Montorio Romano, par où des bandes garibaldiennes pouvaient tomber sur nos derrières.

A onze heures, le canon a ouvert le feu contre le fort, et le tir, dirigé avec beaucoup de justesse par M. de Quatrebarbes, n'a pas tardé à démanteler la tour à l'angle sud-est du château. Le sommet emmietté est bientôt tombé sur la tête des garibaldiens.

C'est alors que les colonnes d'attaque donnant ensemble l'assaut, les garibaldiens ont commencé leur fusillade à une distance de 150 mètres. La tête de la colonne d'attaque de droite (qui a seule souffert) était formée par un peloton de la légion, conduit par le sous-lieutenant Eschmann, fils de l'intendant général français. L'élan des légionnaires a été admirable, les légionnaires sentaient qu'ils représentaient là cette noble armée française à laquelle l'Italie révolutionnaire leur reproche d'appartenir encore. Le gros des garibaldiens a fait pleuvoir sur eux une grêle de balles, et malheureusement toutes ces balles n'ont pas été perdues. Le lieutenant Eschmann, le brave capitaine des gendarmes Celli, et six soldats ont été mis hors de combat. Un légionnaire a été tué.

Pendant ce temps, la gauche, rivalisant d'ardeur, escalade vivement les chemins escarpés ; et les projectiles passent tous sur la tête des zouaves, ou meurent à leurs pieds. On dirait que le sang versé à Montelibretti doit suffire. Ils entrent dans le village par la porte du nord, refoulent les tirailleurs embusqués dans les maisons, montent sur les toits et se mettent à faire le coup de feu contre le château. Du côté sud qui regarde Palombara, la légion enlève toutes les positions en avant du château. Le neveu de l'ancien ministre des armes, le jeune marquis de Vignancourt, qui a conquis ses galons de caporal parmi les légionnaires, se fait remarquer par son sang-froid et son courage.

Déjà les pontificaux sont au bord du fossé ; le capitaine Thomalet (de la république des Grisons), emporté par la chaleur du combat, se précipite seul vers la porte, qui s'ouvre tout à coup devant lui et laisse apparaître le chef des garibaldiens.

— Je me rends, dit celui-ci. Je veux capituler.

— Vous n'êtes pas des belligérants, s'écrie Thomalet. Les belligérants seuls capitulent. Rendez-vous à discrétion.

C'est ce qui fut fait.

Thomalet monte sur le parapet intérieur et ordonne aux zouaves de cesser le feu ; mais, son ordre n'ayant pas été compris, le feu continue, et l'on aperçoit de nouveau Thomalet sur le parapet, au risque de se faire tuer :

— Fichtre ! cria-t-il avec son accent suisse, je ne plaisante pas : cessez le feu.

Nerola était pris.

Le chef des garibaldiens se nomme le comte Valentini, Napolitain, et sa bande est presque toute composée de gens appartenant au royaume de Naples.

C'est un homme hardi, à la tournure herculéenne, au visage militaire : il tient à la fois du reître et du gentilhomme.

— Si tous mes hommes, disait-il à nos officiers,

étaient comme celui-ci, comme celui-là, comme tel autre (et il désignait divers de ses soldats) et comme moi, vous ne seriez pas entrés dans le fort. Le reste est un tas de canailles qui aiment à tirer à couvert.

Contrairement à l'avis de sa troupe, Valentini ne voulait pas se rendre, et quand son lieutenant a élevé le drapeau blanc, il lui a d'un coup de sabre abattu la main. Il s'en est peu fallu du reste, en ce moment, qu'il ne fût lui-même fusillé par les siens.

Il a donné les plus curieux détails sur la connivence de l'armée italienne, qu'il méprise de toute son âme. Et il a fort raison [1].

A part les exceptions horribles que présentent les bandes garibaldiennes, elles valent, sous certains rapports, mieux que l'armée ; elles n'accablent pas d'insultes la France ; elles se donnent pour ce qu'elles sont ; elles n'ont pas l'hypocrisie de la dignité, de la discipline et de la tenue officielle.

Peu de temps après, la nouvelle étant arrivée qu'une bande de garibaldiens partie de Falvaterra s'était, par la voie de Pastena, repliée entre Castro et Vallecorsa, le général de Courten, actuellement dans la province de Frosinone, envoya immédiatement une colonne composée de gendarmes et de squadriglieri, habitants de ces localités qui se sont enrôlés volontairement comme auxiliaires de la gendarmerie.

La bande garibaldienne, forte de 100 hommes, outre une réserve laissée à San Rocco, ayant attaqué Vallecorsa, la colonne qui s'y trouvait fut repoussée énergiquement. La bande entière chercha un refuge sur la montagne voisine ; mais à ce moment survint une

____

[1] *Univers.*

colonne de reconnaissance composée d'une compagnie des chasseurs et d'un détachement de la légion romaine formée à Antibes. Cette colonne élancée à l'attaque de la bande la mit en déroute et la contraignit à repasser la frontière.

Les pertes des pontificaux dans les deux affaires ont consisté en deux gendarmes tués et un squadrigliere blessé. Les garibaldiens ont eu dix morts et plusieurs blessés. Quarante-six d'entre eux sont tombés au pouvoir de la troupe. Parmi eux se trouvaient quatre soi-disant officiers et un guide de Garibaldi.

M. Rattazzi voulait bien profiter des armées garibaldiennes, mais il sentait que les harangues furibondes du condottière contre la papauté déconsidéraient sa cause aux yeux de l'Europe. Il eut donc l'idée de dégager sa responsabilité, en faisant insérer dans son journal la déclaration suivante :

« Nous croyons qu'il importe à l'Italie de séparer bien nettement la question religieuse de la question politique, et de bien prouver au monde qu'il ne s'agit, en aucune façon, d'attenter à la souveraineté spirituelle du saint-père et à son indépendance comme chef de l'Église.

« A ce point de vue, l'éloignement du général Garibaldi était nécessaire, même indépendamment de la convention de septembre. Le général avait eu le tort de prêcher une sorte de croisade anticatholique, et de transformer en question religieuse une question qui est et doit rester exclusivement politique. Son attitude aurait eu pour résultat de soulever contre l'Italie les catholiques du monde entier.

« Le gouvernement et la nation italienne sont animés de toute autre intention. Si la nation italienne veut effacer les derniers vestiges de l'occupation étrangère et compléter son unité nationale, elle n'entend en aucune façon se mettre à la suite des sectes antireligieuses ou même hétérodoxes, et sa volonté est de donner au saint-père toutes les garanties d'indépendance qu'exige sa qualité de chef de l'Église.

« Voilà ce qu'il faut que tout le monde sache, et la difficulté de la situation sera singulièrement modifiée [1]. »

Ce langage était d'autant plus opportun qu'en France surtout le mouvement catholique, dont nous parlerons bientôt, prenait d'immenses proportions. Sans parler pour le moment des mandements épiscopaux et des souscriptions pour l'armée pontificale, des pétitions s'organisaient pour exercer une pression sur le gouvernement, dont l'indécision devenait inquiétante.

La pétition suivante, rédigée à Tourcoing, recevait aussitôt les plus honorables signatures.

« Sire,

« Nos cœurs de chrétiens et de Français sont douloureusement émus à la vue des malheurs qui menacent la papauté, l'Église et la société elle-même, par suite des événements dont Rome est le théâtre en ce moment. Nous croyons être d'accord avec le sentiment national en suppliant Votre Majesté d'accueillir cette fois encore les vœux des populations et d'assurer

---

[1] *Italie* du 17 octobre.

l'exécution loyale de la convention du 15 septembre, et de remplacer au besoin par la surveillance plus efficace des troupes françaises une surveillance par trop visiblement éludée. La France ne peut pas paraître même violer sa parole, et personne ne saurait douter qu'elle soit capable de la faire respecter.

« En vous exprimant ce vœu, sire, nous croyons donner la preuve de notre dévouement au pays et à Votre Majesté. Veuillez en agréer l'expression et croire à notre pleine fidélité. »

(Suivent les signatures.)

Deux autres villes, Lille et Roubaix, signèrent des pétitions dans le même sens.

Les rumeurs les plus contradictoires se répandaient dans Paris. On cherchait à pénétrer l'impénétrable mystère qui enveloppait les conseils des Tuileries.

Dès le 17 octobre, le souverain pontife, dans une encyclique à tous les évêques du monde catholique, s'élevait contre les projets incendiaires de la révolution et protestait contre ses nouveaux envahissements.

LETTRE ENCYCLIQUE DE NOTRE SAINT-PÈRE LE PAPE PIE IX

A TOUS LES PATRIARCHES, PRIMATS, ARCHEVÊQUES
ET ÉVÊQUES DE L'UNIVERS CATHOLIQUE EN COMMUNION AVEC LE SAINT-SIÉGE
APOSTOLIQUE.

A nos vénérables frères les patriarches, primats, archevêques et évêques de l'univers catholique en communion avec le saint-siége apostolique,

Pie IX, pape,

Vénérables frères, salut et bénédiction apostolique.

Levez les yeux autour de vous, vénérables frères,

4.

et vous verrez, et vous déplorerez vivement avec nous les détestables abominations qui désolent aujourd'hui surtout la malheureuse Italie. Pour nous, nous adorons très-humblement les impénétrables jugements de Dieu, à qui il a plu de nous faire vivre dans ces temps très-douloureux, où, par le fait de quelques hommes, et principalement de ceux qui gouvernent et conduisent les affaires publiques dans cette Italie si malheureuse, les vénérables commandements de Dieu et les lois de la sainte Église sont entièrement méprisés, où l'impiété lève impunément la tête et triomphe. De là toutes les iniquités, tous les maux, tous les dommages que nous contemplons avec une profonde douleur. De là ces nombreuses phalanges d'hommes qui, marchant dans leurs impiétés, combattent sous l'étendard de Satan, sur le front duquel est écrit : *Mensonge ;* ces hommes, appelés du nom de révolution et ouvrant leur bouche contre le ciel, blasphèment contre Dieu, souillent et méprisent tout ce qui est sacré, et, foulant aux pieds tous les droits divins et humains, ne respirent, comme des loups rapaces, que le pillage, versent le sang, perdent les âmes par leurs horribles scandales, cherchent dans l'injustice le profit de leur propre malice, enlèvent violemment le bien d'autrui, contristent le petit et le pauvre, accroissent le nombre des malheureuses veuves et des orphelins, et, pour de l'argent, font grâce aux impies, tandis qu'ils refusent au juste la justice, qu'ils le dépouillent, et que, dans la corruption de leur cœur, ils s'efforcent d'assouvir honteusement toutes les passions mauvaises, au grand dommage de la société civile elle-même.

C'est de cette race d'hommes pervers que nous sommes actuellement entourés, vénérables frères. Ces hommes, animés d'un esprit véritablement diabolique, veulent arborer l'étendard du mensonge jusque dans la ville sainte, près de la chaire de Pierre, le centre de la vérité et de l'unité catholiques. Et les chefs du gouvernement subalpin, qui devraient réprimer de pareils hommes, n'ont pas honte de les favoriser avec zèle, de leur fournir des armes et toutes les choses nécessaires à leur entreprise, et de leur ménager l'accès de cette ville. Mais que ces hommes, même ceux qui sont placés au plus haut degré de la puissance civile, que ces hommes tremblent; car, par cette conduite inique, ils s'embarrassent de plus en plus dans les liens des peines et des censures ecclésiastiques. Quoique nous ne cessions, dans l'humilité de notre cœur, de prier et de supplier de toutes nos forces le Dieu riche en miséricorde, afin qu'il daigne ramener ces hommes infortunés à une salutaire pénitence et au droit sentier de la justice, de la religion et de la piété, cependant nous ne pouvons taire les dangers si graves auxquels nous sommes exposés dans cette heure des ténèbres.

Nous attendons, dans une parfaite tranquillité d'âme, tous les événements qui peuvent être provoqués par tant de fraudes criminelles, tant de calomnies, tant de perfidies, tant de mensonges, parce que nous avons mis tout notre espoir et toute notre confiance en Dieu, notre sauveur, notre aide et notre force dans toutes nos tribulations, et nous savons qu'il ne permet pas que ceux qui se confient en lui soient confondus, qu'il déjoue les projets insidieux des impies et qu'il brise les têtes des pêcheurs. Nous ne pouvons toutefois nous abstenir de dénoncer, à vous d'abord, vénérables frères, et à tous les fidèles confiés à votre sollicitude, la déplorable condition et les dangers si graves dans lesquels nous nous trouvons aujourd'hui, principalement par le fait du gouvernement subalpin. En effet, quoique nous soyons défendus par la bravoure et le dévouement de notre très-fidèle armée, qui a fait preuve par ses exploits d'un courage presque héroïque, il est évident que cette armée ne pourra longtemps résister au nombre immensément supérieur de ses iniques agresseurs. Et, bien que nous éprouvions une grande consolation de la filiale piété que nous témoignent le reste de nos sujets, réduits à un si petit nombre par d'injustes usurpateurs, nous ressentons cependant une vive douleur en songeant qu'ils ne peuvent pas éviter les dangers que leur font courir ces bandes féroces d'hommes criminels qui les épouvantent continuellement par toutes sortes de menaces, qui les dépouillent, qui les tourmentent de mille manières.

Mais nous devons, vénérables frères, déplorer aussi d'autres maux sur lesquels on ne pourra jamais assez gémir. Vous avez appris, particulièrement par notre allocution consistoriale du 29 octobre de l'année dernière, et ensuite par un Exposé muni de pièces à l'appui et livré à l'impression, de quelles calamités l'Église catholique et ses enfants sont misérablement tourmentés et déchirés dans l'empire de Russie et dans le royaume de Pologne. Là, les évêques catholiques, les prêtres et les fidèles laïques sont envoyés en exil, jetés en prison, tourmentés de toute manière, dépouillés de leurs biens, soumis aux peines les plus sévères, opprimés; là, les canons et les lois de l'Église sont entièrement foulés aux pieds. Non content de cela, le gouvernement russe, suivant le plan de ses prédécesseurs, continue de violer la discipline de l'Église, de briser les liens d'union et d'interrompre les voies de communication entre les fidèles et nous et ce saint-siége, de faire tous ses efforts pour détruire de fond en comble la religion catholique dans ces pays, pour arracher les fidèles au sein de l'Église et pour les entraîner au schisme le plus funeste. C'est avec la plus profonde douleur de notre âme que nous vous faisons savoir que, depuis notre dernière allocution, deux nouveaux décrets ont été récemment publiés par le même gouvernement. Aux termes du décret du 22 mai dernier, par une horrible audace, le diocèse de Podlachie, dans le royaume de Pologne, a été entièrement détruit avec le chapitre des chanoines, le consistoire général et le séminaire diocésain ; l'évêque lui-même a été arraché à son troupeau et forcé de quitter sur-le-champ le territoire du diocèse. Ce décret est d'ailleurs semblable à un autre du 3 juin de l'année dernière, dont nous n'avions pu faire mention, parce que nous en ignorions alors l'existence. Le gouvernement russe n'avait pas craint de supprimer par ce décret, de sa seule volonté et de sa propre autorité, le diocèse de Kamenetz, de détruire le chapitre des chanoines, le consistoire, le séminaire, et d'arracher violemment l'évêque à son diocèse.

Privés de toute voie, de tout moyen de communication avec les fidèles, nous avons été forcés, pour n'exposer personne à la prison, d'insérer dans notre journal un acte par lequel nous avons jugé bon de pourvoir à l'exercice de la juridiction légitime dans ces vastes diocèses et aux besoins spirituels des fidèles, afin que la nouvelle de la résolution prise par nous pût arriver dans ces pays par la voie de la presse. Tout le monde comprend facilement dans quel but le gouvernement russe publie de pareils décrets, surtout lorsqu'on sait qu'à l'absence d'un grand nombre d'évêques s'ajoute encore la suppression des diocèses.

Mais ce qui met le comble à l'amertume de notre âme, vénérables frères, c'est un autre décret promulgué par le même gouvernement, le 22 du mois de mai dernier, et en vertu duquel a été constitué à Pétersbourg un collége, appelé collége ecclésiastique catholique romain et présidé par l'archevêque de Mohilev. Or, toutes les demandes, même celles qui concernent des questions de foi et de conscience, et qui sont adressées à nous et au siége apostolique par les évêques, les prêtres et les fidèles de l'empire russe et du royaume de Pologne, doivent être d'abord transmises à ce collége, qui est chargé de les examiner, de voir si elles excèdent le pouvoir des évêques, et, dans ce cas, de nous les faire parvenir. Ensuite, lorsque notre décision est revenue, le président du susdit collége est tenu de l'envoyer au ministre de l'intérieur, afin que celui-ci examine s'il n'y trouve rien de contraire aux lois de l'État et aux droits du souverain et qu'il y donne suite, selon son bon plaisir et sa volonté, s'il n'y rencontre rien de cette nature.

Vous voyez certainement, vénérables frères, combien détestable et condamnable est un tel décret, porté par un pouvoir laïque et schismatique, décret qui détruit la divine constitution de l'Église, qui renverse la discipline ecclésiastique, qui porte la plus grave atteinte au pouvoir et à l'autorité du saint-siége et des évêques, qui entrave la liberté du pasteur suprême de tous les fidèles, et qui pousse les fidèles au schisme le plus funeste; décret, enfin, qui viole et foule aux pieds même le droit naturel, en ce qui concerne les affaires de foi et de conscience.

Ajoutez à cela que l'Académie catholique de Varsovie a été détruite, et que le diocèse de Chelm et Belz est menacé d'une triste ruine. Ce qu'il y a de plus déplorable, c'est qu'il s'est trouvé un prêtre, du nom de Wajcicki, homme d'une foi douteuse, qui, au mépris de toutes les peines et de toutes les censures ecclésiastiques, et sans redouter le terrible jugement de Dieu, n'a pas craint d'accepter du même pouvoir civil le gouvernement et l'administration de ce diocèse; il a déjà pris plusieurs mesures aussi favorables au schisme que contraires à la discipline ecclésiastique.

Au milieu de toutes ces calamités et de toutes ces angoisses qui nous affligent et affligent l'Église, il n'y a personne qui combatte pour nous, si ce n'est le Seigneur notre Dieu : c'est pourquoi, vénérables frères, au nom de votre ardent amour et de votre zèle pour les intérêts catholiques, au nom de votre piété envers nous, nous vous exhortons avec instance et nous vous exhortons encore à joindre vos très-ferventes prières aux nôtres, à prier, à supplier Dieu sans relâche avec tout votre clergé et avec le peuple fidèle, afin que, se souvenant de ses miséricordes éternelles, il détourne de nous sa colère, qu'il délivre son Église sainte et nous de si grands maux, qu'il protége, par sa force toute-puissante, les fils de cette même Église, qui nous sont si chers ; qu'il les protége dans presque tous les pays, et surtout en Italie, dans l'empire russe et dans le royaume de Pologne, contre tant d'embûches qui leur sont dressées, contre tant de maux dont ils sont affligés ; qu'il les conserve, qu'il les affermisse, qu'il les fortifie de plus en plus constants dans la profession de la foi catholique et de sa doctrine salutaire, qu'il confonde les projets impies des hommes ennemis, et que les retirant de l'abîme de l'iniquité pour les ramener dans la voie du salut, il les conduise dans le sentier de ses commandements.

C'est pourquoi nous voulons qu'un *Triduum* de prières publiques soit fait dans vos diocèses, à l'époque fixée par vous dans les six mois à partir de ce jour, et dans un an pour les diocèses d'outre-mer. Et afin que les fidèles assistent à ces prières publiques et adressent à Dieu leurs supplications avec un zèle plus ardent, nous accordons miséricordieusement dans le Seigneur l'indulgence plénière et la rémission de tous leurs péchés à tous et chacun des fidèles de l'un et de l'autre sexe qui auront dévotement assisté aux prières susdites pendant ces trois jours, qui se seront purifiés par la confession sacramentelle et qui se seront fortifiés par la sainte communion. Quant aux fidèles qui seront au moins contrits de cœur, pourvu qu'ils aient accompli les autres œuvres prescrites dans l'un ou l'autre des jours susdits, nous leur remettrons, selon les formes usitées dans l'Église,

-sept ans et sept quarantaines des pénitences qui leur auraient été enjointes ou qu'ils devraient en quelque manière. Et nous voulons que toutes et chacune de ces indulgences, rémissions des péchés , remises des pénitences, puissent être aussi appliquées par voie de suffrage aux âmes des fidèles qui ont quitté cette vie avec la grâce de Dieu. Et ce, nonobstant toute disposition contraire.

Enfin, il n'y a rien certainement qui nous soit plus agréable que de profiter de cette occasion pour attester de nouveau et pour confirmer la bienveillance toute particulière que nous avons pour vous dans le Seigneur. Et ; comme gage assuré de cette bienveillance, nous vous accordons notre bénédiction, dans l'effusion de notre cœur, à vous , vénérables frères, à tous les clercs et à tous les fidèles confiés à votre sollicitude.

Donné à Rome, près de Saint-Pierre, le 17 octobre de l'année 1867,

Et de notre pontificat la vingt-deuxième.

PIE IX , Pape.

Cette encyclique coïncidait, comme on le voit, avec les résolutions prises par la France pour entraver la marche de la révolution.

La Bourse, au 18 octobre, était dans la plus grande agitation, par suite du bruit répandu, que de graves résolutions auraient été adoptées dans le dernier conseil des ministres. On assurait que le gouvernement français avait fixé un délai au gouvernement italien pour empêcher sérieusement l'invasion du territoire pontifical, par les bandes garibaldiennes, et faire respecter la convention du 15 septembre. Si des mesures efficaces n'étaient pas prises, les troupes françaises interviendraient. Cette décision aurait fait éclater des dissidences entre MM. Rouher et le marquis de la Valette. Le ministre d'État se serait prononcé très-vivement pour une intervention prompte et énergique, le marquis de la Valette, au contraire, réconcilié avec le prince Napoléon et fidèle au rôle qu'il a joué pendant son ambassade à Rome, aurait soutenu la politique du Palais-Royal, et combattu l'intervention. D'après toutes les rumeurs qui circulent, M. Rouher, appuyé par l'Impératrice, l'aurait emporté, et des ordres auraient été donnés à l'armée de Lyon de se mettre en marche. On affirmait qu'une première division, commandée par le général Dumont, devait s'embarquer à Toulon pour Rome. C'est ce même général Dumont qui, à propos des désertions dans la légion d'Antibes, fut chargé de la mission qui a commencé le conflit avec le cabinet de Florence.

On remarquait surtout le langage beaucoup plus accentué du petit et du grand *Moniteur*, au sujet de la complicité du gouvernement italien avec les bandes garibaldiennes.

Du reste, Menotti Garibaldi ayant pris le commandement en chef de toutes les bandes d'invasion, en attendant l'arrivée de son glorieux père, il n'était plus permis de douter que, cette fois encore comme en 1849, c'est le drapeau rouge républicain qui devait rentrer à Rome, d'où notre armée l'avait chassé ; ce même drapeau soutenu aujourd'hui en France, par l'accord des habitués du Palais-Royal, *le Siècle* et *la*

Liberté, des socialistes proudhoniens du *Courrier français*, des jacobins de *l'Avenir national*, des absolutistes saint-simoniens de *l'Opinion nationale*, des athées du *Journal des Débats*...

L'armée italienne franchira-t-elle la frontière et voudra-t-elle se mettre en guerre avec la France? Victor-Emmanuel ne le veut pas, assure-t-on, mais sera-t-il le maître, et le parti d'action ne réussira-t-il pas à s'emparer du pouvoir? C'est ce que tous se demandaient chaque jour.

Au milieu de ces incertitudes, le gouvernement français posait nettement à l'Europe la question romaine et se montrait décidé à maintenir la convention. La circulaire suivante de M. de Moustier, en date du 25 octobre, était adressée à tous les agents diplomatiques français :

« Monsieur,

« Nous ne voulons pas nous attacher, en ce moment, à énumérer les incidents successifs qui ont fait naître et pousser à ses conséquences extrêmes une crise aussi menaçante pour la sécurité du saint-siége que dangereuse pour les véritables intérêts de l'Italie.

« Il nous suffit de l'envisager au point de vue de notre droit, de notre honneur, et de constater les devoirs qui en découlent pour nous.

« La convention de septembre a été provoquée et signée librement par le gouvernement italien. Elle l'obligeait à protéger efficacement les frontières des États-Pontificaux contre toute agression extérieure.

« Nul ne peut douter, aujourd'hui, que cette obligation ne se soit pas trouvée remplie, et que nous ne soyons en droit de replacer les choses dans l'état où elles étaient avant l'exécution loyale et confiante de nos propres engagements par l'évacuation de Rome.

« Notre honneur nous impose certainement le devoir de ne pas méconnaître quelles espérances le monde catholique a fondées sur la valeur d'un acte revêtu de notre signature.

« Nous tenons à dire cependant que nous ne voulons, en aucune manière, renouveler une occupation dont, mieux que personne, nous mesurons la gravité. Nous ne sommes animés d'aucune pensée hostile à l'égard de l'Italie ; nous conservons fidèlement la mémoire de tous les liens qui nous unissent à elle ; nous sommes convaincus que l'esprit d'ordre et de légalité est la seule base possible de sa prospérité.

« Sa grandeur ne tardera pas à s'affirmer hautement dès que le territoire pontifical sera délivré et la sécurité rétablie.

« Nous aurons alors accompli notre tâche ; nous nous retirerons ; mais, dès à présent, nous devons appeler, sur la situation réciproque de l'Italie et du saint-siége, l'attention des puissances, aussi intéressées que nous à faire prévaloir en Europe les principes d'ordre et de stabilité.

« Nous ne doutons pas qu'elles n'abordent, avec un sincère désir de les résoudre, des questions auxquelles, pour un si grand nombre de leurs sujets, se rattachent des intérêts moraux et religieux du caractère le plus élevé.

« Telles sont, monsieur, les considérations que vous vous appliquerez à faire valoir et qu'appréciera, j'en ai la confiance, le gouvernement auprès duquel vous êtes accrédité »

Cette circulaire, aussi modérée dans le fond que dans la forme, posait clairement le principe d'une nouvelle intervention. Aussi nul ne fut étonné quand les sons stridents des locomotives annonçaient à la population de Marseille le passage des premiers convois de troupes, qui continuèrent tout le jour. Quinze trains, chacun de trente-cinq wagons, avaient traversé cette station se dirigeant sur Toulon. Ils portaient, avec les régiments d'infanterie venant du camp de Châlons et de l'armée de Lyon, le matériel d'artillerie expédié de Grenoble, et deux escadrons du 7e chasseurs.

A Toulon, l'activité était immense. Depuis la guerre de Crimée et celle d'Italie, en 1859, on n'avait plus vu un pareil mouvement. La douane venait de viser l'embarquement de 400,000 rations de vivres ; tout était prêt à bord des bâtiments pour enlever, au besoin, 20,000 hommes. Il n'était pourtant question que de faire partir une première brigade, avec la division de frégates cuirassées du contre-amiral Excelmans. Les autres troupes devaient suivre plus tard, et le reste de l'escadre attendait en rade.

Tous ces grands armements poursuivis avec une ardeur fébrile, puis suspendus tout à coup, jetèrent les uns dans la stupeur, les autres dans la joie, tous dans l'étonnement, et dans l'attente du sphinx qui devait le lendemain expliquer le mystère. Enfin *le Moniteur* parla en ces termes :

« Paris, 22 octobre.

« En présence de l'agression dont les États-Pontificaux ont été l'objet de la part des bandes révolutionnaires qui en ont franchi la frontière, le gouvernement français avait pris la résolution d'envoyer un corps expéditionnaire à Civita Vecchia. Cette mesure était l'accomplissement d'un devoir de dignité et d'honneur. Le gouvernement ne pouvait s'exposer à voir la signature de la France, apposée sur la convention du 15 septembre 1864, violée ou méconnue. Mais le gouvernement italien a fait parvenir au gouvernement de l'Empereur *les assurances et les déclarations les plus catégoriques*. Toutes les mesures nécessaires sont prises pour empêcher l'envahissement des États-Pontificaux et rendre à la convention sa complète efficacité.

« Par suite de ces communications, l'Empereur a donné l'ordre d'arrêter l'embarquement des troupes.

« Une dépêche télégraphique annonce que le roi d'Italie accepte la démission de M. Rattazzi et charge le général Cialdini de former un nouveau cabinet. »

Ce coup de théâtre excita la verve des impatients qui veulent les dénoûments rapides et les appréhensions des catholiques, instruits à ne point compter sur les promesses italiennes.

Et en effet, dit le journal *l'Époque :*

« Si nous sommes bien renseignés, les négociations auraient suivi les phases suivantes :

« Les observations les plus amicales auraient été faites tout d'abord à l'Italie, au sujet de l'invasion du territoire pontifical. Le cabinet de Florence aurait promis d'arrêter le mouvement, puis se serait déclaré impuissant à le réprimer, et finalement aurait signifié à la France que c'était d'une question de révolution en Italie qu'il s'agissait; en un mot, que la couronne royale était en jeu.

« Tout en comprenant la gravité de cette alternative, le gouvernement impérial aurait répondu que, en face de l'honneur du drapeau français et de la signature de la France engagée au bas d'un traité, il n'y avait pas à hésiter et qu'une intervention de sa part aurait lieu nécessairement.

« Pendant ce temps-là M. Rattazzi se serait adressé au cabinet de Berlin, par l'entremise de M. Usedum, ministre prussien à Florence, pour lui demander dans quelle mesure l'Italie pouvait compter sur la Prusse, au cas d'un conflit avec la France. Avis de cette démarche fut, nous assure-t-on, donné au gouvernement français par le cabinet de Berlin, qui faisait en même temps décliner à Florence toute pensée de prêter l'appui de la Prusse à l'Italie en ce qui touchait la violation de la convention du 15 septembre.

« C'est sur ces informations que la France, justement blessée des procédés du cabinet Rattazzi, aurait envoyé son *ultimatum* à l'Italie.

« Nous trouvons dans *la Nazione* de Florence la confirmation de la nouvelle relative aux ouvertures faites à Berlin. »

Ainsi donc, si la Prusse eût pris au sérieux le ministère Rattazzi, si elle n'avait préféré à ce secours offert par les vaincus de Custozza l'avantage plus positif de rompre les rapports entre eux et les Tuileries, nous pouvions nous réveiller en face d'une seconde alliance italo-prussienne.

« Le général Cialdini, après avoir cherché vainement une solution permettant aux ministres actuels de conserver leurs portefeuilles, s'était occupé promptement de constituer un nouveau cabinet.

« Les graves difficultés du moment, disait-il par l'organe de la *Gazette officielle* seront promptement dissipées, si la confiance réciproque ne s'amoindrit pas. La menace de l'intervention française n'existe plus ; le gouvernement restera fidèle aux traditions de la politique italienne. Les vrais et les grands intérêts du pays ne souffriront aucune offense. Que la nation se recueille dans le calme et la prudence ; qu'elle ait confiance dans les institutions qui nous régissent, dans l'esprit qui anime le gouvernement, dans la loyauté connue du roi, qui a lié sa fortune à la fortune de l'Italie. Avoir surmonté heureusement tant de dangers passés assure au peuple italien la garantie que, présentement, les éléments de sa résurrection ne peuvent souffrir aucune atteinte. »

Chacun cherchait à s'expliquer les changements survenus dans la politique italienne et à juger ses nouveaux engagements.

Victor-Emmanuel, disait-on, avait fini par reculer et avait accepté l'*ultimatum* exigeant une prompte et énergique répression de toute nouvelle tentative des bandes garibaldiennes sur le territoire pontifical. Le prince Napoléon, voyant la résolution prise par le gouvernement français de faire respecter la convention du 15 septembre, même par une guerre contre l'Italie, aurait conseillé à son beau-père de céder, de prendre toutes les mesures nécessaires pour réprimer le parti d'action et s'arranger avec l'Empereur. La démission de M. Rattazzi avait été le résultat de ces conseils envoyés de Paris par le prince Napoléon.

Les nombreux échecs que les troupes pontificales ont fait éprouver aux bandes garibaldiennes, n'avaient pas peu contribué à faire réfléchir Victor-Emmanuel et ses principaux conseillers.

On affirme que les Italiens à Paris, quand l'intervention française paraissait imminente, se vantaient de voir l'escadre italienne cuirassée, en croisière devant Civita Vecchia, écraser nos vaisseaux et jeter nos troupes à la mer. Nous devions être chassés de l'Italie, qui n'aurait pas manqué de reprendre Nice et la Savoie.

Voilà les beaux rêves dont se berçaient les Italiens pendant que des journaux français contestaient tout droit d'intervention, malgré les articles si positifs de la convention du 15 septembre.

Cette attitude de la presse démocratique antireligieuse, au milieu de la crise que nous venons de traverser, mérite d'être signalée. Cette presse, en 1866, a jeté l'Italie dans les bras de la Prusse pour faire l'unité allemande, si contraire à nos intérêts et à notre influence en Europe... Et c'est encore elle qui travaille à jeter la Prusse dans les bras de l'Italie, afin de l'aider à renverser la souveraineté temporelle du saint-siége !...

Malgré toutes les assurances pacifiques venues de Florence, après la chute de Rattazzi, la France se tenait sur ses gardes. Les troupes semblaient n'attendre qu'un ordre nouveau de départ.

Cependant des événements plus grands devaient bientôt nous apprendre la valeur des promesses italiennes.

Tandis que l'expédition recevait à Toulon un contre-ordre, Garibaldi s'échappait de Caprera, arrivait à Florence, et là, presque sous les yeux du roi et des ministres, il haranguait la populace qui lui criait : « A Rome ! — Oui, à Rome, répondait-il ; nous irons en dépit des régiments et des flottes de ces petits musiciens » (c'est ainsi qu'il appelle les Français). Puis, étendant solennellement la main, il jurait que la Providence conduirait l'Italie au sommet de ses destinées et qu'il entrerait, lui Garibaldi, à Rome avec le roi Victor-Emmanuel et l'armée.

Malgré les nombreux déboires de l'armée garibaldienne, tout était préparé de nouveau pour un grand mouvement et une agression définitive. Les bandes avaient leur chef rendu à la liberté, malgré *l'énergique* surveillance exercée sur lui à Caprera. Deux bons verrous appliqués à la porte d'une forteresse eussent suffi pour garder le héros d'Asinalunga, mais l'Italie préférait par économie entretenir une petite flotte autour de son prisonnier. Les amis du condottière se cachent pour l'enlever à ses gardiens ; mais lui, pour mieux prouver que ses geôliers étaient ses comparses, vole à Florence, y vient haranguer la foule et exiger un train express qui l'emporte à Rome. Premier moyen moral. Il en fallait un autre : c'était d'agiter Rome pour faire croire à la complicité des Romains.

Malheureusement pour le succès du drame, la police avait des données positives sur ce qui se tramait à Rome, dans le quartier, pourtant si fidèle, du Transtévère. Vers une heure et demie après-midi, au moment où une centaine de garibaldiens, venus des provinces italiennes, étaient réunis au n° 92 de la rue de la Longaretta, un détachement composé de gendarmes et de zouaves s'y présenta. Dans cette maison de la rue de la Longaretta est établie une manufacture de draps appartenant à un certain Jules Ajani, le seul Romain de la bande ; nous disons le seul, encore qu'il eût avec lui sa belle-mère, Romaine aussi. Au lieu de répondre aux sommations d'ouvrir les portes, les scélérats (que les journaux italiens de Paris appellent des *insurgés*), ont tiré sur la troupe des coups de fusils et lancé du premier et du deuxième étage des bombes Orsini. Parmi eux, la femme se montrait le plus acharnée à ce jeu terrible, et l'on raconte qu'un officier de zouaves a eu la présence d'esprit de recevoir dans sa main une de ces bombes et ainsi d'en éviter l'éclat.

Après avoir essuyé pendant trop longtemps le feu de ces scélérats, la troupe ardente, furieuse, s'est ruée sur les portes, les a enfoncées, et a gravi les escaliers. Au premier étage, une table s'y trouvait abondamment servie en viande, et en vins, et de nombreuses libations avaient dû réchauffer déjà la bande, au moment de la distribution des armes. Les soldats de Pie IX s'étaient présentés au milieu du festin. Une lutte corps à corps a aussitôt commencé dans toutes les chambres, et en quelques instants 21 cadavres (y compris celui de la femme) et cinq blessés, étaient couchés sur le sol. Les zouaves avaient agi avec un élan si foudroyant, et la résistance avait été si brève, qu'un sergent et deux zouaves seuls étaient blessés.

Pendant tout le temps qu'a duré l'action, la foule des Transtévérins criait : « *Bravi gendarmi ! bravi zouavi ! forte ! forte ! uccideteli !* Braves gendarmes ! braves zouaves ! fort ! fort ! tuez-les ! »

Un garibaldien s'était réfugié dans les lieux d'aisance ; un jeune zouave enfonce la porte et le garibaldien décharge sur lui son revolver, saute par la fenêtre et va tomber dans une vasque pleine d'eau, où l'on a retrouvé ce matin son cadavre. Le zouave n'était que légèrement atteint.

Il y a 44 prisonniers. Sur ces 44, 39 s'étaient cachés dans les combles. Quand les soldats se sont présentés, ils étaient tous à genoux.

— Ayez pitié de nous ! — ne nous tuez pas ! — Pardon ! pardon ! au nom de Pie IX !

Au nom de Pie IX ! Cette invocation est allée au cœur des soldats catholiques.

— Relevez-vous, misérables, et vivez, a dit un zouave.

— On nous a trompés indignement, on nous a enivrés. — On nous a dit, en nous envoyant à Rome, que la population serait avec nous. — On nous a dit que ce soir les bras de 5,000 Transtévérins aideraient les nôtres, et que nous pillerions la ville de Rome.

Ces 39 assassins ont été sauvés.

La magnanimité du soldat catholique est égale à son courage.

Des armes en quantité, une caisse de bombes Orsini, des piques ayant à leur extrémité de grands coutelas de boucher, des revolvers, de l'or, des billets de la Banque italienne ont été saisis.

Dans la journée du 25, un Romain, Pietro Galli, lançait une bombe dans la rue. Un factionnaire cherche à l'arrêter, mais il veut fuir. Le factionnaire dé-

charge son fusil, lui enlève trois doigts de la main, se
jette sur lui et l'amène à la place, au milieu de la foule
qui applaudissait à ce coup.

En dépit de la notification qui venait de paraître,
cet homme n'a pas été fusillé sur-le-champ. On le
fait juger par une commission militaire.

Le 21, le général Prudon, de l'état-major de l'armée française, arrivait à Rome. Il se rendit immédiatement au Vatican pour demander une audience à
Sa Sainteté, au nom de l'Empereur. Introduit chez le
pape, il lui déclara que 20,000 hommes s'embar-
quaient à Toulon et arriveraient à Rome dans trois
jours. On assure que Pie IX lui répondit : « Dieu
fasse que ce soit la vérité et que l'on ne prépare pas
un autre Castelfidardo ! » M. Prudon ajouta que les
troupes italiennes avaient extraordinairement grossi
à la frontière romaine, que tout semblait annoncer
qu'elles allaient la franchir, et qu'il était urgent de
se mettre en mesure de leur résister, jusqu'à l'arrivée des Français, pour épargner à la ville de Rome
les difficultés d'un siége. D'après le conseil de l'envoyé impérial, on procéda donc sans retard à la forti-
fication des portes de la ville. Celles de Saint-Paul,
Saint-Pancrace, Saint-Sébastien, *Salava* et Majeure
furent fermées ; les sept autres, en vertu d'un ordre
de Mgr Randi, se ferment après le coucher du soleil
Dans un conseil qui aurait été présidé par le pape
lui-même, on résolut de défendre à outrance Rome
et Civita Vecchia contre les garibaldiens aussi bien
que contre les Italiens. On conseilla au saint-père de
concentrer à Rome toute l'armée pontificale, afin de
mieux défendre la ville ; mais il pensa que des soldats

qui remplissaient aussi héroïquement leur devoir ne devaient pas être rappelés.

En conséquence de cette disposition de Sa Sainteté, les troupes gardent les positions qu'elles occupaient en province, sauf à y opérer les changements que le progrès de l'armée italienne rendra nécessaires. A l'approche de l'ennemi, elles se replieraient, dit-on, sur la capitale, en lui opposant la plus vigoureuse résistance, en le tenant en échec jusqu'à l'arrivée des Français. Le colonel d'Argy fut envoyé à Civita Vecchia avec la légion romaine, et M. Prudon s'y est aussi rendu pour diriger la défense de la place, qu'on s'attendait à voir attaquée d'un moment à l'autre par l'amiral Ribotti.

Le saint-père a visité, lui-même, le 23 octobre, les travaux de défense hors de la porte du Peuple. Ces préparatifs avaient ému la population, pendant toute cette journée du 23; les boulangers et les marchands de comestibles étaient assiégés par une foule qui faisait des provisions pour les jours suivants. On s'attendait, d'ailleurs, à une émeute. On savait qu'un grand nombre de garibaldiens s'étaient introduits en ville et allaient tenter un coup de main. La police, malgré de fréquentes arrestations, n'avait pu débarrasser Rome de tous ces hôtes fâcheux. Il était certain qu'une partie de la bande Menotti, disparue comme par enchantement de Nerola, avait pénétré dans Rome. Les garibaldiens y étaient entrés furtivement, isolément. On avait vu des figures inconnues et sombres rôder dans les rues. Ces gens n'étaient pas des habitants de la ville éternelle; il était impossible de s'y méprendre. En plein midi, le 23, un véhicule attelé d'un cheval avait été arrêté par les gendarmes non loin de la porte du Peuple. On y avait saisi 54 revolvers et 250 écus en numéraire. L'individu qui le conduisait avait déclaré avec une rude franchise qu'il était lieutenant de Garibaldi et *négociant* en velours. Tout le monde disait donc qu'une révolution allait éclater dans la soirée. Malgré la fréquente répétion d'un pareil bruit, le public ne s'était pas trompé cette fois.

Le mouvement commença par l'explosion d'une bombe Orsini qui fut lancée sur la place *Colonna*, mais heureusement elle ne fit aucun mal. On entendit bientôt éclater un baril de poudre qui avait été introduit à l'angle de la caserne Serristori; il fit plusieurs victimes parmi les musiciens du régiment des zouaves. En même temps, une horde de la populace dont nous venons de parler se dirigea sur le Capitole pour attaquer le corps de garde, mais la résistance opposée par la troupe et quelques coups de fusils suffirent pour la disperser subitement et lui faire prendre la fuite. Des faits semblables ont eu lieu sur quelques autres points de la ville.

Dans les divers combats soutenus par les patrouilles ordinaires de sûreté, un brigadier et un sous-brigadier de gendarmes ont été tués et deux soldats blessés. On a trouvé au pied du Capitole le cadavre d'un inconnu, au milieu d'une quantité d'armes abandonnées, et aux environs du *Ponte Rotto*, on a découvert deux autres cadavres, dont l'un portait la chemise rouge et avait un fourreau de poignard près de lui. D'après les traces de sang remarquées en plusieurs endroits, on peut voir qu'un assez grand nombre de séditieux ont été blessés. Plus de cent individus furent arrêtés; ils imploraient la vie sauve, et même beaucoup d'entre eux, pour obtenir grâce, s'étaient mis à crier : *Vive Pie IX !* On a aussi arrêté divers individus déguisés en zouaves. La plupart de ces détenus sont des étrangers, et ceux de notre population appartiennent, comme on l'a dit, à la classe infime ; ils ont avoué qu'ils avaient été entraînés par l'argent à la révolte. Ce mouvement n'a duré que peu de temps ; les troupes de toutes armes ont fait bravement leur devoir, et la ville entière, indignée autant qu'épouvantée d'abord de l'audace de ces insurgés, non-seulement n'y a pris aucune part, mais par son attitude, elle a montré et continue de témoigner le plus profond mépris, la plus vive réprobation contre cet inique attentat.

La police a découvert la trame de cet horrible complot ; il résulte de ses rapports que les révolutionnaires avaient pris leurs dispositions pour faire sauter en même temps toutes les casernes qui avaient été minées.

Le signal devait être donné à tous les conspirateurs par la cloche du Capitole. Fort heureusement, l'individu chargé de la mettre en mouvement a été arrêté chez lui quelques instants auparavant, et l'on a saisi dans son domicile quantité de munitions.

Voilà donc par quels moyens les révolutionnaires luttent contre les défenseurs du saint-siége. Toujours vaincus en ligne de bataille, ils appellent à leur aide l'assassinat, l'arme favorite des bandits et des lâches.

Cependant la France était lasse de toutes ces roueries percées à jour. La flotte et l'armée étaient impatientes de répondre à toutes ces hypocrisies mal dissimulées, et surtout de faire taire les fanfaronnades des protégés de Solferino et des vaincus de Lissa. Notre gouvernement crut devoir élever la voix et montrer au nouveau ministère italien l'immensité du péril. Complice ou victime de la révolution, Victor-Emmanuel sentit qu'il fallait rétrograder ou périr. Il lança donc le 27 octobre la proclamation suivante :

« Des bandes de volontaires, excitées et séduites par les œuvres d'un parti, sans mon autorisation ni celle de mon gouvernement, ont violé les frontières de l'État pontifical. Le respect dû également par tous les citoyens, aux lois et aux stipulations internationales, sanctionnées par le parlement et par moi, prescrit, dans ces graves circonstances, une inexorable dette d'honneur.

« L'Europe sait que le drapeau élevé dans un territoire voisin du nôtre, drapeau sur lequel a été écrit : Destruction suprême de l'autorité spirituelle du chef de la religion catholique, n'est pas le mien. Cette tentative met la patrie commune dans un grave danger et m'impose l'impérieux devoir de sauver en même temps l'honneur du pays et de ne pas confondre, dans une, deux causes absolument distinctes, deux objectifs différents.

« L'Italie doit être assurée contre les dangers qu'elle peut courir ; l'Europe doit être convaincue que l'Italie, fidèle à ses engagements, ne veut pas, ne peut pas être perturbatrice de l'ordre public.

« La guerre avec notre allié serait une guerre fratricide, entre deux armées qui ont combattu pour la même cause.

« Dépositaire du droit de paix et de guerre, je ne puis pas en tolérer l'usurpation ; j'ai donc confiance que la voix de la raison sera écoutée et que les citoyens italiens qui ont violé ce droit se mettront promptement derrière la ligne de nos troupes. Les dangers, que les désordres et les projets inconsidérés peuvent créer parmi nous, doivent être conjurés, en maintenant la ferme autorité du gouvernement et l'inviolabilité des lois.

« L'honneur du pays est dans mes mains, et la confiance que la nation a eue en moi, dans les jours les plus douloureux, ne peut me faire défaut.

« Quand le calme sera rentré dans les esprits et que l'ordre public sera pleinement rétabli, mon gouvernement, *d'accord avec la France*, SELON LE VOTE DU PARLEMENT, s'efforcera, en toute loyauté, de trouver un accommodement utile, et de nature à mettre un terme à la grave et importante question des Romains.

« J'ai eu et j'aurai toujours confiance dans votre sagesse, comme vous l'avez eue dans l'affection de votre roi, pour que cette grande patrie, que, grâce aux sacrifices communs, nous avons enfin ramenée au nombre des nations et que nous devons remettre à nos enfants, ENTIÈRE et honorée. »

La proclamation est signée du nom de Victor-Emmanuel.

Tous les ministères sont constitués : le général Menabrea est ministre des affaires étrangères avec la présidence. M. Gualterio est ministre de l'intérieur, M. Cambray-Digny des finances, M. Cantelli des travaux publics, le général Bertole-Viale de la guerre,

M. Mari de la justice. Jusques à complète formation du cabinet, feront l'intérim, le général Menabrea pour la marine, M. Cambray-Digny pour l'agriculture, M. Cantelli pour l'instruction publique.

Il était trop tard. Bientôt on lisait dans *le Moniteur* :

« En présence des tentatives nouvelles faites par les bandes révolutionnaires pour envahir les États-Pontificaux, l'Empereur a révoqué les ordres qu'il avait donnés de suspendre l'embarquement des troupes réunies à Toulon.

« Trois heures et demie après avoir reçu la dépêche apportée par le *Samson*, le vaisseau amiral donne le signal du départ ; les navires poussent les feux, la flotte se met définitivement en route, et à quatre heures, on ne l'apercevait plus à l'horizon. »

Pendant ce temps, un convoi spécial transportait Garibaldi jusqu'à Foligno ; là, on le prévint qu'il ne lui était pas encore permis de passer outre. Mais cette défense fut bientôt levée par le ministère italien.

Tandis qu'on débarquait les troupes à Toulon et que *le Moniteur* annonçait que les envahisseurs avaient disparu du territoire romain, les chemises rouges cernaient Rome, coupaient les fils du télégraphe, et on affichait sur les murs de Florence : « L'insurrection à Rome vient d'éclater. » Cette coïncidence est bonne à remarquer.

En somme, tout prouve que Garibaldi devient le maître. Il déclare la guerre selon son bon plaisir ; on l'arrête toutes les fois qu'il court quelque danger ; on le fait surveiller à Caprera par sept bateaux de l'État ; il réussit à s'échapper et vient conférer avec le prince qui l'a fait emprisonner. Celui-ci lui offre un convoi spécial aux frais des contribuables pour se rendre au milieu des bandes qui vont attaquer un État voisin, sauf à l'arrêter sur les confins, si les choses tournent mal pour les agresseurs.

Les contes des *Mille et une nuits* n'offrent rien de pareil. Ce qui s'est accompli en Italie en ce moment dépasse tout ce que l'imagination du poëte le plus fécond peut créer.

La révolution est partie aux portes de Rome, partie dans Rome même, où des garibaldiens et des émigrés se sont introduits et ont soudoyé de ces hommes abjects et que toutes les capitales voient surgir aux heures de troubles et d'angoisses. Il faut dire, à la louange des Romains, que des jeunes gens de familles nobles et de familles bourgeoises se sont armés et marchent en compagnie des zouaves. Leur chef est le prince Lancellotti. Ils se distinguent par une écharpe aux couleurs du pape, passée sur leur habit de ville.

La garde palatine a remplacé au Vatican les sentinelles de la troupe, tout entière occupée à battre l'ennemi.

Cependant l'ennemi rugissait toujours aux portes de la ville éternelle.

Une lutte sanglante s'engageait pendant la nuit entre les carabiniers suisses et une bande de garibaldiens, dans le voisinage de la porte du Peuple, sur le penchant des monts Parioli.

Cette bande était composée des hommes les plus hardis ; elle n'avait pour soldats que des chefs garibaldiens.

Leurs blessés, n'ayant pu être portés en ville au

milieu de la nuit, sont restés jusqu'au matin dans une maison de campagne, dont les envahisseurs semblaient avoir fait leur quartier général.

— Quel est cet homme ? a-t-on demandé à l'un des blessés, en indiquant le commandant de la bande étendu mort, la tête ouverte par un coup de crosse de fusil et le corps criblé de blessures.

— *E il valoroso Enrico Cairoli* (le valeureux Henri Cairoli), a répondu le blessé.

C'était Cairoli, en effet, l'un des lieutenants les plus intrépides de Garibaldi. A côté de lui gisait le cadavre de deux de ses compagnons : l'un, Antoine Mantovani, de Pavie; l'autre, dont le nom est encore inconnu.

Les noms des blessés prouvent que non-seulement il n'y a pas de Romains, mais pas même d'émigrés parmi ces hommes. Si l'obscurité la plus complète n'avait pas rendu toute poursuite impossible, on les aurait tous pris.

Quoi qu'il en soit, les hommes de cette bande sont supérieurs à tous ceux qui remplissent les prisons du château Saint-Ange.

— Nous nous sommes trompés, disent-ils, sur la valeur de l'armée du pape, et nous reconnaissons que ce sera rude; mais nous aurons Rome. Rome est la fatalité de l'Italie, et, dût-elle nous dévorer tous, nous nous y jetterons.

Ils sourient avec un mépris indéfinissable quand on leur parle de l'intervention de la France, de la promesse du gouvernement italien de réprimer les bandes et de respecter le territoire pontifical.

— Tenez, regardez nos armes et nos équipements, a dit un de ces hommes.

Le numérotage de leurs armes et du grand équipement est, en effet, de l'armée italienne.

Ils avaient d'excellents revolvers, des paletots élégants de toile cirée contre la pluie, et, dans leurs poches, de l'or et des billets de la Banque nationale.

Dans la maison se trouvaient entassées des provisions abondantes, beaucoup de vin, deux cents bouteilles de vin cacheté, qu'ils avaient sans doute enlevées à la cave du propriétaire[1].

Le jour où le secrétaire de l'ambassade de France, en grand uniforme, s'est rendu chez Sa Sainteté pour annoncer solennellement l'intervention de la France, il portait la tête haute, avait le visage souriant. Parcourant le Corso dans toute sa longueur au pas de ses chevaux, il cherchait à bien indiquer au peuple romain le sens et le caractère de sa noble mission, et le peuple romain, se sentant soulagé d'un grand poids, applaudissait à la généreuse résolution du gouvernement français.

De son côté Garibaldi lançait une nouvelle proclamation, datée du 29 octobre. Le général y insulte, comme toujours, les « insolents mercenaires étrangers » et exalte ses volontaires :

« *Camp des volontaires italiens. — Quartier général. S. Colomba*, 29 *octobre. — Ordre du jour.* — Les Américains ont lutté pendant onze ans pour acquérir leur liberté entière et se faire le peuple le plus libre et le plus puissant de la terre. Les Grecs ont fait la

[1] *Univers.*

même chose pendant plus de onze ans, et ainsi en a-t-il été de toutes les nations qui ont voulu se donner une vie propre et ne point se soumettre à de misérables humiliations comme celles auxquelles la prédominance de l'étranger a condamné depuis si longtemps notre patrie.

« En 1848, après avoir montré un élan sublime, le peuple italien s'est refroidi au bout de quelques mois, et, aussitôt après le petit désastre de Custozza, chacun est rentré chez soi. En 1849, la campagne de Novare a été signalée pour notre pays par une série de revers, et n'étaient les glorieuses défenses de Venise et de Rome, l'histoire militaire de cette période serait par trop douloureuse pour nous.

« Aujourd'hui, nous sommes engagés dans la lutte contre le plus odieux des gouvernements (*il più schifoso dei governi*) et nous en avons *derrière nous un autre qui le vaut bien* ; de là résultent la corruption, les menées perfides et les manœuvres décourageantes.

« Ces deux gouvernements, l'un comme l'autre, ont pour but, au moyen des mensonges qu'ils répandent, d'anéantir ce noyau de volontaires qui sont les généreux représentants de la pensée de la nation. L'irrégularité de notre organisation a occasionné aux débuts des actes qui seraient très-répréhensibles s'ils devaient continuer, et en ceci encore je découvre la main des perfides intéressés à nous détruire.

« Ces volontaires qui, aujourd'hui, présentent au monde un magnifique spectacle et qui ont déjà obligé les insolents mercenaires étrangers à s'interner dans Rome et à faire sauter les ponts qui y conduisent, ces volontaires, dis-je, doivent avoir une attitude digne de la haute mission qu'ils sont appelés à remplir.

« Les privations, les périls et la résistance aux ennemis de l'Italie seront le sujet de vos conversations,
alors que, rentrés dans le sein de vos familles et la
tête haute, enfants, vous raconterez à vos mères vos
glorieux exploits. Je termine : Nous voulons en finir
et en finir bien.

« G. GARIBALDI. »

Le 30 octobre, on lisait dans *le Moniteur* :

« La flotte française est arrivée le 28 octobre, au
soir, en vue de Civita-Vecchia. A cette date, Rome était
tranquille, et les précautions commandées par les circonstances étaient prises pour repousser une attaque.

« Garibaldi se trouvait encore à quelques milles de
cette ville.

« Le calme continuait à régner à Florence et les
manifestations sans importance qui avaient eu lieu à
Turin, à Naples, s'étaient dispersées spontanément
sans amener de désordres.

« Maintenant que le drapeau français flotte sur les
murs de Civita Vecchia, et que les troupes françaises
sont en présence des bandes révolutionnaires qui ont
envahi les États-Pontificaux, il serait presque superflu
de faire remarquer que toute correspondance avec les
bandes ou leurs chefs, tout encouragement, toute assistance qui leur seraient donnés par voie de souscription ou de toute autre manière, constitueraient
un fait aussi contraire aux dispositions des lois pénales qu'aux sentiments de loyauté et de dévouement
au pays.

« Le gouvernement compte sur le patriotisme de tous les organes de la presse, quelle que soit l'opinion qu'ils défendent, et espère qu'il n'aura pas à recourir à la sévérité des lois.

« Des poursuites viennent d'être ordonnées contre un article publié ce soir dans *le Courrier français*, ayant pour titre : l'Intervention. »

Ce journal dépassait en effet les bornes du possible; peu content d'insulter la politique de l'intervention, il ouvrait une souscription pour ceux qui chaque jour, bravaient la France, nous menaçaient de leur colère et bientôt devaient tirer sur nos soldats.

Plus tard nous le verrons, à propos des bombes Orsini, déclarer que pour détruire l'*engeance sacerdotale*, tous les moyens sont bons.

Déjà, dans la soirée du 26, le bruit s'était répandu à Florence que la flotte française avait appareillé le matin à cinq heures, et par suite devait être en vue de Civita Vecchia. Cette nouvelle, propagée avec la rapidité de l'éclair, avait mis en éveil tous les esprits, abattant les espérances des uns, en même temps qu'elle excitait leur colère, et réveillant la confiance des autres. Ceux-ci, on peut le dire avec certitude, sont en immense majorité.

L'agitation a été bien plus grande encore quand des agents du comité de secours ont répandu le bruit que la flotte avait été signalée en vue de Livourne. Une manifestation a été immédiatement organisée; d'abord annoncée pour onze heures, puis pour midi, elle a eu lieu à une heure... toujours sur la place della Signoria... C'était un spectacle curieux à ce moment que celui de la place célèbre dont l'histoire serait celle

même de Florence; d'autres intérêts, d'autres passions y remuaient encore les cœurs toujours en quête
d'émotions, à l'ombre de ce Palais-Vieux et non loin
de ce Bargello, témoins constants, depuis plus de six
cents ans, des dissensions civiles; mais après avoir
entendu les clameurs stériles du peuple d'aujourd'hui,
ce n'étaient plus là les guelfes et les gibelins, et les
rues se seraient refusées à reconnaître dans cette foule
impuissante leurs fils dégénérés.

Tandis que l'Italie était ainsi agitée, un nouveau
César passait le Rubicon. On lisait en effet dans la
Gazette officielle de Florence, 31 octobre, neuf heures
du soir :

« Nos troupes ont passé, hier, la frontière pontificale. La conscience, la dignité nationale et le devoir
de sauvegarder les principes d'ordre et de liberté ont
impérieusement conseillé cette résolution. La convention du 15 septembre oblige au même degré les deux
parties contractantes et leur impose à toutes deux les
mêmes obligations.

« Le gouvernement du roi ne pouvait pas se dis-
penser d'exécuter de telles obligations et, par suite,
il a la confiance que le gouvernement français verra
dans cette résolution la preuve des fermes et loyales
intentions du gouvernement italien et son désir sincère de faire tout son possible pour aplanir les difficultés.

« Le gouvernement impérial sait que partout où
flotte le drapeau italien, il y est une tutelle de l'ordre
et de tous les grands principes. Les populations accueillent avec un enthousiasme qui ne peut pas être
suspect à nos troupes, lesquelles ne sont pas envoyées

à des luttes civiles ni pour provoquer des malheurs déplorables, mais pour rendre hommage aux principes qui ont été l'origine de notre régénération et qui forment l'essence de notre tradition nationale.

« Les populations comprennent que la présence de nos troupes est une garantie pour l'observation de ces principes, et que, tandis que leurs droits et leur sûreté sont protégés, la question de leurs destinées reste à l'abri de tout préjudice.

« Nous avons la confiance que la résolution du gouvernement du roi persuadera à Garibaldi de ne pas s'obstiner à accroître de graves difficultés, mais au contraire d'aider, par un sage conseil, à la pacification du pays et à la solution de la question romaine qui par de tels moyens trouverait une solution plus facile. »

D'autre part, la *Gazette d'Augsbourg* publiait des instructions confidentielles de M. de Bismark à M. d'Usedom, disant que le gouvernement prussien, pressenti, sur son opinion relativement à l'affaire de Rome, déclarait ne pas pouvoir négocier à l'insu du gouvernement italien, *son ami*, sans que la situation réciproque de la France et de l'Italie fût éclaircie. Relativement au côté religieux de la question, la Prusse demande à savoir préalablement si la papauté conservera, suivant la pensée de la France ou de l'Italie, une position digne de son avenir.

Cette ingratitude de l'Italie suscitant une coalition contre la France n'est rien en comparaison de l'outrecuidance du général Menabrea, président du conseil à Florence, dans sa circulaire aux agents diplomatiques italiens; elle porte la date du 30 octobre :

« La convention de septembre, écrit-il, en stipulant,

d'un côté, l'évacuation du territoire pontifical par les troupes françaises, a imposé, en même temps, à l'Italie des obligations très-graves et d'une exécution très-difficile. Nous les avons cependant acceptées avec la volonté sincère et absolue de faire tous nos efforts pour en maintenir l'observation. Contrairement aux lois et malgré les déclarations réitérées du gouvernement, plusieurs bandes ont réussi à pénétrer dans les provinces des États-Pontificaux, *en éludant la surveillance* des troupes royales ; mais eu égard à la configuration topographique des lieux et au développement considérable de la ligne qu'il fallait surveiller, et en tenant compte des droits de tout citoyen de voyager librement, on conçoit qu'il était d'une impossibilité absolue, pour le corps d'observation, d'empêcher avec succès de semblables faits. Ces difficultés n'ont certainement pas échappé à la pénétration et à la perspicacité des hautes parties contractantes, lorsqu'elles signèrent la convention. On se rappelle que le terme fixé *pour l'exécution de cet accord était précisément établi pour que, dans l'intervalle, la conciliation pût s'opérer entre le saint-siége et l'Italie*, ou tout au moins pour qu'on pût arriver, entre les deux gouvernements limitrophes, à un *modus vivendi* qui rendît compatibles les rapports réciproques.

« Cet espoir a été déçu, *non certes parce que le gouvernement du roi eût omis de rien faire* pour atteindre ce but, mais parce qu'il rencontre toujours la résistance du saint-siége et même ses censures sévères, pour avoir promulgué les lois appliquées. Il n'y a donc pas à s'étonner si la crise que nous regrettons a dû se produire.

« Le gouvernement français, dans un document publié par *le Moniteur*, a déclaré que l'intervention de ses troupes n'avait aucun but hostile à l'Italie, et qu'il n'entendait aucunement renouveler une occupation dont il mesurait toute la gravité. Le gouvernement du roi, tout en appréciant hautement la valeur de ces déclarations, ne peut pas toutefois se convaincre que les circonstances actuelles rendissent nécessaire un acte de cette nature. Le gouvernement impérial ne peut pas méconnaître que la convention de septembre a été conclue surtout en vue de replacer le saint-siége dans ces conditions ordinaires de toutes les autres principautés, qui doivent pourvoir par elles-mêmes à leur propre sûreté. On ne peut pas à la vérité émettre le doute que l'esprit de la convention n'a pas toujours été observé à cet égard.

« Mais, quoi qu'il en soit, il est de fait que les troupes enrôlées par le gouvernement pontifical ont suffi à la défense de leur drapeau et ont rempli ainsi le but qu'on leur a assigné. Le gouvernement impérial, *malgré nos observations et nos protestations réitérées*, en a jugé autrement et a décidé d'intervenir. Les déclarations formelles, que nous avons faites récemment, de faire tout notre possible pour empêcher l'invasion des bandes, *déclarations que nous avons remplies*, n'ont malheureusement pas suffi pour détourner une résolution aussi grave. L'opinion publique en Italie est profondément émue, et si les populations n'ont pas été entraînées à des faits graves, c'est parce que la majorité sage du pays est accoutumée à avoir pleine confiance dans le gouvernement d'un roi loyal, qui a sauvegardé et sauvegardera toujours leur honneur, au prix de quelques sacrifices que ce soit. Consultant les exigences de notre dignité et de nos intérêts, le gouvernement a dû conséquemment assumer une grave responsabilité et a ordonné aux troupes de franchir la frontière. Cette mesure ne peut nullement être considérée par la France comme un acte hostile.

« En occupant quelques points du territoire pontifical, les troupes royales ont l'intention de s'attacher à rassurer les esprits, à ramener le calme dans les populations agitées, qui s'adressent de tous côtés au gouvernement du roi, en invoquant sa protection, et ont l'ordre de respecter partout les autorités et les municipalités établies, de se comporter de manière à éviter tout conflit pouvant donner lieu à des complications ultérieures, par l'intervention des troupes impériales.

« La situation créée par la convention de septembre ayant été altérée, le gouvernement du roi devait sauvegarder son droit, en se plaçant dans des conditions identiques à celles de l'autre partie contractante, afin de pouvoir entamer, sur le pied d'une égalité parfaite, de nouvelles négociations. Nous formons des vœux sincères pour que ces négociations puissent aboutir à une solution définitive qui, donnant *satisfaction* aux légitimes *aspirations* nationales, assure en même temps au chef suprême de l'Église la dignité et l'indépendance nécessaires pour l'accomplissement de sa mission divine. »

Tout commentaire est inutile. Garibaldi, échappé de Caprera, se promenait et haranguait la foule à Florence, les souscriptions publiques, la transformation des officiers et des soldats italiens en garibaldiens improvisés, tout contredit les affirmations de Menabrea. De plus, pourquoi parler des aspirations nationales quand la convention qu'il veut respecter admet le maintien du pouvoir temporel dont ces mêmes aspirations veulent l'anéantissement? Quand ensuite le ministre déclare que son gouvernement a tout fait pour se réconcilier avec l'Église, sans doute en expulsant les religieux, en emprisonnant les évêques, en confisquant les biens du clergé, sans compter les annexions et le reste, M. Menabrea plaisante. Jamais je n'ai pu comprendre le rôle d'un voleur insultant sa victime parce qu'elle ne veut pas consentir à une spoliation complète. Est-ce qu'il y aurait deux morales, une pour les individus, l'autre pour les nations? Menabrea invitant Pie IX au baiser fraternel, nous rappelle toujours cette tendresse du renard si bien dessiné par notre grand fabuliste : l'animal rusé voudrait bien atteindre sa victime, mais il y a des obstacles :

> Frère, dit le renard, adoucissant sa voix,
>> Nous ne sommes plus en querelle,
>> Paix générale cette fois.
> Je viens te l'annoncer; descends que je t'embrasse;
>> Ne me retarde point, de grâce.

Notre ministre des affaires étrangères adressa au baron de la Villestreux, chargé d'affaires de France à Florence, la dépêche suivante, en réponse à celle de M. Menabrea :

« Paris, 1er novembre.

« En proclamant énergiquement le respect dû par tous les citoyens envers les engagements internationaux, en se déclarant prêt à réprimer le désordre, afin de maintenir l'autorité du gouvernement et l'inviolabilité des lois, le roi Victor-Emmanuel nous a donné l'espoir que le nouveau ministère, marchant d'un pas ferme dans la voie qu'il s'était tracée, saurait, par des mesures efficaces, décourager toutes les menées révolutionnaires, rétablir sur ses bases l'ordre moral et matériel. Une telle politique, pratiquée sans hésitation et sans concessions imprudentes aux passions des partis qu'on s'est donné mission de combattre, devait amener l'apaisement immédiat de la crise redoutable que l'Italie traverse, nous replacer vis-à-vis d'elle dans une situation conforme à nos sentiments intimes, et faciliter ainsi la tâche réciproque des deux gouvernements. *Ce n'est donc pas sans une pénible surprise* que nous apprenons la résolution du ministère italien d'occuper certains points du territoire pontifical.

« Nous ne voulons pas discuter, aujourd'hui, les raisons pour lesquelles on s'applique à motiver un acte aussi contraire au droit des gens ; mais nous tenons à manifester, sans retard, les impressions désagréables que le cabinet de Florence nous a fait éprouver, si restreinte que puisse être l'intervention italienne dans les États du saint-siége, quelle que soit la promptitude avec laquelle cesseront les ménagements dont on essaye de l'entourer. Le gouvernement français qui l'a toujours blâmée, déconseillée, ne saurait, à aucun degré, la couvrir de son assentiment. Si le gouvernement italien croit pouvoir attendre de nous-même une adhésion tacite, c'est là une illusion que nous ne devons pas hésiter à dissiper, et nous lui disons avec quel vif et sincère regret nous le voyons

s'écarter d'une ligne de conduite qui, suivant nous,
serait seule conforme aux intérêts de l'Italie.

« Marquis DE MOUSTIER. »

Cette circulaire ne satisfaisait pas complétement
l'opinion publique ; elle paraissait trop adoucie dans
la forme, et il y manquait une conclusion. *L'Époque*,
sous la signature Clément Duvernois, jugeait ainsi ce
document :

« Si la France se borne à parler de sa pénible
surprise, de ses regrets sincères, la protestation de
1867 rappellera à s'y méprendre la protestation analogue de la France contre l'invasion des Marches et
de l'Ombrie. Tout le monde pensera que, comme cela
se dit depuis plusieurs jours, la France est d'accord
avec l'Italie, et que si elle proteste, c'est seulement
pour la forme. Ainsi que nous le disions l'autre jour,
le mot : COMÉDIE viendra sur toutes les lèvres.

« Si la dépêche de M. de Moustier n'est que la pré-
face d'un *ultimatum*, nous ne voyons pas distinctement
son utilité.

« Si cette dépêche était le dernier mot de la France,
on ne comparerait pas avec fierté le ton si modéré du
ministre français avec le ton acerbe de la dépêche
italienne.

« La France n'avait l'habitude ni de recevoir des
dépêches pareilles à celle du 30 octobre, ni d'y répondre avec autant de patience, et c'est, à notre avis,
une habitude qu'elle prendrait difficilement. »

Louis XIV, en effet, renvoyait un de ses ministres
dans une circonstance parfaitement identique, unique-
ment à cause des formes trop adoucies de son langage.

Le 30 octobre, le Bulletin du *Moniteur* signalait la manifestation faite à Naples, le 28 au soir. 2,000 personnes, conduites par des meneurs, ont parcouru la rue de Tolède, poussant des cris révolutionnaires ; la colonne s'est dispersée spontanément. Des démonstrations analogues avaient eu lieu à Turin, à Gênes, Livourne, sans donner lieu à aucun désordre.

En arrivant à Rome, le général de Failly crut devoir adresser la proclamation suivante au peuple romain.

« Romains,

« L'empereur Napoléon envoie de nouveau un corps expéditionnaire à Rome, pour protéger le saint-père et le trône pontifical contre les attaques armées des bandes révolutionnaires. Vous nous connaissez depuis longtemps ; comme toujours, nous venons accomplir une mission toute morale et désintéressée. Nous vous aiderons à établir la confiance et la sécurité. Nos soldats continueront à respecter vos personnes, vos mœurs et vos lois. Le passé vous en est garant.

« *Le général en chef du corps expéditionnaire français.*

« De Failly. »

De son côté, le comité de Florence publiait l'ordre du jour suivant :

« Italiens !

« Garibaldi a répondu à l'appel de Rome ; il a paru

et il a vaincu. Mais l'intervention étrangère menace d'envahir notre terre.

« Italiens, aux armes!

« Voilà le mot d'ordre de Garibaldi que nous vous transmettons. La place de la jeunesse italienne est au camp, en face des soldats du pape et de l'empire.

« Florence, le 26 octobre 1867.

« LE COMITÉ. »

On verra bientôt ce qu'il faut penser de ces pasquinades.

Cette grande victoire n'était rien moins que le combat dans lequel 300 légionnaires luttèrent pendant si longtemps contre toutes les forces de Garibaldi. Le récit de cette héroïque résistance qui retarda l'insurrection dans sa marche sur Rome jusqu'à l'arrivée des Français, nous a été raconté par un témoin oculaire.

On sait que la petite garnison pontificale était commandée par le capitaine Robert Costes, de la légion d'Antibes. Cet officier avait avec lui sa femme et son fils Maurice, un enfant de six ans. Nous trouvons dans le *Journal de l'Aveyron* une lettre écrite par madame Costes, lorsque, après la capitulation de Monterotondo, elle était avec son mari à la Spezzia.

« La petite garnison, écrit madame Costes, se replia sur le château Piombino, où j'étais enfermée avec Maurice, le docteur et l'aumônier. Nous passâmes la nuit en prières dans une horrible anxiété, écoutant ce bruit affreux de la fusillade, plus horrible encore dans les ténèbres. Robert était partout. Je ne le vis qu'un instant pour lui serrer la main. Pauvre homme ! il souffrait beaucoup. On le priait de se rendre, lui disant que le château était miné ; il espérait du secours de Rome.

« Je me contentai de lui dire de faire son devoir sans songer à nous, et que j'avais beaucoup promis à la sainte Vierge, la priant surtout d'épargner Maurice, qui dormait comme un ange au milieu du bruit et des alarmes générales. On attendait le jour avec impatience. Robert comptait toujours sur Rome, et puis il espérait juger la position. Hélas ! le jour vint seul, et l'attaque recommença terrible, car l'ennemi cernait le château et tirait de dessus les toits. On lui tua encore du monde ; mais il parvint à entrer dans les écuries, dont les portes donnaient dans la rue, et y mit le feu.

« Il était dix heures du matin : on se battait depuis vingt-sept heures ; les soldats étaient épuisés, et, dans peu de temps les munitions réunies au premier étage, au-dessus des écuries, allaient faire sauter le château. Robert crut de son devoir de ne pas sacrifier ses 300 hommes, et il permit d'arborer le drapeau blanc. Ce fut un cruel moment. Je n'avais pas craint la mort, mais je craignais que ce coup ne tuât mon pauvre Robert. Pendant que j'étais réfugiée dans la tour, une balle y parvint, et passa entre Maurice et moi sans nous blesser. Les garibaldiens entrèrent comme des furieux.

« Je me présentai avec mon fils, et je dois leur rendre la justice qu'ils ne me firent aucun mal ni aucune menace. Il y en eut même qui me prirent la main et qui rassurèrent le pauvre Maurice, qui pleurait, craignant qu'on ne tuât son père. On voulut me faire sortir du château pour me conduire chez le général Garibaldi lui-même, qui était à Monterotondo. Je demandai à retrouver mon mari, et, pendant qu'il traitait avec le vainqueur, j'attendis dans une maison sous la protection des deux fidèles légionnaires et celle des officiers garibaldiens. »

Cette fois, les garibaldiens furent convenables ; madame Costes le constate et ajoute :

« Robert capitula : il fit ses conditions avec Garibaldi, qui lui accorda que les officiers gardassent leurs épées. Robert refusa de promettre qu'ils ne combattraient plus contre lui. Enfin, on vint me dire que mon mari m'attendait à l'église, où tous étaient réunis. Je traversai la ville, et arrivée devant l'église, on me présenta au général, qui me regarda seulement. Son médecin me dit : « Vous êtes libre d'aller à Rome, où l'on vous fera escorter. » Je répondis : « Je veux suivre mon mari, et j'entrai dans l'église, où je le trouvai... »

Le général me fit donner une voiture, et l'on nous conduisit tous à la frontière piémontaise. C'était le samedi soir. Dimanche, lundi, mardi et mercredi, on alla à pied ; on dormit et on mangea comme on put. J'avais une charrette pour moi, Maurice et les blessés. Mercredi, nous prîmes le chemin de fer à Narni pour venir par Florence et Pise à la Spezzia, dans un fort, où nous attendons un navire qui nous portera en France. Nous espérons que ce ne sera pas long et que nous verrons encore Rome. »

Le *Journal de l'Aveyron* fait à ce sujet les réflexions que voici :

« Cette femme et cet enfant de six ans, enfermés avec les soldats dans la citadelle de Monterotondo ; l'enfant qui dort tranquillement pendant que sa mère prie pour lui et recommande à son mari de faire son devoir ; puis tous deux, la mère et l'enfant, se présentant aux regards étonnés de l'ennemi vainqueur, refusant la liberté qu'on leur offre et suivant sur une charrette, à travers l'Italie, la petite troupe prisonnière : tout cela, raconté avec autant de simplicité que de grandeur par celle-même qui a été l'héroïne de ce qu'elle raconte, ne forme pas l'un des épisodes les moins attachants de la dernière guerre soutenue pour la défense du saint-siége. »

La religion et les affections de la famille ont, au milieu de ces scènes, un charme particulier. On sent d'ailleurs qu'ici la guerre n'est pas faite pour elle-même, ni pour aucune visée de vanité et d'ambition. C'est au service d'une pensée plus noble que, librement et volontairement, ces soldats, dont les femmes comprennent si bien les sentiments, ont mis leur courage et l'admirable discipline puisée dans l'armée française.

CHAPITRE III

L'INTERVENTION FRANÇAISE

L'intervention française était aussi nécessaire pour comprimer les garibaldiens, que pour arrêter les aspirations unitaires de l'Italie. Victor-Emmanuel pouvait être débordé par la révolution, et les ministres eux-mêmes faisaient entrevoir qu'ils pourraient n'être plus maîtres du terrain. De plus, les journaux de l'Ombrie avaient publié un ordre du jour qui donne une idée assez précise de l'organisation des envahisseurs ; ce document, antérieur à la prise de Monterotondo, montre quelle était alors la force sérieuse et menaçante de l'armée révolutionnaire, si providentiellement abattue et dispersée :

« Volontaires,

« Vous avez combattu valeureusement, et moi, loin de vous, je n'ai pu partager vos fatigues et vos gloires ; patience, ce n'a pas été ma faute.

« Aujourd'hui, rajeuni par votre enthousiasme, par la sainte cause que nous soutenons depuis tant d'années, je viens ajouter mon expérience à votre valeur, et demain nous retrouverons ensemble le chemin de la victoire, qui ne nous a jamais fait défaut.

« La droite de notre armée est commandée par le général Acerbi ;

« La gauche, par le général Nicotera ;

« Le centre, par mon fils Menotti.

« Le général Fabrizi est toujours chef de mon état-major.

« Le colonel Cairoli, commandant du quartier général.

« Et le major Canzio est mon premier adjudant.

« Cette fois encore, l'Italie sera orgueilleuse de ses valeureux fils.

« Passo Corese, 23 octobre 1867.

« G. GARIBALDI. »

Pour faire connaître à nos lecteurs les détails de la bataille de Mentana, nous ne pouvons mieux faire que de citer le rapport du général Kanzler ; les détails en ont été confirmés par celui du général de Failly :

COMBAT DE MENTANA.

RAPPORT du général Kanzler, pro-ministre des armes, à Sa Sainteté notre saint-père le pape Pie IX.

« Rome, 12 novembre 1867.

« Très-saint père,

« En attendant que je puisse déposer aux pieds de Votre Sainteté un rapport détaillé sur les nombreux faits d'armes et les combats que les troupes pontificales ont glorieusement soutenus contre les envahisseurs des États du saint-siége, il me semble nécessaire de présenter à Votre Sainteté un rapport spécial sur le combat auquel ont vaillamment coopéré les troupes françaises nos alliées, afin que la vérité sur cette action décisive se dégage le plus vite possible des mensonges par lesquels la presse révolutionnaire s'étudie à la défigurer.

« L'invasion des troupes régulières était menaçante ; déjà même quelques rapports nous étaient parvenus sur la violation de nos frontières du côté de Monterotondo. Les bandes garibaldiennes augmentaient sans cesse dans les provinces, et sur plusieurs points déjà elles s'étaient organisées en corps importants.

« Tous ces motifs m'engagèrent, le 27 octobre dernier, à proposer à Votre Sainteté la grave mesure d'abandonner les provinces et de concentrer toutes les troupes à Rome, afin de ne pas les exposer à être écrasées isolément par l'invasion.

« Aussitôt dégarnies, ces provinces ont été envahies par les bandes de Garibaldi, qui, après cette occupation sans lutte, devinrent redoutables par leur nombre et leurs exigences.

« Le 26, la petite garnison de Monterotondo était assaillie par des forces dix fois supérieures et ne cédait qu'après la plus héroïque défense. Enhardies par ce succès, les bandes poussèrent leurs avant-postes jusque sous les murs de Rome, et menaçaient la ville et ses environs, tentant de prêter secours aux nombreux sicaires introduits furtivement dans la capitale pour la rendre, elle aussi, victime de leurs sacriléges intentions.

6.

« Il était donc urgent de frapper sur ces bandes un coup décisif, afin d'en réprimer l'audace toujours croissante et d'opposer un frein à leurs barbares entreprises.

« C'est dans ce but que, me mettant à la tête d'une colonne de troupes peu inférieure en nombre aux garibaldiens, je résolus de les combattre à l'endroit même d'où ils se vantaient de vouloir partir pour marcher à la conquête de Rome.

« Instruit de mon projet, le général en chef commandant le corps expéditionnaire français, comte de Failly, manifesta le désir de nous appuyer avec une colonne de ses troupes ; elle devait surtout nous garantir contre toute surprise de la part des autres bandes qui se trouvaient déjà réunies en grand nombre à Tivoli, et qui, averties à temps, auraient pu tomber sur nos derrières pendant que l'on opérait sur Monterotondo.

« La colonne pontificale, sous les ordres du général comte de Courten, fut composée comme il suit :

hommes.

« Deux bataillons de zouaves, commandés par le colonel Allet, effectif   1,500

« Un bataillon de carabiniers (chasseurs à pied étrangers), commandés par le lieutenant-colonel Jeannerot.   520

« Un bataillon de la légion romaine, sous les ordres du colonel d'Argy.   540

« Une batterie de six pièces d'artillerie, commandée par le capitaine Polani. .   117

A REPORTER. . .   2,677

REPORT.   .   .   .   2,677

« Un escadron de dragons de 4 pelotons,
sous les ordres du capitaine Cremona.   .   106
    Une compagnie de sapeurs du génie   .   80
    « Plus, gendarmes   50
    « TOTAL.   2,913

« La colonne française qui nous suivait comme
réserve, commandée par le général de brigade baron
de Polhès, se composait des :

« 2e bataillon des chasseurs à pied, commandant
Comte ;

« 1er bataillon du 1er régiment de ligne sous les
ordres du lieutenant-colonel Frémont ;

« 1er bataillon du 29e de ligne sous les ordres du
lieutenant-colonel Saussier ;

« Deux bataillons du 59e de ligne sous les ordres
du colonel Berger ;

« Un peloton du 7e chasseurs à cheval, commandant
Wedorspoch-Thor ;

« Un peloton de dragons pontificaux commandés par
le sous-lieutenant Belli ;

« Une demi-batterie d'artillerie ;

« Le total formait en effectif d'environ 2,200 hommes, de sorte que les deux colonnes ensemble s'éle-
vaient au plus à 5,000 hommes.

« Nous sortîmes de Rome à quatre heures du matin,
par la porte Pie, nous dirigeant au delà du pont
Nomentano, sur la route qui conduit à Mentana.
Après avoir passé ce pont, je donnai l'ordre au commandant de Troussures, officier supérieur très-dis

tingué du régiment des zouaves, de se porter, avec trois de ses compagnies, sur la via Salara, le long du Teverone. Il devait s'avancer avec précaution et opérer de ce côté une diversion fort utile pour attirer l'ennemi, tandis que j'aurais poussé l'attaque du côté opposé.

« L'avant-garde de la colonne principale, précédée d'un peloton de dragons, sous les ordres du lieutenant de la Rochette, comprenait trois compagnies de zouaves, commandant de Lambilly, et une section d'artillerie sous les ordres du lieutenant Cheyney.

« L'ennemi que nous allions attaquer avait pris position. Il se tenait sur la défensive, et, loin de se disposer à battre en retraite, il préparait un mouvement de concentration sur Tivoli. Prévenu par ses éclaireurs de la marche de nos colonnes, il se mit en mesure de nous tenir tête. Les barricades trouvées tant à Mentana qu'à Monterotondo et ses postes avancés prouvèrent évidemment qu'il s'était retranché dans des positions assez fortes pour nous attendre et pour nous résister.

« A midi trois quarts environ, et à 4 kilomètres de Mentana, l'avant-garde rencontrait les premiers postes garibaldiens établis dans des positions très-favorables sur les hauteurs qui commandaient la route que nous suivions. Nos zouaves, sans hésiter, se jetèrent sur cette première ligne ennemie et successivement tout le régiment de cette arme se trouva sérieusement engagé.

« Dans cette première rencontre, le feu ne fut pas très-vif, parce que l'ennemi, brusquement attaqué à la baïonnette, fut refoulé de ces hauteurs sur d'autres peu éloignées. Dès le début, le capitaine de Veaux, frappé d'une balle au cœur, tombait glorieusement à la tête de sa compagnie.

« Cette attaque impétueuse fut soutenue par le bataillon de caribiniers étrangers, dont une compagnie prit la gauche de la route, tandis que les autres étaient lancés sur la droite. En même temps, deux compagnies de la légion, placées dans un bois voisin, par un feu habilement dirigé, repoussaient les garibaldiens, qui entretenaient une fusillade très-nourrie contre le flanc gauche de notre colonne.

« L'ennemi, délogé de ses premières positions, se repliait en désordre et allait se reformer à couvert, en masses imposantes, dans l'enceinte murée de la Vigna Santucci. Ce point important fut encore enlevé rapidement par les zouaves, qui, avec un élan irrésistible, prirent d'assaut l'enceinte et les bâtiments de cette vigne.

« Le lieutenant colonel de Charette conduisit de sa personne les zouaves à l'attaque, et son cheval reçut trois coups de feu. Le colonel Allet, durant toute l'action, s'efforçait de maintenir compactes les rangs de ses soldats emportés par leur ardeur.

« Dès le commencement, l'action avait été appuyée par le feu d'une pièce d'artillerie mise en batterie sur une hauteur à gauche de la route. Les coups étaient dirigés sur le gros des ennemis, qui se reformaient à la Vigna Santucci. Le feu de cette pièce ne cessa qu'au moment où les progrès rapides de notre infanterie en rendirent l'usage dangereux pour nos troupes.

« Toute la colonne arriva à la hauteur de la Vigna Santucci. Dans ce moment, sur un mamelon à la gauche de la route et à 800 mètres environ de Mentana, on plaça un obusier. Bientôt après deux pièces rayées de l'artillerie française s'y adjoignirent. Elles étaient appuyées par deux compagnies de chasseurs à pied. Cette artillerie battait le château de Mentana et contrebattait l'artillerie ennemie.

« Presque en même temps, une autre pièce d'artillerie pontificale était mise en batterie sur la route, à 500 mètres de Mentana. Jugeant aussi que la Vigna Santucci présentait une position avantageuse pour placer du canon, j'y fis avancer la 3ᵉ section de la batterie Polani, qui, avec le plus grand succès, croisa ses feux avec ceux des pièces françaises, situées à peu de distance sur le mamelon gauche.

« Cependant notre infanterie, avec une vigueur toujours croissante, s'avançait vers Mentana, cherchant à gagner du terrain tant sur la droite que sur la gauche de cette formidable position ; mais l'ennemi, s'apercevant du mouvement, déploya deux fortes colonnes pour nous prendre de flanc des deux côtés à la fois : sa manœuvre réussit surtout sur notre droite. Le bataillon de carabiniers qui s'était élancé fort en avant dans une plantation d'oliviers, à très-petite distance des habitations, se trouva bientôt entre deux feux, et, malgré des pertes sensibles, il ne recula pas.

« Le brave colonel de Courten, bien que retiré du service depuis plusieurs années, suivait ce corps comme volontaire et voulut partager à pied, comme simple soldat, les fatigues de la campagne. Le bataillon paya cher la solidité dont il fit preuve dans cette attaque. Il eut, proportionnellement aux autres corps, un plus grand nombre d'hommes mis hors de combat. Parmi ceux-ci, le commandant de Castella, à la tête de quelques compagnies, eut son cheval tué sous lui et fut lui-même blessé.

« Un peloton de dragons, commandé par le lieutenant de la Rochette, à la suite d'une colonne de trois compagnies de la légion, sous les ordres du commandant Cirlot, prit part à l'action. Cette colonne avait été envoyée par le général de Courten pour tourner Mentana par la droite, afin de couper à l'ennemi sa communication avec Monterotondo, mais les nombreuses difficultés du terrain empêchèrent la cavalerie de concourir avec la rapidité voulue au but proposé.

« Il était déjà trois heures et demie, notre réserve était presque épuisée, car l'intrépide colonel d'Argy, de la légion romaine, chargé de soutenir notre centre, n'avait plus à sa disposition qu'une force minime. Je fis demande alors à M. le général de Polhès de nous appuyer. Les soldats français, qui jusqu'à ce moment avaient assisté impatiemment à nos progrès, s'élancèrent avec leur valeur habituelle sur les lignes ennemies qui cherchaient à nous envelopper.

« Le colonel Frémont, du 1er de ligne, avec son bataillon, et appuyé par trois compagnies de chasseurs à pied, non-seulement arrêta la colonne ennemie, mais, arrivé sur l'extrême gauche des garibaldiens, il ouvrit contre eux un feu si vif et si meurtrier, qu'il les contraignit à prendre précipitamment la fuite. Ce brave colonnel eut, de plus, la hardiesse de se porter jusque derrière Mentana même, à peu de distance de Monterotondo, et il y serait peutêtre entré avec sa colonne avec les garibaldiens, s'il ne se fût jugé trop isolé du reste de nos forces.

« Le lieutenant-colonel Saussier, du 29ᵉ de ligne, exécutait, lui aussi, un mouvement analogue sur notre gauche. Ayant rencontré une colonne ennemie d'environ 1,500 hommes, qui occupait les hauteurs de Monterotondo, il prit, malgré l'infériorité de ses forces, une position avantageuse qui lui permit de la contenir d'abord et ensuite de la repousser.

« Le détachement commandé par le chef de bataillon de Troussures arriva fort à propos sur ce point. Cet officier avait longé le Tibre et, par d'habiles mouvements exécutés avec les trois seules compagnies dont il disposait, il contribua puissamment à tenir en respect les garibaldiens et à paralyser leur attaque sur notre droite.

« Plus tard, il établit des compagnies à cheval sur la route, entre Monterotondo et Mentana, et pénétra même dans le village, où il fit plusieurs prisonniers.

« Ayant rencontré cependant une vigoureuse résistance et sachant Monterotondo encore occupé par les bandes, il traversa avec autant de bonheur que de hardiesse la ligne ennemie et se porta sur notre extrême droite, auprès du bataillon du 1ᵉʳ de ligne, où le soir il établit ses bivouacs.

« Sur ces entrefaites, une section d'artillerie commandée par le capitaine Raudier s'établissait à 300 mètres des murs du château de Mentana et ouvrait un feu qui à cette distance eût été très-efficace ; mais ses pièces, trop exposées à la mousqueterie ennemie, coururent grand risque de ne pouvoir opérer leur retraite. Bravement soutenue par une compagnie de zouaves, la position fut conservée quelque temps, tout en éprouvant des pertes sérieuses. Le maréchal des logis comte Bernardini y fut tué : deux conducteurs et plusieurs chevaux y furent blessés. Cette section fut néanmoins dégagée et prit une position plus avantageuse.

« L'infanterie, qui depuis plusieurs heures avait soutenu et repoussé avec un indicible élan les efforts réunis de l'ennemi, s'était peu à peu massée autour de Mentana, qui maintenant était enfermée dans un cercle de fer dont les défenseurs abrités derrière les murailles continuaient sur nous un feu très-vif. Je jugeai donc le moment venu de faire un effort décisif pour mettre fin au combat avant la chute du jour. Je donnai alors les ordres en conséquence et fis prévenir M. le général de Polhès qui, avec le colonel Berger, voulut lui-même marcher à la tête du 59ᵉ de ligne et du 2ᵉ bataillon de chasseurs à pied. Cette colonne s'avançait dans un chemin encaissé à droite de la grand'route jusqu'à une très-petite distance des murs de Mentana Elle réussit à chasser l'ennemi des vignes environnantes qu'il occupait encore ; mais, malgré les plus héroïques efforts, elle ne put pénétrer dans le village flanqué de plusieurs maisons isolées, toutes fortement occupées par les garibaldiens.

« Le but principal du combat de la journée me semblait atteint, car l'ennemi, culbuté dans toutes ses positions, après des pertes considérables, s'était enfermé dans Mentana, où il devait nécessairement être en proie à la plus grande démoralisation. Je résolus donc, vu l'approche de la nuit, de remettre au lendemain matin une nouvelle attaque. Je pris cette détermination avec d'autant plus de confiance, qu'il était évident pour moi que les garibaldiens, n'ayant pas la retraite libre, devaient se rendre plutôt que d'affronter un assaut qui ne pouvait que leur faire subir un échec beaucoup plus sérieux.

« En conséquence, je ralliai mes troupes, qui se trouvaient mêlées aux corps français dans les différentes positions enlevées à l'ennemi, et, après avoir pris les mesures de sûreté nécessaires, je fis établir les bivouacs pour la nuit sur le terrain même occupé précédemment par les garibaldiens.

« J'installai, en outre, de forts avant-postes autour de Mentana, pour avoir la certitude que l'ennemi ne pût profiter de l'obscurité pour opérer une retraite.

« La nuit se passa sans incident remarquable.

« Les événements du lendemain prouvèrent pleinement la justesse de mes prévisions. En effet, le 4 au matin, on amenait au quartier général un parlementaire qui proposait la reddition de Mentana, demandant que les garibaldiens pussent se retirer avec armes et bagages. Ces conditions furent naturellement refusées.

« Cependant, le commandant Fauchon, du 59° de ligne, avançait dans le village de Mentana en faisant un grand nombre de prisonniers. Comme cette foule de garibaldiens, jointe aux nombreuses captures opérées dans les engagements précédents, nous causait un grand embarras, on consentit à accorder aux défenseurs restés dans le château de Mentana la faculté de se retirer au delà de la frontière, en abandonnant leurs armes.

« Sur la nouvelle que les garibaldiens avaient évaqué Monterotondo pendant la nuit, le colonel Frémont, avec un bataillon du 1er de ligne et suivi du 2e chasseurs à pied, y entra dans la matinée sans coup férir, acclamé par la population, aux cris de : « Vive le saint-père! » et : « Vive l'empereur des Français! »

« Ce fut un douloureux spectacle pour nos troupes que l'aspect de la ville de Monterotondo : les églises dépouillées et profanées, les habitants remplis de terreur par les violences et les exactions dont ils avaient été victimes. Les troupes furent donc accueillies comme des libérateurs.

« Garibaldi qui, avec ses fils, assistait au combat de Mentana, ne se montra jamais au premier rang, et lorsqu'il vit les siens ployer en désordre sur tous les points devant la valeur de nos soldats, il se hâta de se mettre en sûreté à Monterotondo, selon les informations qui nous sont parvenues. De là, le soir même, avec sa famille, il repassa la frontière, changeant ainsi son cri de guerre impie : Rome ou la mort! en celui de : Sauve qui peut !

« Du reste, il faut convenir que les mouvements de l'ennemi ont été bien dirigés et que, confiants dans leur supériorité numérique et dans l'avantage de leurs positions, les garibaldiens se sont défendus courageusement sur différents points et surtout derrière les murs et les barricades.

« Nos pertes se montent :

Colonne de Courten.

« Régiment de zouaves, 24 morts, 57 blessés, y compris le capitaine de Veaux tué, le lieutenant Jacquemont et le sous-lieutenant Dujardin, blessés.

« Légion romaine, 6 blessés ; carabiniers étrangers, 5 morts, 37 blessés. Parmi ces derniers, le commandant de Castella et le sous-lieutenant Leworsbech.

« Artillerie, 1 mort, 2 blessés ; dragons, 1 blessé.

« Total, 20 morts et 103 blessés.

Colonne de Polhès.

« 2ᵉ Bataillon de chasseurs à pied, 6 blessés ; 1ᵉʳ régiment de ligne, 2 blessés ; 29ᵉ de ligne, 5 blessés ; 59ᵉ de ligne, 2 morts, 22 blessés, 1 disparu.

« Parmi les blessés, le capitaine Marambat et le lieutenant Blanc.

« Chasseurs à cheval, 1 blessé.

« Total : 2 morts, 1 disparu et 36 blessés.

« D'après les renseignements recueillis auprès des prisonniers et des habitants de Mentana, et, à en juger par des milliers d'armes trouvées tant dans cette localité qu'à Monterotondo, le nombre des garibaldiens devait se monter à 9,000 environ. Un millier des leurs est resté tué ou blessé sur le champ de bataille ; 1,398 ont été faits prisonniers, plusieurs centaines ont été escortés jusqu'à la frontière, et le reste a pris la fuite, jetant et brisant pour la plupart leurs armes et laissant un canon en notre pouvoir.

« Le résultat de la victoire a donc été aussi complet qu'on pouvait le désirer.

« L'humanité de l'armée ne l'a cédé en rien à son courage. Les troupes de toutes armes, bien qu'exténuées par la fatigue de la route et par plus de quatre heures consécutives de combat, se mirent le soir même à la recherche des blessés, et reprirent le lendemain le même service, transportant aux ambulances, avec les plus grands soins, aussi bien les garibaldiens que leurs compagnons d'armes.

« Tous ces malheureux ont reçu la même assistance et les mêmes traitements, non-seulement de la part des chirurgiens militaires et des infirmiers attachés à l'ambulance, mais encore de la part de l'héroïque et charitable madame Catherine Stone, de trois sœurs de Saint-Vincent de Paul et de MM. le docteur Ozanam, le vicomte Charles de Saint-Priest, Vrignault, Benoît d'Azy et de Luppé, qui s'étaient, dans un but de dévouement, rendus pendant l'action même sur le champ de bataille.

« Je remplis un devoir de reconnaissance en signalant à Votre Sainteté le concours cordial et expérimenté, ainsi que le courage de M. le général de Polhès, et qu'il soit permis d'ajouter le nom du colonel Frémont comme s'étant particulièrement distingué par sa hardiesse et la justesse de son coup d'œil militaire.

« Je dois citer encore, dans la colonne française, le colonel Berger, du 59ᵉ de ligne, et le lieutenant-colonel du 29ᵉ, qui ont pris part, les premiers, à l'attaque de droite, et le second, à celle de gauche.

« Dans les troupes pontificales, le général de Courten et son état-major, composé de MM. le capitaine Eugène de Maistre, le capitaine Pietramellara, le sous-lieutenant de Terves.

« Les chefs de corps, les officiers et les soldats ont tous bravement fait leur devoir, et il serait trop long d'énumérer les actes isolés de courage de chacun d'eux.

« Je ne puis cependant passer sous silence les noms de ceux qui, enflammés du noble désir de combattre pour la cause sacrée de Votre Sainteté, se sont adjoints comme volontaires à la colonne d'opérations.

« Je dois donc citer, en première ligne S. A. R. le duc de Caserte. Dès le commencement de l'invasion des États de Votre Sainteté, ce prince s'était mis à ma disposition, demandant à être placé aux points les plus périlleux. Dans l'expédition de Mentana, Son Altesse s'est acquis l'admiration de nos troupes par sa bravoure, son sang-froid et les preuves qu'elle a données de ses connaissances militaires. Les colonels Afan de Rivera et Ussani se sont montrés dignes de suivre leur noble prince.

« Le colonel de Sonnenberg, commandant la garde suisse de Votre Sainteté, faisait partie de mon état-major ; il a rendu d'utiles services en remplissant les simples fonctions d'officier d'ordonnance.

« Les lieutenants-colonels Caimi, de l'artillerie, et Lepri, des dragons, ont suivi aussi la colonne, bien que les petites fractions de leurs corps qui en faisaient partie n'exigeassent pas leur présence, et, certes, ces officiers n'ont pas démenti, en cette circonstance, la glorieuse réputation qu'ils s'étaient acquise dans la campagne de 1866.

« Le lieutenant-colonel Carpegna, employé au ministère des armes, a rempli, comme volontaire auprès de la colonne, les fonctions d'officier d'état-major.

« Je dois enfin signaler le courage, l'activité et les bons services de mes officiers d'état-major :

« Le chef d'escadron Ungarelli, mon aide de camp ;

« Le capitaine François de Maistre ;

« Le capitaine de Bourbon-Chalus ;

« Et le capitaine de Maumigny.

« Je ne puis manquer de féliciter M. le sous-intendant Monari de son infatigable activité et de sa prévoyance à pourvoir la colonne de ressources précieuses.

« Je suis heureux de pouvoir conclure le présent rapport par l'assurance que les troupes pontificales, qui se sont montrées pendant toute cette campagne à la hauteur de la noble mission qui leur était confiée, s'empresseront de reprendre les armes avec une nouvelle ardeur, chaque fois que les ennemis du saint-siége les rappelleront à de nouveaux combats.

« J'implore, en finissant, pour la petite armée de Votre Sainteté, pour les troupes nos alliées et pour moi-même, votre bénédiction apostolique.

« Je suis, très-saint-père, de Votre Sainteté, le très-humble, très-fidèle et très-obéissant serviteur et sujet.

« HERMANN KANZLER,
« général pro-ministre des armes. »

Après une course furibonde dans le genre de celle d'Horace à Philippes, et dans laquelle il eût également jeté son bouclier, s'il en avait eu un, Garibaldi tomba dans les lignes italiennes en poussant un soupir de satisfaction. Il se croyait en sûreté, s'imaginant que les plaisanteries à la Rattazzi allaient recommencer.

Mais voilà qu'on l'arrête au nom de la loi. Garibaldi, qui n'a jamais su ce que c'était que la loi, et qui s'est toujours trouvé hors d'elle, ne comprend pas et proteste. On veut l'emmener, il refuse, résiste; se jette par terre en écumant, en insultant le roi, le gouvernement, les ministres, l'armée et en s'écriant : « Je suis citoyen américain, vous n'avez pas le droit de m'arrêter ! »

Il faut convenir que cette arrestation était bien cruelle. Permettre à un homme de haranguer la foule, le conduire à toute vapeur de Florence à Rome, au centre de ses bandes affamées de victoires, puis l'incarcérer parce que sa défaite a trompé les aspirations nationales! Que n'était-il vainqueur? Le crime est d'autant plus grand, que les pontificaux et les Français l'ont battu au moment même où il se retirait pour obéir à son roi.

Écoutez plutôt :

« Corese, 3 novembre 1867.

« Aux Italiens,

« L'intervention impériale et royale sur le territoire romain a enlevé à notre mission son objet spécial : la délivrance de Rome.

« En conséquence, nous nous disposions aujourd'hui à nous éloigner du théâtre de la guerre, nous appuyant sur les Apennins; mais l'armée pontificale, entièrement affranchie de la garde de Rome, et avec toutes ses forces réunies, nous a barré le passage.

« Nous avons été forcés de la combattre, et si l'on considère notre position, on ne trouvera pas étonnant que nous ne puissions pas annoncer à l'Italie un nouveau triomphe.

« Les pontificaux ont quitté le champ de bataille après avoir essuyé de très-graves pertes; nous en avons eu aussi de considérables.

« Nous allons maintenant rester spectateurs de la solution que notre armée et l'armée française donneront au problème romain, et dans le cas où cette solution ne serait pas conforme aux vœux de la nation, le pays trouvera en lui-même de nouvelles forces pour reprendre l'initiative, et c'est lui-même qui résoudra la question vitale.

« G. GARIBALDI. »

Après une si grande docilité, une arrestation si peu courtoise méritait une protestation.

Aussi M. Crispi et quelques-uns de ses collègues ont-ils dressé pour la postérité procès-verbal de l'arrestation de Garibaldi, en ces termes :

« Figline, 4 novembre, 10 heures du soir.

« Les amis et compagnons soussignés du général Garibaldi, témoins de son arrestation à Figline, déclarent ce qui suit :

« A Passo Corese, après avoir assisté et pris part à la dissolution du corps de volontaires combattant sur le territoire pontifical, les soussignés ont été autorisés, par le général Garibaldi, à monter dans le convoi spécial qui lui avait été accordé, à la condition expresse qu'il serait conduit en toute liberté à Florence.

« Pendant le trajet, aucun acte, ni du général ni de ceux qui l'accompagnaient, n'a pu donner un prétexte pour modifier les dispositions prises pour l'acheminement du train jusqu'à Florence.

« Pour confirmer les dispositions pacifiques du général Garibaldi, le député Crispi, à la station de Narni, avait télégraphié à la compagnie Rubattino, pour demander, au nom du général, un vapeur qui, de Livourne, le transportât directement à Caprera.

« A Figline, on fit arrêter le convoi, et le lieutenant-colonel de carabiniers, M. Camozzi, se présenta

7

auprès du général Garibaldi, demandant à conférer avec le général seul. La station était militairement occupée par une division de bersagliers, sous les ordres du major Fiastri, et par un fort détachement de carabiniers.

« Peu d'instants après, le général descendit de wagon et nous tous aussi.

« On entendit alors le général Garibaldi dire à haute voix au colonel Camozzi :

« — Avez-vous le mandat régulier d'arrestation ?

« Le colonel répondit :

« — Non. J'ai seulement l'ordre d'arrêter.

« Le général répliqua :

« — Alors vous commettez un acte illégal. Je ne suis coupable d'aucune hostilité contre l'État italien ni contre ses lois. Je suis député italien, général romain, élu par un gouvernement légalement constitué, et citoyen américain. Comme tel, n'ayant pas été pris en aucun flagrant délit, je ne puis pas être arrêté, et vous, et qui vous envoie, vous violez la loi. Mais je vous déclare que je ne céderai qu'à un acte de violence, et que si vous voulez m'arrêter, il vous plaira me transporter par force. »

« A ce moment, nous étions tous disposés à défendre la personne du général, la loi et le bon droit.

« — Abandonnez, nous dit le général, toute pensée de résistance à main armée. Si j'avais voulu, ajouta-t-il, résister les armes à la main, j'aurais commencé par user de celles que j'avais à ma disposition, au lieu de les faire déposer à la frontière. Nous obéîmes.

« Comme il s'était amassé beaucoup de monde, afin d'éviter toute collision et de faire cesser un spectacle si humiliant pour le pays, le député Crispi télégraphia deux fois au président du conseil, demandant une révocation des ordres au nom de l'Italie, et affirmant que le général ne demandait qu'à retourner chez lui à Caprera.

« On demanda au colonel Camozzi le délai nécessaire pour recevoir une réponse de Florence. Nous priâmes aussi le colonel de vouloir bien télégraphier à Florence pour appuyer notre demande.

« Le colonel Camozzi refusa positivement d'obtempérer à cette demande.

« Une heure environ s'était passée sans qu'il fût arrivé de réponse télégraphique de Florence. Le colonel des carabiniers déclara que le moment était venu d'exécuter les ordres reçus.

« Néanmoins, la déclaration, plusieurs fois faite par le général Garibaldi, qu'il était fatigué, souffrant, épuisé par plusieurs jours de privations et de fatigues, et qu'il ne pourrait pas supporter la nouvelle et grave fatigue d'un voyage, ne put le fléchir.

« Quatre carabiniers s'approchèrent du général, et le sous-officier qui les conduisait invita le général, au nom de ses chefs, à le suivre. Le général, persistant dans sa première résolution, fut enlevé par les carabiniers, emporté de la place où il était assis dans la salle d'attente, et transporté ainsi, au milieu du plus solennel silence de ses amis, jusqu'à la voiture qui lui était destinée.

« Le député Crispi, au nom de tous, protesta énergiquement contre la violation de la loi et contre l'insulte ainsi faite au plus grand citoyen d'Italie.

« Il avait été permis seulement à sa famille et à ses

domestiques de l'accompagner, mais son gendre Canzio resta seul avec lui.

« Dans le même compartiment s'assit le colonel Camozzi ; de nombreux wagons de bersagliers et de carabiniers précédaient et suivaient celui où il était.

« Le général Garibaldi est parti pour une destination de nous inconnue, et ce n'est pas là le lieu de dire de quels sentiments nous étions émus.

« Le tout pour attestation de la vérité pure et pour l'histoire. »

La Bourse, toujours conservatrice... de ses écus, a bondi d'un franc sur la rente italienne, à la nouvelle de la déroute de Garibaldi. On ne pouvait mieux apprécier, même au point de vue de l'Italie, l'heureux échec de ses *aspirations* sur Rome, et faire au général des chemises rouges une oraison funèbre plus éloquente.

La Finance de Bruxelles, avant même de connaître la déroute de Garibaldi, n'avait pas hésité à prédire sa fuite[1]. Elle se fondait sur ses nombreuses disparitions, aussitôt que la fortune lui était contraire. *La Finance* ajoutait :

« Ce n'est pas tout ; ce prétendu démocrate, ce bandit, ce policier *touche depuis sept ans ses appointements de général* avec une parfaite régularité. La seule chose qu'il n'ait jamais mise en oubli, c'est l'émargement. Il joue au Cincinnatus, et ce Cincinnatus de barrière dépense la liste civile d'un roi. Non content de son traitement de général, ce comédien, ce

---

[1] Nos soldats, qui plaisantent de tout, ont appelé cette bataille le combat de *Montre-ton-dos :* selon eux, le héros, qui courait si bien en tête des fuyards, aurait dû changer sa menace : *Vaincre* ou *mourir*, en celle-ci : *Vaincre* ou *courir*.

pitre sanglant dévore par année plusieurs millions de fonds secrets. Partout où il passe, lui et les siens gobichonnent et ribaudent, mais ne payent pas. On paye pour eux quand ils sont partis. En vérité, ce sera une honte pour l'histoire de ce temps que l'auréole faite à ce bandit ridicule. Mais ce qui fait venir le rouge au front d'un Français, c'est de penser qu'il y a des Français qui osent opposer platoniquement un tel misérable au glorieux drapeau de la France.

« On ne sait, en vérité, s'il faut avoir pitié ou se moquer de ces courtiers de la gloire garibaldienne. Garibaldi, un soldat ! Allons donc, à quels soldats de France ferez-vous accroire cela? Ils n'ont jamais vu que l'opposé de sa figure ! Avec Garibaldi, quatre soldats français et un caporal suffisent. Le reste devrait être l'affaire d'un juge d'instruction chargé, pour la plus grande édification des crédules admirateurs de ce personnage, de faire une enquête sur les moyens d'existence de ce Monsieur, depuis qu'il trouble l'Europe.

« Ce que nous osons imprimer aujourd'hui, il y a cinq ans que tous les honnêtes gens de l'Europe le pensent et le disent en petit comité; mais les honnêtes gens s'imaginent niaisement que M. Garibaldi est une idole. Un compère, oui; une idole, non. Une seule question suffit à faire justice des réclames faites par les agents de publicité politique à la solde du gouvernement italien, une seule question suffit : De quoi vit M. Garibaldi depuis six ans, et comment peut-il dépenser cinq cent mille francs par an et quelquefois deux millions? Sur quels fonds secrets touche-t-il cet argent ?

« Espérons que lorsque nous écrirons notre prochain résumé politique, nos braves soldats en auront fini avec ce Fra-Diavolo de bas étage. Et quand nos soldats en auront eu fini avec ce monsieur et les bandits de ce monsieur, il sera bon d'en tirer cette leçon, qu'il y a des associations dangereuses.

« Qu'a fait M. Garibaldi pendant la campagne de 1859 ? Rien, rien, rien que montrer son dos chaque fois que les Autrichiens approchaient de Varèse. D'où lui vient sa gloire cependant ? Des petits *canards* ou brochures répandus alors par millions dans nos campagnes, brochures où de hardis compères avaient l'audace de représenter l'alliance de Garibaldi et de ses volontaires comme l'élément populaire de notre intervention généreuse. Avant cette publicité à vingt millions d'exemplaires de la vie du héros Garibaldi, ce nom n'était connu de nos paysans que comme celui d'un misérable qui avait insulté la France et qui n'avait pas même su mourir pour la défense du drapeau que la révolution lui avait confié. »

Comme on le pense bien, M. Veuillot ne se refuse pas le plaisir de railler le rodomont qui ne voulait pas rentrer vivant à Caprera, et qui cependant a si lestement repassé la frontière :

« Il disait : *Rome ou la mort!* C'était son grand refrain. Il le chantait dans les églises dépouillées par ses hordes, il le jurait sur les autels profanés par les prêtres de sa communion. Mais quand le rideau français est venu voiler Rome à ses yeux, et quand la mort s'est montrée, le héros s'est souvenu que le fameux *spadone a due gambe*, la grande épée à deux jambes, faisait partie de son armement. Il a tourné face et s'est mis en sûreté.

« Ni Rome ni la mort ! C'est bien ; c'est ce que nous souhaitions, ce que nous avions osé prédire. Nous avons toujours cru que Dieu n'accorderait pas à Garibaldi la mort du champ de bataille. Il mourra dans les tisanes et dans les cataplasmes, en sonnant des fanfares imbéciles et en dictant d'ineptes impiétés. Que l'Italie le ramasse et l'enveloppe de flanelles pour éponger les sueurs de la défaite : il est encore le plus beau de ses chevaux de course, — et il lui fera perdre d'autres paris. La prolongation de Garibaldi est nécessaire à son châtiment.

« Et nous catholiques, n'oublions pas que nous avons aussi quelque chose à faire. D'ici à quelque temps, le garibaldinisme n'est plus à craindre, ni dans Rome ni dans l'État pontifical. La leçon qu'il a reçue a été forte et sera de durée ; mais tout n'est pas fini. Il y a de glorieux vides à combler dans l'armée du saint-père : ne laissons pas diminuer cette école de fidélité, de valeur et de foi ; elle est une des forces du monde, et ce qu'elle vient de faire l'appelle, peut-être, à un rôle encore plus salutaire et plus grand.

« Encore qu'il reste bien des sujets d'alarmes, félicitons-nous néanmoins de ce qui arrive aujourd'hui. Depuis longtemps le droit n'avait pas obtenu un si grand avantage, la révolution n'avait pas si bien montré le peu qu'elle est, lorsqu'on la veut résolûment combattre. Nous osons dire que si la société entreprenait une fois de se défendre, elle serait promptement étonnée de ses forces et de ses succès, et qu'il ne lui en coûterait pas beaucoup d'enclouer bien des canons et de faire tomber bien des poignards. » (Louis VEUILLOT.)

Il est, en effet, des fantômes de nuit, qui s'évanouissent à mesure qu'on s'en approche. Le grand poëte portugais qui a créé la belle fiction d'Adamastor, cet épouvantail des mers qui se dissipe en fumée dès qu'on la brave, nous a donné là l'image la plus ingénieuse et la plus vraie des effets du courage en toute chose.

Visiblement nos journaux garibaldiens ne sont pas sans inquiétude sur la figure présente et future de Garibaldi, continue ailleurs M. Veuillot. L'immense personnage se lézarde; ils se demandent si la chemise rouge est tout à fait bon teint. Bataille de bon sens perdue à Genève, bataille politique perdue à Asinalunga, batailles militaires perdues sur le territoire pontifical, et pour finir, déroute de Mentana! Que de désastres précipités, accumulés, risibles; car l'élément comique n'y manque point. Réparer tout cela n'est pas petite affaire. L'encre, quoiqu'elle fasse des merveilles, ne peut boucher tous les trous et laver toutes les taches; elle enlève surtout difficilement les traces du plat de l'épée. Nos journaux garibaldiens ne désespèrent pas, mais ils requièrent des égards. Toutes les plaisanteries que cette déconfiture provoque irrésistiblement leur paraissent de mauvaise grâce. On ne sait plus, disent-ils, respecter les vaincus!

Le respect des vaincus! Jamais personne ne les avait vus si délicats sur ce chapitre. Le respect des vaincus n'est pas une des vertus dont ils donnent l'exemple; mais qui s'en est moins soucié que Garibaldi lui-même? Quand les adversaires auxquels il vient de se heurter témérairement n'étaient encore

que les glorieux vaincus de Castelfidardo, quels outrages indignes d'un soldat n'a-t-il pas jetés sur eux ?
On a la mémoire souillée de ces invectives basses dont
il croyait accabler le saint-père, son armée et tous les
catholiques : le chancre, le vampire, les hideux op-
presseurs de l'humanité, les esclaves, la lie des ba-
gnes de l'Europe, etc., etc. Il était inépuisable.

Ne disait-il pas aussi que ces « mercenaires »
n'étaient point dignes de la baïonnette, et qu'il fallait
en finir avec la crosse du fusil? Cette littérature exi-
geait une autre contenance sur le champ de bataille.
Après avoir parlé de la sorte, il ne fallait pas lever
pied si lestement.

L'Observatore romano rapporte, d'après un témoin
oculaire, les détails suivants au sujet des impiétés et
des actes de vandalisme commis par les bandes garibaldiennes à Monterotondo.

« S. Exc. M. le général Kanzler étant arrivé sur la
place de l'église principale de Monterotondo, fut invité par les habitants à entrer dans cette église, pour
y voir les traces de la barbarie des hordes garibaldiennes, que le peuple disait n'être ni des chrétiens,
ni même des hommes, mais des démons incarnés,
envoyés pour détruire la religion et la propriété.

« A peine entrés dans l'église, les officiers de l'état-
major purent reconnaître qu'elle n'avait plus l'appa-
rence d'un temple ; tout ce qui en faisait l'ornement,
images des saints, crucifix, candélabres, etc., en
avaient disparu. Tout était sali et plein d'une litière
de paille, comme si des animaux immondes s'y étaient
vautrés. Quand on pénétra dans la sacristie, on y
trouva les armoires fracassées, comme par des voleurs

7.

qui auraient fait effraction pour piller la demeure d'un absent ; plus un seul vase sacré, plus un seul ornement, tout avait été enlevé ou détruit ; les caisses, les livres, les registres, gisaient au milieu , déchirés, souillés ou brûlés.

« Les saintes hosties consacrées avaient été enterrées. On a trouvé même sur divers prisonniers des débris d'encensoirs, des saints ciboires, et sur l'un d'eux le cercle de l'ostensoir où l'on place la sainte hostie, pour l'exposition du saint sacrement. Les assistants ne pouvaient en croire leurs yeux et reculaient d'horreur. Il n'est plus un homme raisonnable, dans un parti quelconque, qui puisse encore désirer revoir une pareille race marquant son passage par des actes d'un vandalisme sans exemple et qui, tout en prétendant marcher à une croisade moderne, sont réellement la honte du nom italien. »

Tandis que Garibaldi fuyait abandonnant ses victimes, les ambulances s'étaient installées à Rome ; les blessés y arrivaient malheureusement en assez grand nombre ; on recueillit aussi tous les blessés garibaldiens. M. le vicomte de Saint-Priest et M. le docteur Ozanam avaient amené de Rome des sœurs de Saint-Vincent de Paul, qui s'étaient établies sous le feu de l'ennemi, et exerçaient avec ce courage et ce dévouement, qui sont chose proverbiale, leur sublime ministère.

Dans la nuit arrivaient des Romains et des étrangers de distinction portant des secours et venant prendre leur part à ces douloureux et déchirants devoirs qui suivent une bataille. On remarquait parmi ces personnes, à côté de M. de Saint-Priest, qui pré-

sidait au service de l'ambulance, madame Stone, le
prince Lancelotti, le duc de Luynes, le comte de Christen, MM. Benoît d'Azy, Channebot, Keller, Alban de
Jerphanion, Édouard de Malijay, Emmanuel de Sa-
bran, Du Plessis, Paul de Foresta, etc., etc.

Le général Kanzler et tout son état-major, laissant
aux blessés le peu d'appartements dont on pouvait
disposer dans la grange qui servait de quartier général, ont couché sur la dure. Dans l'état-major du général se trouvait S. A. R. le comte de Caserte avec
son uniforme de colonel d'artillerie qu'il avait à
Gaëte, le comte de Sonnenberg, colonel de la garde
suisse, le comte Philippe de Tournon, ainsi que
MM. de Terves et de la Salmonière, anciens guides du
général de La Moricière.

La nuit fut très-froide. A la pointe du jour, les
Français s'attendaient à recommencer la lutte au
moins dans l'intérieur de Mentana et ensuite à Monterotondo, lorsque les garibaldiens ont envoyé des par-
lementaires demandant à capituler avec les honneurs
de la guerre. Le général de Polhès les a renvoyés en
leur accordant deux heures pour se rendre sans condition. C'est ce qu'ils ont fait, et peu de temps après
la garnison de Monterotondo a également envoyé sa
soumission.

Le 59ᵉ a occupé Mentana. Les zouaves, les carabiniers et la légion se sont portés sur Monterotondo,
précédés par le général Kanzler et son état-major.
Les dégâts que les garibaldiens ont commis dans cette
ville sont inouïs. Les églises ont été l'objet particulier
de leurs dévastations sauvages et sacriléges. On a
trouvé 10,000 fusils dans la cour du château de

Monterotondo. Les pertes des garibaldiens sont au moins de 6 à 700 hommes hors de combat. Leur armée comptait environ 8 à 10,000 hommes. Nous avons fait plus de 1,500 prisonniers.

La défaite de Garibaldi et son emprisonnement à la Spezzia, dans le fort même où il fut conduit après son échec à Aspromonte, apportèrent un grand soulagement au nouveau ministre. Depuis la communication faite par M. de la Villestreux de la note de M. de Moustier, les conseillers de la couronne se réunissaient souvent au palais Pitti.

M. Mancini, envoyé à Berlin n'avait pas réussi dans sa tentative d'une alliance entre l'unité italienne et celle de la Germanie. On avait résolu de prendre une attitude peu inquiétante pour la France, celle de la bouderie. Voici ce que l'on allait faire : envoyer ses passe-ports au chargé d'affaires français, rappeler M. Constantin Nigra et faire rentrer dans les limites italiennes les troupes qui s'étaient portées dans l'État pontifical, sous prétexte d'occupation mixte. Tout cela devait être relevé par une protestation fort chagrine, adressée à tous les cabinets de l'Europe contre les violences de l'empire français.

Mais dans le courant de la nuit, M. Menabrea reçut la nouvelle de la défaite de Garibaldi. Ordre fut donné de ne pas la publier. On refusa les plébiscites d'annexion votés sous la pression des baïonnettes de Nicotera à Frosinone, à Albano et autres lieux occupés, on ordonna de rétablir les autorités pontificales et le drapeau aux trois clefs dans le pays où avaient pris position les troupes italiennes.

Mais la France voulait plus, elle en voulait l'éva-

cuation, n'ayant jamais accepté l'occupation mixte
par ce motif qu'une occupation mixte doit procéder
de la parité des intentions ; or l'intention française
était de se retirer un jour, au lieu que celle des Italiens était de prendre pied pour toujours dans le patrimoine de Saint-Pierre.

Force était donc de céder, mais en enrageant et
avec une arrière-pensée que le journal officieux n'a
pu dissimuler entièrement ; *l'Italie* dit en effet :

« Les événements qui se préparent en Europe sont
de nature à fournir à l'Italie *des occasions prochaines*
de réparer ce que le moment actuel peut avoir produit de pénible, et de reprendre la position qui lui
appartient. »

Pour cela on va former un camp d'observation sur
la frontière romaine, y masser des troupes assez considérables pour tomber sur les Français quand *les
événements fourniront à l'Italie l'occasion de réparer
ce qu'a de pénible* le rappel de ses troupes d'invasion.

Le général Cialdini prend le commandement de ce
camp d'expectative.

Conformément à ces prévisions, *le Moniteur* put
enfin annoncer que le gouvernement italien avait
donné l'ordre à ses troupes d'*évacuer le territoire pontifical*. Voici son texte :

« Les États-Romains sont actuellement délivrés de
toutes les bandes qui les avaient envahis. — Le gouvernement italien vient de donner l'ordre aux troupes
royales, qui avaient occupé sur le territoire pontifical
quelques points voisins de la frontière, de les évacuer
et de rentrer sur le territoire italien.

« Les communications télégraphiques sont rétablies

entre Rome et Florence et entre Rome et Naples. »

On lisait encore, dans le bulletin du journal officiel :

« Garibaldi a été arrêté, hier soir 4 novembre, à Figline (dans les environs d'Arezzo) par les soins des autorités italiennes. Il a été conduit ce matin au fort de Varignano, près de la Spezzia. Ses deux fils y ont été enfermés avec lui. »

Le lendemain de cette arrestation, le journal officiel de Florence expliquait en ces termes la nouvelle conduite du gouvernement envers Garibaldi, sa ligne politique et toutes ses espérances pour l'avenir :

« Florence, 5 novembre, au soir.

« Garibaldi, malgré les conseils qui lui étaient donnés par la proclamation royale de se retirer avec ses volontaires derrière les lignes de l'armée, a voulu continuer ses tentatives contre l'État pontifical. Ses colonnes, pendant qu'il les dirigeait vers Tivoli, ont été attaquées, battues, et Garibaldi s'est vu obligé de se réfugier à Passo Corese. De là, par un train spécial, il se dirigeait vers Livourne pour se rendre à Caprera. Mais le gouvernement, résolu à maintenir l'autorité de la loi et à éloigner toute cause de perturbation de l'ordre public, a cru nécessaire de retenir Garibaldi, en le faisant garder à Varignano.

« Dans les derniers événements, beaucoup de localités du saint-siége ont fait des plébiscites et voté leur annexion au royaume d'Italie. Le gouvernement du roi, non-seulement n'a pas provoqué ces manifestations, mais il *les a ouvertement déconseillées*. Il a dû, en conséquence, refuser *avec regret* d'en accepter les résultats, afin de ne pas compliquer davantage la situation et d'être d'autant plus libre de défendre plus efficacement les vœux et les intérêts de la nation. En attendant, il fait les plus pressantes démarches pour que les personnes qui ont pris part à ces manifestations ne soient pas inquiétées.

« La dissolution et le désarmement des volontaires ayant fait cesser le besoin de toute intervention, et le geuvernement du roi ne croyant pas opportun de rester plus longtemps dans les lieux qu'il avait occupés, a pris hier la résolution de faire rentrer les troupes dans les limites du royaume. Des considérations militaires et politiques conseillaient d'ailleurs cette détermination qui, en rendant la position du gouvernement plus libre de tout engagement, lui permettra de faire valoir ses raisons avec une plus grande autorité dans les graves circonstances où nous sommes. Depuis que le territoire pontifical est évacué par les volontaires et que tout danger d'agression a disparu, le rappel de nos troupes enlève tout motif et tout prétexte à la nouvelle intervention française à Rome.

« Le ministre des affaires étrangères de l'empire français a déclaré, le 25 octobre, qu'aussitôt que le territoire pontifical serait délivré des envahisseurs et que la sûreté serait rétablie, la France considérerait sa tâche comme accomplie et se retirerait. Le gouvernement a foi en ces déclarations, et lorsqu'elles seront réalisées, il pourra entrer dans la voie des négociations, en vue de résoudre *définitivement la question romaine* et de chercher à obtenir une solution qui puisse concilier les *aspirations des Italiens* avec les intérêts de la religion catholique, et faire disparaître une cause permanente d'agitation pour l'Italie, pour les consciences et pour la paix de l'Europe.

« Le gouvernement du roi a fait tous ses efforts, à l'aide d'une politique ferme, pour sauver l'État de la terrible crise qu'il vient de traverser; il soumettra ses actes au jugement du parlement. »

D'autre part on lisait dans le Bulletin hebdomadaire du *Moniteur du soir* :

« Les troupes françaises sont entrées à Rome, et leur arrivée a calmé les inquiétudes de la population, ramené la confiance et la sécurité, et permis aux braves et fidèles troupes du saint-père d'entreprendre des opérations sérieuses contre les garibaldiens.

« L'armée pontificale a rencontré, le 3 novembre, près de Tivoli, les bandes que Garibaldi commandait, et les a mises en déroute, après un combat acharné. Ce combat, commencé à Tivoli, s'est terminé à Monte-rotondo par la déroute complète des garibaldiens. Les bandes ont perdu 3,000 hommes, tués, blessés ou prisonniers. Garibaldi, qui avait réussi à s'échapper et à gagner Terni, a été arrêté par les autorités italiennes et conduit au fort de Varignano, dans le golfe de la Spezzia, où ses deux fils ont été enfermés avec lui.

« L'héroïsme dont la petite armée romaine a fait preuve dans toutes les rencontres est pour elle un titre d'honneur qui ne s'effacera pas. La magistrature de Rome a remis au général Kanzler, ministre des armes, une adresse dans laquelle sont exprimés les sentiments de gratitude et de respect inspirés par le dévouement des troupes pontificales.

« La victoire remportée le 3 novembre par l'armée

romaine a amené l'entière dispersion des bandes. Le général Ricotti, commandant en chef de l'armée italienne, a opéré sur la frontière l'arrestation et le désarmement de 4,000 garibaldiens qui cherchaient à se réfugier sur le territoire italien.

« Les États du saint-père sont entièrement délivrés de la présence des bandes qui les avaient envahis, et le cabinet de Florence, qui avait eu soin, il y a quelques jours déjà, de déclarer dans la *Gazette officielle* qu'il n'accepterait aucun des plébiscites organisés par les envahisseurs, vient de donner à ses troupes l'ordre d'évacuer les quelques points rapprochés de la frontière qu'elles occupaient dans l'État romain et de rentrer sur le territoire du royaume.

« Le gouvernement du roi Victor-Emmanuel a fait fermer dans toutes les villes les bureaux d'enrôlement de volontaires garibaldiens ; il a suprimé les comités de secours établis à Florence et dans quelques autres grandes villes, et il a pris des mesures énergiques pour assurer la répression des désordres, s'il venait à s'en produire.

« Ce n'est pas seulement parmi les nations catholiques, c'est aussi parmi les États protestants que les tendances des ennemis systématiques de la papauté sont envisagées sous leur jour véritable. En Angleterre, la cause du saint-père éveille de nombreuses sympathies, et l'opinion publique ne se méprend pas sur les dangers qu'une victoire des garibaldiens eût fait courir à l'ordre social. »

Pendant toute la journée du 4 novembre, Rome entière était en mouvement pour voir les prisonniers qui arrivaient par le pont Nomentano et la porte Pia,

mais surtout pour courir au-devant des blessés pontificaux et français. Toutes les voitures de l'aristocratie
romaine furent mises à la disposition de ces derniers.
On voyait une longue file d'équipages transportant,
sans interruption, jusqu'à la tombée de la nuit, les
généreux défenseurs qui venaient de verser leur sang
pour la plus noble et la plus sacrée des causes. Les
prisonniers arrivèrent trop tard : ils étaient près de
mille, et plusieurs centaines les avaient déjà précédés
à Rome dans la matinée du même jour. C'était un incroyable mélange d'individus de toutes les classes et
portant tous les costumes, depuis la chemise rouge et
l'uniforme jusqu'au pittoresque accoutrement des
montagnards des Apennins. Il y avait parmi eux quelques figures très-distinguées et de très-beaux jeunes
gens à l'air hardi et décidé.

L'entrée des deux armées victorieuses à Rome, le
6 novembre, fut un véritable triomphe. Une partie
considérable de la population s'était portée au-devant
des triomphateurs.

Dès avant deux heures de l'après-midi, la rue spa-
cieuse qui du Quirinal conduit à la porte Pie, et de là
s'étend, par l'ancienne voie Nomentana jusqu'à Sainte-
Agnès extra-muros, était encombrée de gens de toute
condition, de tout âge et de tout sexe, depuis le citoyen le plus humble, jusqu'aux membres de la plus
haute aristocratie et à la fleur de la bourgeoisie.

Toutes les physionomies étaient radieuses et chacun
attendait avec impatience pour saluer ces braves qui
avaient combattu pour l'autel et la patrie, désireux de
leur témoigner toute sa reconnaissance.

S. Exc. le général Kanzler, ministre de la guerre ;

M. le général de Failly, commandant en chef l'armée française d'expédition, avec leurs états-majors respectifs, sortirent à deux heures et demie par la porte Pie pour aller au-devant des troupes.

Après les salutations d'usage, ils précédèrent faisant halte à la place de Termini, devant le temple érigé par nos pères à la Vierge dite de la Victoire, en mémoire du triomphe obtenu par le christianisme, dans le seizième siècle, contre les musulmans : là, ils assistèrent au défilé.

Les troupes étaient précédées par le général de Polhès et le général de Courten, commandants des deux corps; celui des milices pontificales se composait du régiment des zouaves, du bataillon des carabiniers, de la légion romaine, une compagnie du génie, une batterie et des escadrons des gendarmes et des dragons. Suivait le corps français, composé d'un bataillon de chasseurs, des 1er, 29e et 59e régiments de ligne, le génie, une batterie d'artillerie et un détachement de chasseurs à cheval.

Les fanfares militaires et le roulement des tambours étaient dominés par les mille voix du peuple, tellement compacte sur le passage des troupes, que ces braves avaient de la peine à avancer; ils rentraient glorieux d'avoir battu des hordes bien plus nombreuses que les bataillons, et d'avoir par la victoire dompté la témérité qui s'était armée contre la religion et la civilisation.

Les cris mille fois répétés de : *Vive le souverain pontife! Vive Pie IX pape-roi! Vive la France catholique! Vive l'empereur Napoléon! Vive la religion! Vive Rome papale!* et les acclamations adressées à chacun des corps en particulier faisaient parfaitement comprendre combien le peuple sympathisait à cette cause. Les mouchoirs s'agitaient, on battait les mains, on prodiguait aux soldats mille marques d'affection, on les couvrait de fleurs en un mot, c'était un spectacle émouvant à faire verser des larmes d'allégresse !

Les troupes marchèrent ainsi jusqu'au carrefour des Quatre-Fontaines. Là, elles se divisèrent, chaque corps prenant la route de sa caserne. La multitude, en passant devant les généraux et leur état-major, leur témoignait vivement toute la gratitude, dont l'effusion était immense, et rentrait ensuite heureuse d'avoir acquitté la dette de reconnaissance, avec la dignité qui convient à la métropole du monde catholique.

Sa Sainteté a voulu que, dans la chapelle Sixtine, au Vatican, il y eût, le 7 novembre, chapelle papale, afin de célébrer un service solennel pour le repos des âmes des vaillants soldats morts glorieusement en défendant la cause de l'Église.

La messe a été chantée par S. Em. le très-révérend cardinal Panebianco, grand pénitencier. Sa Sainteté y assistait sur le trône pontifical. Après le saint sacrifice on a prononcé l'absoute sur le catafalque. Le saint-père a été fort ému pendant l'office, et notamment à la récitation de l'*Oremus*.

A cette sainte cérémonie expiatoire assistaient Leurs Éminences les très-révérends cardinaux, les patriarches, archevêques et évêques, le sénateur avec toute la magistrature romaine, les divers colléges de prélats et tous les autres qui ont une place dans les chapelles papales. Le nombre des personnages qui se sont réunis dans la chapelle Sixtine, afin de demander le repos éternel pour les âmes des valeureux soldats, était considérable.

Dans les galeries on remarquait divers membres du corps diplomatique accrédités auprès du saint-siége, M. le général de Failly, commandant le corps d'expédition française, S. Exc. M. le général Kanzler, ministre de la guerre, ainsi que tous les généraux et officiers de l'état-major, et les autres officiers des milices françaises et pontificales.

Le saint-père, non content de prier pour ceux qui ont donné leur vie pour sa cause, était allé visiter et consoler les blessés dans les divers hôpitaux où la charité de France et de Rome leur prodigue les soins les plus touchants ; Pie IX s'est approché de chaque lit, s'enquérant par lui-même de l'état de chaque blessé, trouvant pour chacun d'affectueuses paroles, donnant à chacun sa bénédiction.

Partout on continuait de faire le plus chaleureux accueil aux troupes pontificales dans les villes que les troupes italiennes avaient un instant occupées.

La pression des troupes piémontaises ayant cessé, le gouvernement pontifical a été rétabli spontanément à Frosinone, chef-lieu principal de la province ; toutes les maisons ont été pavoisées, et sur les places principales une foule immense a assisté, proférant des acclamations enthousiastes, à la réinstallation de l'écusson des armes du saint-père. La population faisait également des vœux pour la rentrée des troupes pontificales.

Le 6 novembre, ces troupes ont fait leur rentrée

dans l'après-midi; elles ont été saluées avec des démonstrations d'allégresse par la population entière, qui s'est portée à leur rencontre avec des bannières blanches et jaunes, ayant à sa tête la magistrature. Dans la soirée, il y a eu illumination splendide. A Viterbe, dans la matinée, la ville a été délivrée des garibaldiens, qui se sont retirés comme des bandits devant l'exécration et l'exaspération du pays, dont ils avaient déjà ressenti les effets à cause de leurs rapines et de leurs violences.

Les habitants, redevenus libres d'exprimer leurs sentiments, ont sur-le-champ rétabli le gouvernement pontifical, au milieu des plus vives acclamations en faveur du souverain pontife, et ils ont rendu grâce à Dieu en chantant le *Te Deum* dans les églises consacrées à sainte Rose et à très-sainte Marie libératrice. On y attendait également avec impatience l'arrivée des troupes qui se dirigent vers ce point.

Dans la nuit du 6, les bandes des garibaldiens ont évacué Palestrina. La population s'était montrée si hostile vis-à-vis d'eux, que ce fut seulement par la force des armes qu'ils purent rassembler une poignée de paysans dont ils se servirent pour leurs fortifications.

Voici l'adresse de la municipalité de la ville présentée au saint-père, par une députation composée du délégué apostolique et de M. Guglielmi, gonfalonier, Vincenzo de Azevedo et Scifeli, anciens assesseurs de la ville de Frosinone :

« Très-saint père,

« Un grave malheur a atteint la ville de Frosinone

le 28 courant, quand elle a vu le drapeau de la révolution arboré sur ses murs; une ère de péril s'ouvrit alors pour nous, et les programmes des rebelles ne firent que consterner davantage les citoyens à la vue des gloires de la papauté iniquement foulées aux pieds.

« Mais le Dieu qui frappe et qui guérit, le Dieu qui domine les tempêtes et en calme la fureur, a rendu la paix et la tranquillité à cette province, en lui faisant retrouver son souverain légitime et adoré.

« Les habitants, dans la nuit du 4, ayant été débarrassés de toute pression, ont pu saluer l'aube du 5, aussi lumineuse que belle. De tous les cœurs, de toutes les lèvres s'est spontanément élevé vers le ciel un concert d'actions de grâce, de cris de joie et de satisfaction pour le nouveau triomphe de l'Église. Le peuple en fête accourait de toutes parts, acclamait et saluait la réinauguration de l'écusson des armes pontificales dans le lieu même où, tout à l'heure encore, il avait respectueusement, genou en terre, reçu la paternelle bénédiction de Votre Sainteté.

« La municipalité, interprète des vœux sincères de tous les habitants, se prosterne aux pieds de Votre Sainteté, pour y déposer encore une fois l'expression de la piété filiale, du dévouement et de l'attachement qui unissent la ville de Frosinone à son souverain et à son chef. »

Honneur aux populations pontificales ! A mesure que la lumière se fait sur la conduite qu'elles ont tenue en présence des envahisseurs, on est pris d'un légitime sentiment d'admiration pour elles. « Il faut l'avouer, pour ne se faire jamais plus d'illusion, s'écrie le député Bertani, un des chefs garibaldiens :

toutes les populations pontificales sont abruties et ne savent pas ce que c'est que l'Italie, l'unité et la liberté; elles ne connaissent pas quelle est la cause que les volontaires soutiennent et que le gouvernement italien renie, ni pourquoi ni pour qui les garibaldiens se sont fait tuer. Pas un cri de réjouissance ou d'encouragement ne nous a accueillis lorsque nous sommes entrés à Mentana ; nous n'avons pas reçu *un seul* secours spontanément, tant que la lutte a duré, ni un mot de consolation après, de la part de ses habitants. Le Tyrol a été plus gracieux pour nous. »

Des populations *abruties*, comme il plaît à l'honorable disciple de Garibaldi de les appeler, obéissent au joug qu'on leur impose, et, certes, les chemises rouges, qui pesaient au nombre de cinq mille sur un village de huit cents âmes, ne sont pas coutumières de tolérance excessive partout où elles se trouvent en force. Et cependant ce petit village a résisté ; on n'a trouvé *personne* qui se soit volontairement mis à la disposition des envahisseurs. Il faut être bien abruti par la révolution pour ne pas tomber en admiration devant un fait semblable, une résistance aussi héroïque, dont il serait bien difficile de découvrir la pareille dans l'histoire.

Pendant que partout se relevait le drapeau pontifical, Pie IX continuait de visiter les victimes de l'invasion et les blessés garibaldiens.

Les prisonniers qui se trouvaient au fort Saint-Ange, au nombre de plus de deux cents, étaient tous réunis dans une salle basse du mausolée d'Adrien, lorsque la porte de leur prison s'ouvrit et ils virent apparaître tout à coup un homme vêtu de blanc : c'élait le pape. Il est entré seul, tranquille, rayonnant de sainteté et de majesté.

Alors, s'arrêtant au milieu d'eux, il leur dit : « Me voici, mes amis, vous voyez devant vous le *vampire de l'Italie*, dont parle votre général. Quoi ! vous avez tous saisi les armes pour courir contre moi, et vous ne trouvez qu'un pauvre vieillard !... » Un profond silence régnait dans la salle ; tous les garibaldiens s'étaient instinctivement agenouillés : Pie IX, ému et resplendissant, était debout, au milieu de ces révolutionnaires tombés à ses pieds et qui offraient une saisissante image de l'Italie repentie, de l'Italie de l'avenir.

Il s'est approché de plusieurs d'entre eux et leur a dit : « Vous, mon ami, vous manquez de vêtements, vous de souliers, vous de linge; eh bien, ce sera ce pape, contre lequel vous marchiez hier, qui pensera à vous vêtir et à vous renvoyer à vos familles, auxquelles vous porterez sa bénédiction. »

C'est le 13 novembre, à midi, que le général de Failly et tous les officiers de la garnison française de Rome ont été reçus solennellement par le pape, au Vatican.

Le général a adressé au saint-père, sur la mission que l'armée française remplit à Rome pour la seconde fois, quelques paroles pleines d'à-propos, auxquelles Pie IX a répondu, en français, en termes dont voici le sens :

« Je suis heureux de revoir l'armée française dans mes États. Je suis heureux surtout de la voir arriver à temps, dans une circonstance si mémorable. Ma petite, mais fidèle et vaillante armée, avait fait, vous le savez, des prodiges de valeur. Mais elle était épuisée par une lutte inégale. Elle n'en a pas moins rendu par son courage et sa constance un service signalé à la papauté ; à la France elle-même, en quelque sorte, et, bien plus, à l'Italie, laquelle doit lui être reconnaissante d'avoir contribué à la débarrasser d'une engeance nuisible qui ne peut que troubler sa tranquillité.

« Soyez donc les bienvenus, fils de la nation trèschrétienne.

« Père éternel (ici le pape a levé les yeux au ciel), bénissez la France, bénissez le chef de son gouvernement, bénissez l'Italie, oui, l'Italie…, bénissez ce petit État qui m'est confié, bénissez tous ceux qui sont venus et viennent à mon aide ! »

Puis le saint-père, levant les bras, a prononcé d'une voix émue, sur ses auditeurs respectueusement inclinés, la formule latine de la bénédiction apostolique.

Avant de sortir, il a appelé près de lui le général, qui lui a présenté les officiers au fur et à mesure qu'ils défilaient devant le trône.

Le même jour, S. Ém. le cardinal-vicaire publiait un mandement par lequel il invitait les fidèles à assister, les 19, 20 et 21 du mois, à un *Triduum* de prières dans toutes les églises de la ville éternelle, conformément aux dispositions énoncées par notre saint père le pape dans sa récente lettre encyclique.

Après le service que Sa Sainteté a fait célébrer à la chapelle Sixtine, pour les soldats morts dans les combats qui ont eu lieu du 29 septembre au 4 novembre, beaucoup de fidèles, de parents ou d'amis des victimes de la révolution suivent ce pieux exemple, et font dire des messes dans les divers sanctuaires spécialement

consacrés aux cérémonies funèbres et enrichis d'indulgences.

Les obsèques de MM. de Vaux et du Fournel, ont eu
lieu à Saint-Laurent hors les Murs, avec l'assistance
de presque tous les officiers de l'armée pontificale.
MMgrs de Mérode, Pacca, Bastide, Woelmont étaient
présents. Le même jour, service au Collége anglais,
via Monserrato, pour M. Julien Russell, tué à Mentana ; il est d'une noble famille convertie au catholicisme et son autre frère est aussi aux zouaves. Les
zouaves anglais et toutes les familles anglo-catholiques
à Rome étaient présents, ainsi que MMgrs Talbot et
Stonor. On enterra aussi au Collége belge le baron
Walerond d'Erses, mort à Mentana le lendemain de la
bataille. Il s'était engagé la veille et avait 22 ans. Son
cousin, le comte de Scarsey de Loquefeuille, MM. de Lu-
mighe, de Chatel et toute la noblesse belge se trouvaient
aux obsèques.

La France a fourni sa large part dans le sang qui
arrosa les champs romains en ces jours immortels.

A l'exemple de N. S. P. le Pape, plusieurs de
NN. SS. les évêques français voulurent célébrer un
service funèbre en l'honneur des héros morts dans les
derniers combats pour la défense du saint-siége.

A Bourges, Mgr l'archevêque donna à ce service
une grande pompe.

La cérémonie, annoncée seulement la veille, avait
attiré une foule immense qui remplissait la magnifique cathédrale. Le chapitre tout entier et un nombreux clergé se pressaient dans le chœur.

Aux quatre coins du riche catafalque, on lisait ces
noms, éloquents témoins des exploits de nos Macha

bées : *Nerola, Bagnorea, Montelibretti, Mentana.*

Il est difficile d'exprimer les sentiments de la foule. Graves, pénétrés d'une émotion triomphante, tous ceux qui étaient là étaient venus moins à un deuil qu'à une victoire. Pourtant, il y avait des larmes au fond des cœurs. Mais ces larmes ne tombaient point sur les morts. Dieu ait pitié des vivants!

La messe solennelle fut célébrée par le secrétaire particulier de Mgr de la Tour d'Auvergne, M. l'abbé Druon. Monseigneur, par la plus délicate attention, lui avait réservé cet honneur, à cause de l'amitié qui l'attache à plusieurs des soldats du saint-père. Il comptait lui aussi parmi les amis intimes d'Arthur Guillemin.

Après la messe, Monseigneur a fait l'absoute, puis l'assistance s'est retirée joyeuse. Oui, c'était bien une fête; car bienheureux sont ceux qui furent massacrés pour le Seigneur!

Un service a été également célébré à l'église métropolitaine de Toulouse, pour les officiers et soldats de l'armée pontificale et du corps expéditionnaire français morts en combattant les ennemis de l'Église. Aux portes de la cathédrale, deux inscriptions exprimant ces intentions se détachaient en caractères éclatants sur les tentures noires. Mgr l'archevêque de Toulouse officiait; le chapitre, le clergé de la ville, les deux séminaires occupaient le chœur. L'église était remplie de fidèles accourus de tous les points de la cité. La vieille basilique était resplendissante de lumière. Les chants de cette messe ont été fort bien exécutés; mais ce qui frappait, c'était l'attitude de la foule si nombreuse et pourtant si

recueillie. On avait le sentiment qu'elle n'était pas là
pour satisfaire une vaine curiosité, qu'elle priait, et
que sa prière montait vers Dieu avec la pleine assurance d'obtenir pour nos glorieux morts la couronne
promise à ceux qui donnent leur vie pour sa cause.

La ville de Toulouse a ainsi donné un nouveau témoignage de sa foi. Elle a l'honneur de compter l'un
de ses enfants parmi les blessés de Mentana. Lorsque
la nouvelle en est arrivée, Mgr l'archevêque s'est em-
pressé d'aller exprimer au père et à la mère de ce
brave zouave la part qu'il prenait à leurs inquiétudes
et à leur joie.

Depuis les premières nouvelles de l'invasion garibaldienne, le diocèse de Toulouse a envoyé au saint-
père une trentaine de soldats. D'autres partent chaque
jour.

Notre saint-père le Pape est allé à San Spirito
pour visiter et consoler les blessés des armées pontificale et française. Il a exhorté par de touchantes paroles
tous ces braves jeunes gens; puis il s'est rendu auprès
des officiers : il a vu le commandant Castella, le capitaine Echman, les lieutenants la Bégassière, Jacquemont, Dujardin et M. le comte de Quatrebarbes, dont
l'état, depuis son retour de Monterotondo, laisse
malheureusement bien à désirer. Nouguier est, depuis
Montelibretti, dans un état pitoyable. M. Édouard de
Malijay montre un admirable dévouement; il est sans
cesse au milieu des blessés, leur prodiguant de précieux secours. On remarque également, parmi les officiers les plus empressés auprès des blessés, M. le
comte de Christen, que l'on voit toujours aux premiers rangs quand il y a quelque bonne et grande

action à accomplir. Madame Stone ne prend aucun repos. Son temps, sa fortune, sa santé, elle en fait chaque jour le sacrifice. Cette héroïne chrétienne a reçu du pape un témoignage de gratitude digne de son dévouement.

Le comte de Christen a rencontré, dans la salle des blessés, le roi de Naples, qu'il n'avait pas encore vu. Sa Majesté lui a saisi les deux mains et l'a comblé des marques de la plus vive sympathie. La reine accompagnait le roi dans cette visite aux blessés ; vous pouvez vous imaginer la joie qu'a produite cette apparition parmi les défenseurs de la religion et du droit.

Le chiffre des zouaves s'élève à 2,800. On forme un troisième bataillon. Il s'agit, du reste, d'organiser de nouveaux corps.

Une lettre de M. Vrignault donne d'intéressants détails sur le rôle des sœurs de Charité :

« Jamais, je crois, fille de la Charité n'a fait campagne, et n'a installé une ambulance en plein champ de bataille : honneur donc aux trois sœurs que leur charité a conduites jusque-là !

« Vers une heure de l'après-midi, les premiers coups de feu retentissent. Le combat s'engage ; la fusillade devient très-vive.

« On aperçut les garibaldiens, dont les tirailleurs commençaient à se replier sur Mentana ; on commençait déjà à installer l'ambulance, en l'appuyant sur l'ambulance française, lorsqu'un aide de camp a donné l'ordre de se porter plus près du lieu de l'action... Nous n'avons pas tardé à trouver les premiers blessés et dans une petite chapelle abandonnée nous avons fait les premiers pansements. Puis, nous por-

tant encore plus avant, nous nous sommes définitivement établis sur une hauteur occupée par une espèce de ferme nommée Vigna Santucci, où de nombreux blessés (pontificaux, Français et garibaldiens)
n'ont pas tardé à nous être apportés. Nous les avons
couchés sur de la paille dans une sorte de grange.

« Quel spectacle ! quelle douleur ! quelles fatigues !
Dieu a permis que nous puissions suffire à tout... Au
milieu de ces tristesses nous avons eu de grandes
consolations. Les zouaves étaient tous d'une résigna-
tion admirable. Quelques garibaldiens ont consenti à
se confesser ; car les soins spirituels s'unissaient aux
soins matériels.

« ...La nuit étant venue, la campagne se couvrait
de feux ; car l'air était très-froid, et la fusillade ces-
sait, bien que de temps en temps on entendît un
coup de feu tiré sur nos sentinelles. C'est ainsi que,
vers dix heures du soir, on a amené à notre ambulance un grenadier français qui venait d'être grième-
ment blessé en faction.

« ...Au petit jour, nous sommes descendus dans la
direction de Mentana, pour nous rendre à une petite
ferme adossée à une chapelle abandonnée où, nous
disait-on, se trouvaient plusieurs blessés. Nous en
avons, en effet, découvert un grand nombre et nous
les avons réconfortés de notre mieux.

« En ce moment, la fusillade recommençait non
loin de nous, tandis qu'on nous apportait des blessés
qui avaient passé la nuit en plein air et qui faisaient
pitié. Je me rappellerai toujours un pauvre petit carabinier suisse, jeune homme de 18 à 19 ans, blessé de
deux balles : il avait enduré le froid pendant cette longue

nuit. Un peu plus tard, on apportait un zouave ayant aussi passé la nuit dehors ; il avait le crâne fracassé : c'était le baron d'Erb, fils d'un général belge.

« Nous avons employé la journée du lundi 4 novembre à rechercher les blessés. Nos amis revenus de Rome avec M. Keller nous apportaient des vivres, du vin, de l'eau : nous nagions dans l'abondance. Deux des sœurs se sont rendues à Mentana pour secourir les blessés qui pouvaient s'y trouver.

« A la petite chapelle du bas nous avons retrouvé le pauvre baron d'Erb respirant encore, — son jeune cousin arrivait pour le faire transporter à Mentana ; — il est mort hier soir. »

Les volontaires romains ont voulu fêter l'armée pontificale le 17 novembre.

Ils offraient dans la vaste salle du palais Barberini, un banquet aux soldats pontificaux, légionnaires, carabiniers, artilleurs, gendarmes et dragons, revenant de Varignagno. Par une délicatesse qui rappelle d'anciens usages, ces volontaires, appartenant la plupart à des familles patriciennes, s'étaient employés à servir eux-mêmes leurs invités.

A la place du trône qui orne toutes les demeures des princes romains et des cardinaux, figurait le portrait de Sa Sainteté entouré de drapeaux aux couleurs pontificales et de trophées militaires. Au centre de la salle, sous un gigantesque bouquet de palmes vertes mêlées artistement à des étendards et à des armes pris aux garibaldiens, avait été dressée la table des officiers, que présidait le marquis Patrizzi ; et celle des caporaux des volontaires, à laquelle se sont assis Mgr de Woelmont, le R. P. Ballerini de la Compagnie de

Jésus, et deux soldats volontaires. Le long des parois s'étendaient les tables de la troupe et cent cinquante Romains en habit noir et portant le brassard or et blanc, signe distinctif des volontaires, faisaient le service de ces tables.

Vers le milieu du repas, les généraux Kanzler, de Courten, leurs états-majors et presque tous les chefs de corps des légionnaires, carabiniers, artilleurs, gendarmes et dragons sont entrés, et M. Patrizzi, après les avoir salués, a porté un toast « au saint-père ! à l'armée pontificale ! aux prisonniers de Monterotondo qui, par leur héroïque défense, avaient préparé l'éclatante revanche de Mentana ! aux généraux présents si dignes de commander de tels soldats ! » De longs applaudissements ont confirmé les nobles paroles du marquis Patrizzi, et M. le général Kanzler, ministre des armes, a aussitôt porté un autre toast « au peuple romain, à cette jeunesse romaine qui avait pris spontanément les armes pour concourir à la défense de Rome et du trône pontifical. » De nouveaux applaudissements ont répondu à ce toast.

M. le capitaine Costes, de la légion, qui commandait la place de Monterotondo lors de l'attaque des garibaldiens, a pris alors la parole pour lui-même et pour les soldats qui l'avaient si vaillamment secondé, et a peint avec une éloquence toute militaire les sentiments de l'armée.

« C'est sur le nom bien-aimé de Pie IX, a-t-il dit, que nous jurons tous de le défendre, de verser notre sang et de mourir s'il le faut pour sa cause, qui est la cause de la justice et de l'honneur dans le monde. » M. le général de Courten, qui avait vu apparaître dans la

salle, parmi les princesses romaines et les dames étrangères qui y avaient accès, la femme du général ministre,
madame Kanzler et madame Stone, a voulu boire à leur
santé et à celle du prince et de la princesse Barberini.

Les voûtes de cette salle, gigantesque merveille
d'architecture, ornées des chefs-d'œuvre de Luca Gior-
dani, ont retenti des acclamations de ces soldats, de
cette foule élégante et dévouée ; il semblait qu'après
des jours pleins de tristesse, on se crût enfin entré
dans une période de succès et de triomphe.

Le soir, un autre banquet réunissait dans le Casino
de la place Colonna les officiers pontificaux et français, ceux-ci rendant à ceux-là l'invitation qu'ils en
avaient reçue au lendemain de leur arrivée [1].

Nous ne voulons point terminer ce chapitre sans
faire part à nos lecteurs des réflexions si sages de
M. de Falloux sur la situation présente. Nous regrettons bien d'être forcés d'abréger cette lettre à un
ami, reproduite dans la *Gazette de France :*

« Très-honoré et cher ancien collègue.

« Puisque vous voulez bien causer avec moi des
affaires d'Italie, permettez-moi de mettre d'abord de
côté le mot vague et indéfini de révolution.

« Plus j'y réfléchis, plus je suis convaincu que la
révolution, prise dans le sens démagogique, ne devient
une puissance et ne s'élève à la hauteur d'un péril
social, que quand les pouvoirs publics se livrent à elle
et lui prêtent un masque. Aujourd'hui, comme en
bien d'autres temps et en bien d'autres pays, la révolution n'est, en Italie, qu'une ébullition passagère qui
se fait jour avec plus de fracas que de portée réelle.

____

[1] *Univers.*

Sans l'accouplement monstrueux d'un gouvernement régulier et des sociétés secrètes, la révolution italienne n'aurait d'autre nom que celui de Mazzini, et je doute même qu'elle eût pu produire une émeute. Je cherche vainement en Italie la révolution sous une forme sérieuse et nationale; je n'aperçois qu'un gouvernement dilapidateur, follement ambitieux, sans racines profondes dans le sol, sans cesse occupé à surexciter les populations qu'il est incapable de conduire, et s'efforçant de substituer les aspirations passionnées aux forces morales qui lui font défaut. Ce qui arrive en Italie depuis plusieurs années, ce n'est point ce que la révolution impose, c'est ce que le gouvernement a voulu et préparé.

« J'insiste sur cette distinction, parce qu'elle 'est, je le crains, la clef de l'avenir autant que l'explication du présent, et que si l'on ne s'entend pas préalablement sur ce point de départ, l'on fera fausse route.

« Si c'est la révolution que nous avons eue devant nous en Italie, elle est vaincue; l'affaire est terminée et nous pouvons dormir tranquilles. Si, au contraire, ce sont des gouvernements dont la politique se trouve ici en cause, le péril, loin d'être conjuré, ira croissant. Cette politique changera de forme sans changer de dessein, et poursuivra par les négociations, par les congrès, au besoin par de nouveaux complots, l'œuvre inopinément contrariée, mais opiniâtre et ininterrompue...

« Ce que nous venons de voir n'est donc qu'un coup manqué. Quoique combiné de longue main et se croyant bien sûr d'une autre issue il a échoué faute d'avoir pu *faire vite.*

« Le coup a manqué par trois causes :

« La fermeté du pape ;

« La fidélité du peuple ;

« La vaillance du soldat.

« Ces trois choses, on n'y comptait pas ou du moins on ne les avait pas prévues au degré supérieur et surprenant que l'on a rencontré.

« Sans faire injure à un auguste vieillard, absolument étranger à toute expérience militaire, on pouvait supposer qu'il ne saurait pas unir aux vertus de l'apôtre l'énergie du combattant. Pie IX a opéré ce prodige : il n'a manqué ni de prévision dans les mesures, ni d'intrépidité dans l'épreuve ; il a encouragé les défenseurs de son droit, il a visité les travaux, il a consolé les blessés, il s'est montré à son peuple, sans une seule heure de trouble, d'hésitation, de timidité dans ses actes et dans ses conseils. De puissants potentats, portant le sabre au côté, n'en ont pas fait autant, aucun n'a jamais fait mieux. On n'avait pas prévu cela !

« Le peuple s'est ému, s'est inspiré de l'exemple de son souverain ; les deux années de la convention de septembre que l'Italie avait stipulées pour prendre le temps de détacher les Romains de leur patrie et de leur roi, n'ont servi qu'à cimenter leur attachement, en donnant à leur intelligence le temps de juger et d'apprécier plus mûrement les résultats pratiques du régime piémontais. Les amis douteux sont devenus des défenseurs résolus, et la trahison n'a pu trouver jour ni en haut ni en bas. Encore tout plein des douces illusions de Naples et de Sicile, on n'avait pas prévu cela.

« Enfin l'on avait cru que cette petite armée du souverain pontife, péniblement recrutée, à peine armée
et bafouée d'avance par les esprits forts, et surtout par
les esprits faibles, serait vaincue et dispersée au premier choc. On sait ce qui est advenu : chaque homme
s'est trouvé un héros ; l'âme de la Moricière animait
encore ses généreux bataillons, et il n'y a pas aujour-
d'hui dans le monde civilisé une épée ou un drapeau
qui ne salue avec respect le soldat du pape. On
n'avait pas prévu cela !

« Cette triple résistance du pape, du peuple et du
soldat, a donné le loisir de voir jouer et de juger tous
les ressorts : elle a sauvé Rome d'une épouvantable
catastrophe qui n'a tenu qu'à un fil. Qu'un seul de ces
éléments eût faibli, qu'à Monterotondo trois cents hommes n'eussent pas tenu pied devant dix ou douze mille
hommes durant vingt-quatre heures, et notre flotte et
notre armée eussent subi l'inconsolable douleur d'arriver trop tard. Notre âge, si fier de lui-même, eût
laissé accomplir un sac de la capitale chrétienne qui eût
fait pâlir les plus honteux et les plus sinistres souvenirs du seizième siècle.

« Il serait donc puéril de se le dissimuler, l'obsta-
cle tardivement opposé à Garibaldi n'est point une
barrière infranchissable opposée à l'unité italienne.
Cette pensée, problématique en elle-même, dangereuse pour la France, reste intacte et debout. Elle
n'est ni désavouée en principe, ni découragée en fait,
loin de là ! L'unité italienne tourne ses regards vers
l'unité allemande, elle lui demande et elle lui tend la
main. Le gouvernement français s'en est-il aperçu à
temps et va-t-il parler hautement le langage de notre

honneur et de notre intérêt également blessés ? Voilà, mon cher collègue, la question qui me préoccupe beaucoup plus que la révolution italienne.

« Je ne me propose pas d'approfondir et de caractériser avec vous les deux grandes questions de l'unité italienne et de l'unité allemande. Vous et moi, et bien d'autres, nous les jugeons funestes ; quelques-uns les considèrent comme un bien et comme un progrès. Je m'en étonne et je m'en effraye. Il est à craindre que de cruels événements ne nous mettent bientôt et forcément d'accord à cet égard. Quand la convention du 15 septembre nous fut soudainement révélée, je me permis de dire qu'avant dix ans l'Italie se tournerait contre la France. Trois ans sont à peine écoulés, et déjà le gouvernement fondé par nos armes, appuyé sur notre patronage en Europe, met publiquement son alliance en suspens et son ingratitude aux enchères.

« Sachons donc prévoir que, si nous n'y prenons garde, nous aurons bientôt à choisir entre la paix et la guerre, entre la destruction radicale du pouvoir temporel ou une transaction qui ne serait encore que la destruction mal déguisée. Cette transaction, caressée par bien des vœux plus ou moins avoués, changerait un pape souverain en un pape dépendant et subordonné, continuant sa résidence à Rome pour ne point accuser, devant la catholicité tout entière, une transformation si profonde et bientôt si funeste à la liberté comme à la dignité humaine. Cette pensée, de quelque part qu'elle vienne, est repoussée par l'Église comme par la civilisation, et l'une des voix les plus respectées de l'épiscopat français s'en exprime en ces termes :

« Un pape salarié, pensionnaire des rois, serait un
« pape sans considération et, par conséquent, sans
« autorité. »

« C'est probablement cette transaction que le gouvernement italien préfère, qu'il avait espérée et qu'il
aurait poursuivie à la suite des derniers événements,
s'ils n'eussent étrangement dejoué l'attente de leurs
auteurs.

« L'héroïque phalange pontificale n'a donc pas seulement vaincu l'avant-garde de ministres habiles et
de cabinets puissants, elle n'a pas sauvé seulement
l'honneur de la chrétienté, elle nous assure à tous
une trêve durant laquelle les hommes d'État auront
le temps de discuter et de faire prévaloir les vrais intérêts de la France, de l'Italie, de l'Europe, si indis-
pensablement unis à la question romaine. »

CHAPITRE IV

LA COMÉDIE ITALIENNE ET LES MOYENS MORAUX

Quelle est la cause de tous ces malheurs qui pèsent sur l'Italie ? C'est l'ambition piémontaise, qui, au mépris du droit, des traités et des liens du sang, veut fonder l'unité italienne sur l'iniquité et le mensonge ? — Non : C'est le pape qui ne comprend pas l'intérêt de l'Église ; c'est le *non possumus* de ce pouvoir immobile qui ne reconnaît ni les progrès de l'esprit humain, ni les aspirations nationales d'un grand peuple.

— Oui, c'est vrai. Jamais, la papauté qui a dit aux Césars païens, comme au simoniaque Henri d'Allemagne et au voluptueux Henri VIII : *Non possumus,* non jamais la papauté ne sacrifiera un seul principe de morale à un *intérêt* ou à un *progrès matériel*. Plutôt que de céder devant la force, les papes des 300 premières années ont versé leur sang. Grégoire VII a préféré la prison à des concessions iniques faites aux envahissements germaniques : et quand le théologien catholique Henri VIII voulait le divorce ou le schisme, la papauté se dressant de toute sa hauteur, a répondu : Périsse l'Église d'Angleterre plutôt qu'un principe !

Ah ! Pie IX répond à tous nos désirs par son éternel *non possumus*, me disait un officier italien, et nous, nous lui dirons bientôt : *Nos possumus*. C'était simplement un jeu de mot ; toute la *puissance de la force* ne peut rien, devant Dieu ou devant la conscience, contre *la puissance du droit*. Le *pouvoir*, pour l'Église est subordonné au *devoir*, mais pour nos moralistes, du dix-neuvième siècle, *pouvoir* c'est être en mesure d'atteindre son but en dehors du droit et de toutes les lois imprescriptibles qui régissent les nations comme les individus. Or, évidemment ceux qui appellent la vertu et le vice un produit plus ou moins spontané de la nature humaine, comme le sucre et le vitriol, ceux-là ne reconnaissent point les infranchissables barrières de la conscience confiées à la garde de l'Église.

Ils ont *pu*, par leurs *moyens moraux*, s'annexer toutes les fractions de l'Italie, Pie IX ne l'aurait *pu à ce prix*, quand même il l'aurait voulu.

Comme nous pourrions être accusés de partialité, nous donnons la parole aux organes du libéralisme.

Ce sont les Italiens qui jadis inventèrent ce mot en littérature : *Comédie dans la comédie ;* et ce sont eux encore qui l'appliquent le mieux à la politique.

D'après un récit que publie *la Liberté*, et qui a tous les caractères de la vraisemblance, la capture du chef révolutionnaire à Asinalunga ne fut qu'un acte concerté avec M. Rattazzi. La feuille de M. de Girardin s'explique ainsi :

« Voici une des versions qui circulent sur les cir-

constances au milieu desquelles s'est opérée l'arrestation de Garibaldi à Asinalunga : M. Rattazzi serait
d'accord avec la gauche italienne. Garibaldi voulait
aller à Rome. On a essayé de l'en détourner. M. Crispi et ses autres amis politiques lui auraient dit :

« Le moment n'est pas venu ; le gouvernement
« français se trouvera obligé d'intervenir, et vous
« aurez attiré sur l'Italie des maux incalculables. —
« Attendez que les circonstances soient plus favorables.
« — Mais, aurait répondu Garibaldi, je ne puis pas
« attendre ; je suis engagé d'honneur. J'ai dit que je
« marcherais sur Rome; il faut que je fasse au moins
« une tentative. — Eh bien ! *faites une tentative ;* mar-
« chez sur Rome et laissez-vous arrêter à la frontière
« par les troupes italiennes. Vous aurez tout concilié,
« votre honneur et l'intérêt de l'Italie. » On fait
valoir, à l'appui de cette version, que la légation
italienne n'a jamais paru inquiète le moins du monde
sur les suites de l'incident dont il s'agit. On n'a craint
ni une émeute populaire, ni même une vive irrita-
tion de la part de Garibaldi. On dit en souriant, d'un air
mystérieux, que tout le monde devait s'attendre à ce
dénoûment, à commencer par Garibaldi lui-même.»

Garibaldi, une fois arrêté, continue d'agir en maître, et ici la scène tourne au burlesque. M. Rattazzi y
remplit le rôle de valet de comédie. Écoutez plutôt
ce court et piquant récit du *Figaro* :

« Le plus souvent la politique est triste : mais
cette semaine, elle nous a donné la comédie.

« Le commandeur Rattazzi a fait arrêter Garibaldi.
L'officier chargé de cette expédition, après un salut
militaire, a dit à Garibaldi :

« — Général, vos ordres ?

« — Mais n'êtes-vous pas chargé de me conduire dans la citadelle d'Alexandrie ?

« — Oui, général.

« — Eh bien, conduisez-moi dans la citadelle.

« — Alors, général, c'est bien pour vous obéir ; car, si vous le vouliez, j'irais arrêter le commandeur Rattazzi.

« — Non. Ne troublons pas le souper du commandeur... Je suis fatigué ; je ne serai pas fâché de me reposer quelques instants à la citadelle.

« On arriva à la citadelle. Les geôliers criaient : « Vive Garibaldi ! » — Les soldats, attroupés dans la cour, criaient : « Vive Garibaldi! » — Celui-ci se montrait au balcon, et les acclamations redoublaient.

« Au bout de trois jours, Garibaldi déclara qu'il était reposé et qu'il voulait retourner à Caprera. Le ministre de la marine, qui avait obtenu de lui une audience, s'empressa de mettre à sa disposition un bâtiment de l'État.

« Ainsi finit le martyre du héros. »

Cette scène plaisante est, d'ailleurs, implicitement confirmée par le journal garibaldien de Gênes, le *Movimento*. Il commence par nous donner le texte d'une harangue que Garibaldi adressa de sa fenêtre aux soldats chargés de le garder. De cette position, comme Polichinelle du haut de son théâtre, il leur crie :

« Nous irons facilement à Rome, avec des hommes comme vous, mais... vous êtes désireux de vous battre avec les zouaves du pape ; ces gens-là ne méritent que d'être chassés avec la crosse de nos fusils.

« Nous n'avons plus que peu de chose à faire : il

nous reste seulement à balayer les ordures. Le *Tyrol*
et Rome viendront. Vous, mes amis, soyez fidèles à la
discipline. »

Garibaldi ne s'arrête pas à expliquer comment le
Tyrol sera arraché à l'Autriche, malgré le traité de
paix conclu entre cette puissance et l'Italie. Il recommande la discipline militaire, lui général qui
vient de se mettre au-dessus des lois et des traités.

« Le jour viendra, s'écrie-t-il, où nous ferons voir
à certains voisins insolents lisez : aux Français)
que nous sommes toujours les descendants des Romains, etc. »

Ainsi parle le prétendu Romain, l'ancien patron de
barque niçois, qui, d'autre part avec sa logique ren-
versée, ne veut pas que son pays natal reste français
et suive l'exemple des annexions ; mais on ne rai-
sonne pas avec Garibaldi, avec la passion ignare et
grossière.

Personne ne désavouera les autorités que nous citons. *La Liberté*, *le Figaro* lui-même et surtout le
Movimento ne sauraient être suspects de cléricature.

Mais nul n'a mieux stigmatisé ces comédies que
Mgr l'évêque d'Orléans dans son post-scriptum à la
Lettre à M. Rattazzi.

« Rien de ce qui se fait en ce triste pays ne ressemble à ce qui se voit ailleurs. Nous sommes là manifestement en face d'un gouvernement et d'un peuple à
part, ayant des procédés à part, un langage à part,
des mensonges à part, des armes à part. Rien ne s'explique ici d'après les lois ordinaires de la logique et
du droit. La raison comme la conscience demeure
confondue. On voit là la tromperie organisée comme

on ne l'a jamais vue, tout ce qu'on peut imaginer d'incroyable et d'impossible, d'insolences et d'audaces révolutionnaires, d'impuissance et de complicité gouvernementale ; c'est l'oubli de l'honneur, la violation de la foi jurée, l'insulte à tout ce qui est sacré parmi les hommes, le mépris de la France enfin ; voilà le spectacle que nous offre en ce moment l'Italie.

« J'avais demandé à M. Rattazzi s'il était un honnête homme. M. Rattazzi vient de me répondre.

« J'avais cru, dans ma simplicité, que M. Ratazzi n'avait d'autre alternative que d'arrêter Garibaldi, ou de le laisser passer. Je m'étais trompé. Il y avait un troisième parti sur lequel je ne comptais pas, étant mal initié à la *variété des scènes* que les Italiens ont inventées et savent jouer sur le *théâtre* de la politique.

« Étrange général que ce Garibaldi, qui se prête à tous les rôles qu'on lui fait jouer, à tous les emplois qu'on lui confie. Il s'avance et se retire à volonté, il s'efface ou reparaît sur un signe.

« On l'arrête, sans l'arrêter. On le reconduit chez lui en le laissant parler par la fenêtre. On le garde, mais pour une meilleure occasion. Il avait fait une fausse entrée, il a dû revenir dans la coulisse. Il avait oublié que l'on était en train d'aller à Rome par des moyens *moraux*. Au nom de cette morale, il est à la fois libre et captif, retenu et actif, arrêté et non empêché. J'avoue que je n'avais pas compté sur ceci.

« Voici donc un gouvernement qui déclare qu'il y a en Italie *quelqu'un* qui se met *au-dessus des lois, au lieu et place des grands pouvoirs de la nation*, quelqu'un qui trouble *la tranquillité et le crédit de l'État*, qui entrave *les opérations financières d'où dépendent le bien-*

être et l'avenir du pays, qui viole *les stipulations inter-nationales consacrées par le vote du parlement et par l'honneur de la nation.*

« Et contre un tel homme, pendant plusieurs mois, M. Rattazzi ne fait rien ; rien que le regarder faire ; et ce n'est qu'après que cet homme a tout organisé, quand tout est prêt, quand tous ses lieutenants sont sous les armes, c'est alors que M. Rattazzi s'occupe de lui !

« Mais comment? Cette nouvelle scène est vraiment étrange : ce violateur déclaré des lois, arrêté comme tel, on le montre en triomphateur à Alexandrie et à Gênes. M. Rattazzi le fait promener en voiture décou-verte à travers les rues ; des marches du palais du roi, il harangue le peuple et l'armée : lui qu'on arrête pour avoir voulu envahir les États du pape, on le laisse dire aux soldats de Victor-Emmanuel « de chas-« ser à coups de crosse les soldats pontificaux, et à « coups de baïonnettes ceux qui protégent le pape, Français et autres.

« Mais si votre arrestation eût été sérieuse, au lieu de le mener d'Asinalunga, on ne sait pourquoi, à Alexandrie, pour le ramener à Gênes, vous l'eussiez conduit simplement à Livourne, et là embarqué sans tapage pour Caprera.

« Mais non, pendant que les autres acteurs conti-nuent le jeu, vous aviez besoin que Garibaldi les ani-mât du geste et de la voix.

« Après comme avant cette dérisoire arrestation, vous suscitez des meetings révolutionnaires pour pro-pager l'agitation garibaldienne, et vous remplissez tous vos journaux, officiels et officieux, de vos cris de guerre contre Rome.

« Cependant, comme tout le monde le prévoit, à travers vos 45,000 hommes massés sur la petite frontière pontificale, passent les bandes garibaldiennes.

« Et voici ce que je lis dans un journal italien qui n'est pas suspect, le *Spettatore* de Florence, du 2 octobre : « Les enrôlements des garibaldiens continuent.

. « Tout le monde sait que, matin et soir, soit par le
« chemin de fer d'Orvieto, soit par la route des Ma-
« remmes, soit par l'ancienne route de Rome, partent
« des brigades de jeunes gens avec leur feuille de
« route bien en règle : seul le gouvernement fait sem-
« blant de ne rien savoir. Tout le monde connaît la
« maison où siége le comité d'enrôlement, où on
« donne, et en or, notez-le bien (on sait la rareté de
« l'or en Italie), 50 fr. à chaque volontaire, avec un
« revolver et des cartouches : et seul le gouvernement
« l'ignore ! »

« Quelle est, s'écrie le *Spettatore* lui-même, cette
« comédie? Si le gouvernement veut aller à Rome,
« qu'il le dise, qu'il ait le courage de sa politique. Que
« du moins il n'y ait plus de badauds pour croire à la
« spontanéité des mouvements qui pourront éclater
« dans les États-Pontificaux, ni d'imbéciles pour pen-
« ser que le gouvernement n'est pas responsable du
« sang qui ne peut manquer de couler. »

« Il y a quelques jours, je me demandais : Garibaldi et M. Rattazzi s'entendent-ils? Dans la même pièce, Garibaldi joue-t-il un jeu et M. Rattazzi un autre? Je dois dire que j'étais humilié moi-même de ces suppositions : elles me blessaient comme homme dans mon honneur et dans ma conscience; mais tout s'explique aujourd'hui : les manifestations, les meetings, les

proclamations, les adresses, les harangues, les enrôlements, les armements, les passages de bandes; toutes ces indignités enfin dont les journaux sont remplis
ce matin; le voile tombe et toute la comédie se déclare.

« En vérité, devant de tels spectacles, on est forcé
de se le dire : Y a-t-il dans cette Italie, où de pareilles
choses se passent, un honnête homme à qui on puisse
se fier?

« Et déjà se sont réconciliés avec M. Rattazzi, et
donné la main, pour aller ensemble à Rome, M. Pe-
poli, le fameux négociateur de la convention; M. Ri-
casoli, l'ancien ministre qui, dans une circulaire
célèbre, prétendait ne pas agir contre le pape, quand
il le dénonçait à l'Europe, « *comme une anomalie dans*
« *la société européenne, comme un être en contradic-*
« *tion avec toute civilisation;* » et M. Cialdini enfin,
l'homme de Chambéry et de Castelfidardo, l'homme
des mensonges et des guet-apens, qui, vainqueur
avec 70,000 hommes d'une poignée d'héroïques jeunes gens, se vantait *d'avoir fait fuir la Moricière,* et
nous accusait d'avoir *poignardé ses blessés.*

« C'est ce même Cialdini que M. Rattazzi vient d'envoyer comme ministre plénipotentiaire à Vienne : *le*
Moniteur universel français l'annonce en tête de ses
colonnes. On avait d'abord songé à lui pour commander les 45,000 hommes massés sur les États-Pontificaux, et qui vont les envahir; mais on a pensé que
l'exploit de Castelfidardo lui suffisait; c'est au général
la Marmora, paraît-il, à défaut du général Nunziante,
cette doublure de Liborio Romano, que le nouvel
honneur est réservé :

Salve, magna parens...
Fœta viris!

« C'est pendant que se jouait toute cette parade entre ces messieurs, qu'un autre rusé signataire de la convention, M. Nigra, tout à coup partait pour Biarritz en compagnie de MM. Rouher et de la Valette. Qu'y allait-il faire?

« On le sait aujourd'hui : demander à l'empereur de reviser la convention.

« Reviser la convention? Et pourquoi? à quoi bon? ne vous suffit-elle pas? Nous vivons depuis quelques années de conventions déchirées, de traités violés. Notre honneur en demande-t-il donc un de plus?

« Il y avait un traité de Zurich : qu'en avez-vous fait? Un traité de Villafranca : qu'en avez-vous fait?

« Vous vous êtes moqués de tous ces traités faits avec la France et signés par elle.

« Eh bien oui, il y a une convention de septembre. Elle a fait partir nos soldats de Rome. Vous avez profité du bénéfice, et vous avez signé, comptant bien, disiez-vous, que le traité vous conduirait à Rome. Aujourd'hui vous n'en voulez plus. Pourquoi? Pour une raison, une seule :

« Vous aviez compté sur une révolte à Rome : et, en vérité, je la craignais autant que vous l'espériez, tant vous avez bien pris vos mesures et préparé les mines.

« Mais il n'y a pas de révolte : vous avez rencontré là un peuple fidèle : donc pour vous, il n'y a plus rien de convenu.

« Et voilà pourquoi aujourd'hui, cette convention, vous la trouvez détestable. Mais enfin, elle est là, dernier garant de l'honneur français ; et aujourd'hui, elle se retourne contre vous et vous confond.

« Elle vous confond, car inexécutée et violée par vous, elle rend à la France toute sa liberté d'action.

« N'est-il pas notoire que les bandes qui troublent en ce moment les États-Pontificaux ne sont pas composées de Romains ? Tout le monde est d'accord là-dessus, même les ennemis du saint-siége. Que les 45,000 hommes de M. Rattazzi aient laissé passer complaisamment les envahisseurs, ou qu'ils aient été impuissants à les empêcher, dans les deux cas, la France a le droit et le devoir de vous dire : Si vous avez laissé passer volontairement, c'est une indignité, et vous avez déchiré le traité ; et vous m'en devez raison. Si vous n'avez rien vu, rien su, rien pu ; c'est à moi qu'il appartient d'agir.

« Dans les deux cas, c'est la confirmation, et non pas la révision de la convention, qui est le droit et qui est l'honneur.

« Et ce n'est pas assez de spéculer sur une duperie grossière : car, en vérité, qui pourrait s'y laisser prendre? vous voulez essayer avec nous de l'intimidation ; et je vois en ce moment les journaux italiens de Paris et de Florence agiter devant le gouvernement français, avec un accord étrange, la menace d'une alliance italo-prussienne.

« Mais, pour qui prenez-vous donc notre pays et notre gouvernement ?

« Ainsi il s'agirait maintenant d'un marché dont le pape serait le prix.

« Je me donne à qui me le livre, dirait l'Italie. Je dois à la France six victoires, plus la Lombardie, plus la Vénétie. Mais si la Prusse me livre le pape, je me donne à la Prusse ; et si la Prusse fait la guerre à la France, je suis pour les Prussiens.

« Un chef de bédouins tient sa parole. Chez le bandit corse et jusque dans les tribus sauvages on trouve le respect de la foi donnée. On ne le trouve pas en Italie.

« Que porte cette convention solennellement jurée entre la France et l'Italie ?

« On connaît le premier article.

« L'Italie s'engage *non-seulement à ne pas attaquer* « *le territoire pontifical, mais de plus à empêcher,* « MÊME PAR LA FORCE, *que les bandes armées, venues du ter-* « *ritoire du royaume, n'attaquent ce même territoire pon-* « *tifical.* »

« Et que fait en ce moment l'Italie ? Elle fait envahir le territoire pontifical.

« En vain on multiplie les appels incendiaires : les Romains ne répondent pas ; on demande à Rome un signal, ce signal ne vient pas.

« Ils sont venus, écrit *la Situation*, ces libérateurs ; « leur approche devait être électrique : à leur vue, la « contagion de la liberté devait courir comme une « traînée de poudre, et tout est resté calme, fidèle et « confiant, sous le sceptre du successeur de saint « Pierre. »

« Spectacle étonnant, et qui sera l'honneur éternel du peuple romain et la honte de l'Italie révolutionnaire, que ce petit peuple, ainsi entouré, agité, provoqué, à qui on apporte l'insurrection tout armée dans ses villes et ses villages et que rien n'ébranle !

« Quelle est la capitale en Europe qui résisterait à de pareilles provocations ?

« Voilà donc sur quoi vous avez compté. Mais ce n'est pas fini, et vous précipitez en ce moment la seconde phase de votre *latrocinium*.

« Les bandes fugitives, recueillies sur la frontière par les soldats de Victor-Emmanuel, reviennent plus nombreuses. A Narni, à Terni, on les arme, on les paye, et on les laisse de nouveau passer.

« Et cependant, l'empereur l'a déclaré, juré, à la France, à l'Italie, au saint-père, à l'Europe : je cite les paroles textuelles :

« *Le pouvoir temporel* NE PEUT ETRE DÉTRUIT :

« *Il faut que le pape soit maître chez lui.*

« *Le prince qui a ramené le saint-père au Vatican,* « VEUT QUE LE CHEF SUPRÊME DE L'ÉGLISE SOIT RESPECTÉ « DANS TOUS SES DROITS DE SOUVERAIN TEMPOREL.

« JAMAIS *la France* NE LE SACRIFIERA.

« *Le maintien de la situation pontificale* EST INSCRIT « SUR NOTRE DRAPEAU ;

« *C'est la condition essentielle de son indépendance* « *spirituelle ;*

« *L'empereur y a songé devant Dieu, et sa sagesse,* « *son énergie, sa loyauté bien connues* NE FERONT JAMAIS « DÉFAUT NI A LA RELIGION NI AU PAYS ;

« TOUS NOS ACTES, TOUTES NOS DÉCLARATIONS « s'accordent pour constater *notre ferme et constante* « *volonté de maintenir le pape en possession de la partie* « *de ses États que la présence de* NOTRE DRAPEAU *lui a* « *conservée.*

« ABANDONNER ROME ! *oublier la politique suivie par*

« *la France depuis des siècles !* NON, CE N'EST PAS POS-
« SIBLE. »

« On a voulu nous montrer M. Rattazzi scrupuleux
observateur de la convention du 15 septembre,
s'efforçant d'arrêter les *conséquences des préparatifs et
des excitations de Garibaldi.* Or, si M. le commandeur avait protesté d'abord contre les *préparatifs
et les excitations,* dit Mgr. de Nimes, on comprendrait
qu'il essayât d'en *arrêter les conséquences !* Celui-là
peut logiquement comprimer l'effet qui s'est efforcé
de supprimer la cause. Mais ce n'est pas ce qu'a fait
le ministre italien. Il a laissé Garibaldi prêcher librement dans la Péninsule, aux nouveaux Sarrasins qui
l'habitent, la guerre sainte contre Rome et le pouvoir
temporel. Quiconque a voulu s'attacher au prophète
de Caprera a été maître d'endosser sa livrée, et de
répondre à ses appels plus sauvages que ceux de Ma-
homet à ses Arabes. Il a fourni des armes à ces bandits ; il les a poussés à la frontière pontificale ; il a
marqué les points où ils devraient la franchir pour se
jeter sur la voie destinée à les conduire au Capitole.
Pour toutes ces opérations préliminaires, il n'a pas
rencontré la plus légère entrave. M. le commandeur
sommeillait sans doute. Pas une note diplomatique
n'a flétri l'agitateur, pas un discours officiel ne l'a
condamné ; pas un agent du ministère ou de la police
n'a interdit, ni à ses farouches proclamations de courir d'un bout à l'autre de l'Italie sur les ailes des
vents, ni à sa parole frénétique d'allumer le
désir fiévreux d'une nouvelle invasion dans les âmes
soi-disant patriotiques. Il a fallu qu'il arrivât à Asinalunga pour entendre une voix qui lui dit : Tu n'iras

pas plus loin. Jusque-là c'était avec l'indépendance la plus absolue qu'il avait organisé ses bandes, déterminé ses plans d'attaque, annoncé le but, le jour, l'heure et le lieu de son entrée en campagne, c'est-à-dire de l'horrible attentat qu'il devait ajouter à ceux qu'il avait déjà commis contre les droits de la souveraineté du saint-siége. Si tout cela était coupable, si c'était un acheminement avoué et criminel à la violation du traité du 15 septembre, pourquoi M. le commandeur l'a-t-il toléré? S'il a considéré cela comme légitime, pourquoi s'oppose-t-il maintenant au développement des *conséquences?* Vous feignez d'élever des digues contre le débordement de ce torrent immonde, il fallait donc le tarir à sa source [1] ! »

Mais non; M. Rattazzi ne prend pas la peine de fermer le passage des frontières aux bandes qu'il a laissées se former à l'aise et en plein soleil.

Et d'abord que fait-il de Garibaldi? Le héros de Varèse et de Marsala a promené ses harangues furieuses en différentes cités; il s'est moqué hautement partout de la convention du 15 septembre, et partout il a répété son cri satanique : *Rome ou la mort !* Nulle part on ne l'a ni troublé ni menacé. Mais innocent à Florence et à Arezzo, il cesse de l'être à Asinalunga. Là, il rugit en paix, mais ici la police l'arrête. On y met les procédés les plus exquis; mais enfin d'une voix douce on lui déclare qu'il est prisonnier. Et pourquoi maintenant? Comment! à quelques milles en arrière, c'est un grand citoyen, et à quelques milles plus avant, les mêmes actes le rendent criminel ! d'un côté vous permettez qu'il reçoive des triomphes, de

____

[1] Mandement de Mgr l'évêque de Nîmes.

l'autre vous le mettez en cellule : c'est un contraste fort étrange. Mais aussi l'on sent bien que votre inconséquence vous pèse. M. Rattazzi gémit à la face du monde d'avoir été dans la nécessité douloureuse de faire arrêter ce *quelqu'un* qui prétendait se mettre au-dessus des lois et du gouvernement. Comme pour consoler le captif, un train spécial le conduit à Alexandrie ; il entre en ville dans une voiture découverte et le peuple est admis à l'acclamer. Dans sa prison devenue un palais, l'armée italienne accourt lui présenter ses hommages ; lui, répond en insultant le pape et en montrant de nouveau le chemin de Rome, et personne n'est là pour lui imposer silence. Bientôt, au contraire, le ministre de la marine l'honore d'une visite. Le voilà qui part pour Gênes, libre et sans condition, et un vaisseau de l'État l'emmène à Caprera. A peine arrivé, il se met en rupture de ban ; *la Sesia* l'oblige avec politesse à retourner au repos, d'où son patriotisme voudrait sortir. Qu'il lance du haut de son rocher, ce trépied du prophète, de nouvelles proclamations où s'exhale sa haine fanatique contre Rome ; qu'il confie solennellement à son fils Menotti le commandement des bandes qu'il y a lui-même organisées et la mission de les pousser à l'assaut du Vatican, à la bonne heure ! M. le commandeur lui permet ces infernales distractions. Mais le moment n'est pas venu de quitter son île. Demain, peut-être, les *moyens moraux* auront produit leur effet : alors il mettra légitimement à la voile, parce que l'Italie aura rempli ses destinées, et qu'il pourra lui-même entrer à Rome comme il l'a fait à Naples, c'est-à-dire à côté de Victor-Emmannel et sur un même char de triomphe.

C'est ainsi qu'on châtie ce conspirateur impudent qui, sans périphrase, sans ménagements, en termes cyniques, attaque la convention du 15 septembre et déchaîne contre les États-Romains les horreurs d'une troisième invasion. En France, on l'eût pris vigoureusement et sans aucun doute expédié sur Cayenne ou la Nouvelle-Calédonie; mais en Italie, on se garderait bien de le traiter avec rigueur; la reconnaissance prescrit des égards. N'a-t-il pas dit, au moment de son arrestation : « J'ai donné deux couronnes au roi d'Italie, et en récompense on veut me mettre en prison? » Un tel bienfait ne peut être oublié, même en présence de son crime d'aujourd'hui. Et puis ce crime lui-même n'est-il pas douteux ? Est-ce vraiment un mal que de conspirer et d'ameuter les peuples contre Rome, dans l'intérêt de l'Italie et de l'unité? M. le commandeur n'a pas l'iniquité de le croire. Enfin, la vie du solitaire de Caprera est précieuse, il ne faut plus l'exposer au hasard des batailles.

La balle d'Aspromonte n'a frappé qu'au talon cet Achille moderne, parce que c'était une balle italienne. Mais les balles des zouaves pontificaux pourraient être moins intelligentes et atteindre le géant à la tête ou au cœur. Quel malheur ce serait pour l'Italie ! quelle ressource de moins pour ces *moyens moraux* qui doivent mener le gouvernement de Florence et la civilisation triomphants au Capitole! Quand un loup se prend à hurler dans la nuit, tous les loups des forêts voisines lui répondent ; c'est un concert solennel, mais sinistre, dont les pâtres et les troupeaux ont mille raisons de s'épouvanter. Ainsi, quand Garibaldi hurle contre Rome, dans la nuit funèbre où s'est enfoncée

la Péninsule, à l'instant tous les chacals de la révolution, à Paris comme à Florence, à Vienne comme à
Berlin, comme à Gênes et à Naples, font écho à ses
cris de bête fauve. On le siffle à Genève, mais on l'applaudit au delà des Alpes et dans toutes les tribus de
la démagogie. Il est bien le Tyrtée qui convient à cette
race de barbares. Et M. le commandeur le sait ; il
condamne cette voix précieuse à se refaire, sous le
ciel *clément* de Caprera, jusqu'à l'heure où les *moyens
moraux* n'auront plus besoin que d'un dernier hurle-
ment du libérateur pour faire tomber les restes de la
souveraineté pontificale, *cette institution pestilentielle.*

Et ce qu'il y a d'admirable, c'est la flexibilité com-
plaisante avec laquelle ce *général illustre*, ce *héros des
deux mondes*, ce *Messie*, ce *dieu*, ce *quelqu'un* sublime,
se prête aux rôles divers, mais toujours honteux, qu'on
lui fait jouer au nom de l'Italie. On lui dit : blasphème, et il blasphème ; rugis, et il rugit ; bats-toi, et il
se bat ; marche en prison, et il y va ; maudis le pape,
et il le maudit ; exècre la France, et il exècre ; fais
le républicain avec Mazzini, et il est républicain ;
glorifie et couronne Victor-Emmanuel, et il fait l'un
et l'autre. Protée méprisable ! stupide jouet de toutes
les ambitions et de toutes les perversités qui le flat-
tent ! pitoyable vanité qui s'imagine ne s'inspi-
rer que d'elle-même, et qui, dans les différentes
scènes plus ou moins ridicules ou sanglantes
qu'elle exécute, n'a pas d'autre mérite que de monter
et de parader sur les tréteaux, au signal du gouvernement italien qui la tient à la chaîne, et la lance ou la
ramène, suivant les conseils ou les besoins de sa propre haine, contre Rome !

9.

Ainsi captivité apparente, impunité réelle, liberté, avant et après son arrestation, d'organiser ou d'encourager l'invasion criminelle dont les États-Pontificaux sont actuellement l'objet, voilà ce que le correspondant du *Moniteur* appelle *mesures propres à arrêter les conséquences des excitations* de Garibaldi ! Quelles précautions et quelle vigueur de comédie !

Mais aussi, voyez comme les *conséquences* sont efficacement arrêtées. *Privé de son chef, le parti d'action devait perdre confiance;* à présent, au contraire, plus que jamais il se dit assuré du succès de son entreprise. *En le ramenant à Caprera,* on devait *dissiper les dernières illusions·de ses partisans* et faciliter *la dispersion des bandes;* et précisément, depuis l'arrestation d'Asinalunga, les espérances de ses partisans se sont montrées plus ardentes qu'auparavant, et chaque jour on apprend, et par les feuilles de la révolution, et par le *Journal de Rome* lui-même, qu'au lieu de diminuer, les bandes se multiplient. Enfin, toujours d'après le le correspondant florentin, on *cherche soigneusement à empêcher le passage des bandes à travers la frontière.*

Mais, bien loin de *chercher soigneusement* à rendre ce passage impossible, cherche-t-on d'une façon quelconque tout simplement à l'entraver ? le réseau de fer tendu par le gouvernement italien le long des États-Pontificaux est-il tellement compacte, les mailles en sont-elles tellement serrées, qu'aucun groupe d'hommes armés ne puisse aisément se glisser dans les vides qui séparent les régiments en faction ? ne sait-on pas, au contraire, que des escouades de cent, de deux cents, de trois cents, de six cents et de huit cents révolutionnaires trouvent sans difficultés le secret d'être toujours où les Piémontais ne sont pas et de n'être pas où ils sont? ne sait-on pas que les bandits destinés à les former se rendent au point de réunion convenu sur le territoire italien, avec des feuilles de route régulièrement visées, avec des armes perfectionnées et prises parfois dans les arsenaux de l'État, avec des chemises rouges qui s'étalent fièrement au grand jour, avec des chevaux qui n'affectent point de marcher sans bruit, avec des chants d'ivresse et de délire qui n'aspirent nullement à se perdre sans écho? et n'est-il pas vrai encore que, malgré cet appareil et ce tumulte, les garibaldiens ne frappent ni les yeux des quarante mille soldats italiens qui regardent, ni leurs oreilles qui écoutent, et qu'entre les sentinelles pour ainsi dire pétrifiées, ils entrent sur le territoire pontifical comme des légions invisibles d'invisibles fantômes? Quelle merveille !

Chose plus merveilleuse encore! les révolutionnaires se battent avec l'armée pontificale; des coups de fusil, peut-être de canon, retentissent à Acquapendente, à Bagnorea, à Palombara, à Montelibretti, à Nerola, à Subiaco; les postes italiens ne sont pas éloignés du théâtre de ces divers engagements; il est impossible que le bruit de la mousqueterie n'arrive pas jusqu'à eux. Mais non; tout leur échappe. Les bandes ont franchi la frontière bannières déployées sans qu'ils les aient aperçues; mutilées, désorganisées, poursuivies par les zouaves qui les ont battues et chassées, elles tombent entre les mains des Italiens, qui ne les reconnaissent pas et les laissent s'en aller librement et se reformer ailleurs pour de nouvelles tentatives. Cette cécité radicale, cette incurable surdité dont les corps d'observation piémontais] sont frappés pour elles, ne sont-elles pas un prodige?

Et ne faut-il pas dire encore, pour épuiser notre admiration, qu'on a ouvert à Naples, à Terni et dans d'autres villes, des bureaux d'enrôlements que l'autorité seule ne connaît pas, malgré toute la peine qu'ils prennent pour être connus? ne faut-il pas ajouter que des comités de secours se sont formés pour venir en aide aux envahisseurs, et que M. le commandeur se donne seul l'air de ne pas en soupçonner l'existence, malgré tout le fracas de leurs proclamations? ne raconte-t-on pas que des soldats et des officiers de l'armée régulière ont échangé leur uniforme contre la chemise rouge, afin de fortifier et de diriger les phalanges de la révolution? n'assure-t-on pas même que des officiers d'un régiment qu'on désigne ont été arrêtés à Rome, et que dans leurs papiers on a saisi des rapports au gouvernement italien sur les chances offertes à l'invasion par l'état des esprits et des défenses militaires dans la ville-éternelle?

Toutes ces infamies ne prêtent guère à la gaieté. Cependant on nous pardonnera de reproduire encore un article du *Figaro* sur cette odieuse comédie. L'auteur de cet article, M. Auguste Villemot, appartient à l'école révolutionnaire; son article a donc le mérite particulier de prouver que, même dans ce parti, ceux qui ont la conscience droite ne peuvent consentir à paraître prendre au sérieux les protestations de M. Rattazzi et de ses compères.

La comédie politique continue, dit-il, ses exercices en Italie.

Le théâtre représente les frontières des États-Pontificaux. — Portes dérobées au fond à droite et à gauche. — Une table et tout ce qu'il faut pour écrire.

PERSONNAGES

UN GÉNÉRAL ITALIEN.
OFFICIERS ET SOLDATS ITALIENS.

SCÈNE PREMIÈRE

LE GÉNÉRAL. — UN CHEF GARIBALDIEN.

LE GARIBALDIEN.

Général, j'ai là cinq cents volontaires qui voudraient bien passer.

LE GÉNÉRAL.

Vous n'ignorez pas, mon cher ami, que je suis là pour vous en empêcher.

LE GARIBALDIEN.

Général, le temps est précieux, ne disons pas de bêtises.

LE GÉNÉRAL.

Encore si vous pouviez passer sans que je vous visse !

LE GARIBALDIEN.

Voilà le truc.

LE GÉNÉRAL.

J'ai une idée ; je vais commander à mes soldats de faire la soupe ; pendant qu'ils seront occupés à éplucher des carottes, vous filerez. — Mais service pour service. Les logements seront chers à Rome le mois prochain, retenez-moi donc une chambre sur le Corso.

LE GARIBALDIEN.

C'est dit. (Ils se donnent la main.)

SCÈNE II

Roulement de tambour. — Les soldats italiens se mettent en ligne. — Les capitaines, en tête de chaque compagnie, lisent l'ordre du jour suivant.

« Soldats,

« Au mépris de la convention de septembre, cinq cents anarchistes ont réussi à rompre le cordon qui protége les Etats du saint-père... »

LES SOLDATS.

Vive Garibaldi ! Vive Rome capitale !

LE CAPITAINE.

Oui! vive Garibaldi ! vive Rome capitale !

« Soldats,

« Nos vœux sont les mêmes ; mais ignorants et grossiers comme vous l'êtes, vous ne savez pas quels ménagements nous devons aux traditions surannées de la vieille Europe. Le gouvernement vous recommande donc la plus grande vigilance dans l'exécution de la consigne qui vous a été donnée. Rompez les rangs. »

SCÈNE III

LE GÉNÉRAL. — DEUXIÈME GARIBALDIEN.

LE GARIBALDIEN.

Général, je voudrais passer avec quatre cents camarades.

LE GÉNÉRAL.

Impossible, mon ami ; je viens, il n'y a pas

dix minutes, de manquer de surveillance. Attendez à demain.

LE GARIBALDIEN.

Impossible, général, nous avons rendez-vous, à quatre heures, avec des gendarmes du pape qui sont de bons enfants.

LE GÉNÉRAL.

Mais vous comprenez bien que, si cela continue, la convention de septembre devient un objet de luxe.

LE GARIBALDIEN.

Mais, général, personne ne vous prie de manquer à votre devoir. Nous avons dans notre colonne trois malades qui ne seraient pas bons à grand'chose ; emparez-vous d'eux, livrez-les à Rattazzi, et pendant ce temps nous filons.

LE GÉNÉRAL.

Très-ingénieux ! — Où sont les trois anarchistes ?

LE GARIBALDIEN.

Je vais vous les livrer. — Ils ont le mot et se débattront un peu ; — soyez sévères !

Roulement de tambour. — Les cinquante mille soldats se rassemblent.

LE GÉNÉRAL.

Soldats, emparez-vous de ces trois hommes !

LES SOLDATS.

Vive Garibaldi ! vive Rome capitale !

LES TROIS GARIBALDIENS.

Vive Garibaldi ! vive Rome capitale !

LE GÉNÉRAL.

Croyez qu'il m'en coûte d'imposer silence à mon patriotisme, mais j'ai les mains liées par le devoir.

SCÈNE IV

LES MÊMES. — UN SOLDAT.

LE SOLDAT.

Général, pendant que nous mettions la main sur ces trois hommes, le reste de la bande a passé.

LE GÉNÉRAL.

C'est un malheur, nous ne pouvons pas être partout. Toutefois, redoublez de vigilance.

SCÈNE V

LE GÉNÉRAL. — TROISIÈME GARIBALDIEN.

LE GARIBALDIEN.

Général, veuillez prendre connaissance de cette lettre.

LE GÉNÉRAL, lisant.

« Général,

« Plus que jamais nous devons tenir la main à l'exécution de la convention de septembre. C'est la diplomatie qui doit dénouer ce nœud gordien. — Je vous recommande la plus rigoureuse surveillance sur les frontières, car je suis informé que des bandes nouvelles se trouvent en Toscane. Vous ne ferez exception que pour les moissonneurs qui se présenteraient, car il est notoire que dans les Etats-Pontificaux l'agriculture manque de bras.

« Votre affectionné,

« RATTAZZI. »

LE GÉNÉRAL.

Eh bien?

LE GARIBALDIEN.

Eh bien, général, — les moissonneurs sont derrière moi.

LE GÉNÉRAL.

Ah oui ! ils sont très-gentils ; ils ont un petit air tout à fait pastoral. — Ah çà ! mais dites donc, ils ont des fusils en bandoulière...

LE GARIBALDIEN.

C'est pour tuer le charançon...

LE GÉNÉRAL, lui prenant le menton.

Espiègle ! — Voyons, filez-vite ! (Aux soldats.) Laissez passer ces braves gens : ce sont des jardiniers qui vont planter des roses dans le jardin du saint-père (Voir la brochure du catholique sincère.)

SCÈNE VI

LE GÉNÉRAL. — UN COLONEL.

LE COLONEL.

Eh bien, ça ne va pas trop mal ; — c'est assez bien gazé.

LE GÉNÉRAL.

Hum ! nous sommes attaqués dans *l'Union*, *la Gazette*, *le Monde* et *l'Univers*. — Croiriez-vous que ces gens-là prétendent que nous manquons de surveillance ?

LE COLONEL.

Tenez, mon général, je vais, à cet égard, vous dire toute ma pensée : on a eu tort de nous imposer la convention de septembre et nous avons eu tort de la subir. Nous devions hardiment proclamer que les affaires de Rome sont des affaires italiennes, dans lesquelles nous n'admettons aucune immixtion. Je ne sais pas ce qui serait arrivé : peut-être nous exposions-nous à de graves complications ; mais, du moins, nous ne ferions pas, à la face de l'Europe, un métier misérable et indigne de braves soldats...

LE GÉNÉRAL.

Je suis bien un peu de votre avis, colonel : mais que voulez-vous ? On a mis l'Italie dans une situation absurde ; elle s'en tire comme elle peut. — Au surplus, je crois qu'avant peu nous allons ôter nos dominos et en finir avec ce carnaval. — En attendant, relisons *Grandeur et servitude militaire*, et obéissons.

LE COLONEL.

Tiens ! voilà une noce.

LE GÉNÉRAL.

Qu'est-ce que cela ?

Défilé des gens de la noce — le marié et la mariée — ménétriers.

LE GÉNÉRAL.

Que voulez-vous, mes enfants ?

LE MARIÉ.

Général, je suis du village voisin, sur le territoire pontifical, et bon Romain, j'm'en vante ! pour lors, j'ai épousé Marietta, qu'est du royaume d'Italie, et je venons de faire la noce chez son père, et je voudrions bien rentrer cheux nous, ousque ma vieille mère nous attend pour nous bénir.

LE COLONEL, bas à son capitaine.

Mais je la connais la mariée, c'est mon ancien brosseur.

LE GÉNÉRAL; il caresse la joue de la mariée, qui rougit.

Charmante enfant ! (*Bas.*) Imbécile, cache donc ton

fusil qui passe sous ta robe. (*Haut.*) Tu ne viens pas de Caprera, au moins? tu ne cacherais pas dans ton sein quelque billet de Garibaldi?

LA MARIÉE.

Garibaldi? Connais pas ça, moi, pauvre paysanne gnorante.

LE GÉNÉRAL.

Naïve enfant ! laissez passer.

LE MARIÉ.

Général, je voudrions bien, rentrés cheux nous, faire un peu de bruit pour célébrer nos fiançailles. Dame ! vous savez, c'est l'usage en Italie. Auriez-vous la bonté de nous prêter un peu de poudre pour tirer quelques fusées ?

LE GÉNÉRAL.

Volontiers, mes enfants, volontiers.

LA MARIÉE , minaudant.

Général, est-ce que vous ne me ferez pas un petit cadeau de noce ?

LE GÉNÉRAL.

Que désires-tu, mon enfant? Sans doute quelque colifichet ?

LA MARIÉE.

Non, général. J'ai toujours eu des idées sérieuses. Tout enfant, je refusais de jouer à la poupée; je me mêlais toujours aux garçons pour jouer à la bataille. Pour lors, mon général, si vous vouliez me faire présent d'un de ces petits canons, je vous serais bien reconnaissante. (Elle fait la révérence.)

LE GÉNÉRAL , avec bonté.

Un canon ! est-elle singulière ! Mais, enfant que tu es, ce n'est pas là un joujou de jeune fille...

LA MARIÉE.

Tant pis ! j'veux un canon, moi, na !

UN CAPITAINE.

Général, elle est trop gentille : donnez-lui un canon. Nous en avons de reste.

LE GÉNÉRAL.

Allons ! il ne sera pas dit qu'un général italien aura manqué de galanterie envers une jolie fille. — Va donc pour un canon.

LES GENS DE LA NOCE.

Vive le général !

(La noce défile sur le territoire pontifical.)

SCÈNE VII

LES MÊMES. — UN ARTILLEUR.

L'ARTILLEUR.

Général ! c'est pour vous faire à savoir que les gens de la noce, au lieu d'un canon que vous leur aviez octroyé, en ont emmené quatre.

LE GÉNÉRAL.

Ce sont des intrigants. J'avais promis à la mariée d'être le parrain de son premier enfant ; je ne le serai pas, voilà ce qu'ils y gagneront.

SCÈNE VIII ET DERNIÈRE

Roulement de tambonr. — Les cinquante mille hommes se rassemblent. Lecture d'un ordre du jour.

« Soldats,

« Je suis content de vous. Fidèles aux devoirs rigoureux qui vous sont imposés, vous avez comprimé

les sentiments qui font palpiter tout cœur italien.
Vous avez sauvegardé l'exécution d'une convention
qui nous sépare encore de notre capitale. Mais le jour
n'est pas éloigné où le saint-père réclamera lui-même
la protection de nos armes. Alors les vœux de la nation seront accomplis.

« LE GÉNÉRAL. »

LES SOLDATS.

Vive Garibaldi ! Vive Rome capitale[1] !

Est-ce clair ? Maintenant nous demandons à tout
homme honnête de nous dire, la main sur la conscience,
ce qu'il faut penser d'un gouvernement qui se joue
ainsi de la morale en pleine civilisation. Comment
l'Europe peut-elle assister impassible à cet outrage
permanent à la dignité humaine et aux mœurs publiques ?

« Nous pourrions signaler encore le rôle de muet
joué derrière les coulisses par Victor-Emmanuel lui-
même.

« Ainsi, Garibaldi s'est échappé de Caprera. Il arrive
à Florence. Le préfet de police s'émeut et s'indigne.
Il accourt chez Rattazzi, et demande l'ordre d'arrêter
le prisonnier fugitif. Rattazzi regarde placidement
l'honorable préfet :

«—Mon ami, je ne suis plus ministre, je ne suis plus
rien : je gère seulement les affaires courantes. Allez
donc voir le général Cialdini.

« Le préfet de police accourt chez Cialdini.

« — Général, lui dit-il, Garibaldi a rompu ses ar-

---

[1] *Entr'acte*, AUGUSTE VILLEMOT.

rêts; il est ici, donnez-moi l'ordre de l'arrêter.

« —Mais, mon ami, répond le vainqueur de Castelfidardo, je ne suis pas encore ministre, je ne suis encore
rien. Courez donc au palais et voyez Sa Majesté le
roi.

« L'honnête préfet ne fait qu'un bond, et le voilà sur
le seuil du palais Pitti. Il se fait annoncer, l'audience
est accordée, les portes s'ouvrent, le roi est là.

« — Sire, Garibaldi s'est échappé ; il est ici ; comme
j'ai besoin d'un ordre pour l'arrêter, je me suis adressé
à M. Rattazzi. M. Rattazzi, qui n'est plus ministre, m'a
adressé au général Cialdini ; et M. Cialdini, qui n'est
pas encore ministre, m'a adressé à Votre Majesté. Me
voici donc.

« Pour toute réponse, Victor-Emmanuel prend un
cigare, l'allume, ouvre la fenêtre et fume tranquillement en regardant dans l'espace.

« Après un long quart d'heure, le préfet se permet
de tousser pour rappeler sa présence, s'avance même
près de Sa Majesté et ose de nouveau formuler sa demande.

« Sa Majesté continue de se taire, ne se retourne
même pas, lance bravement en l'air la fumée du cigare, et regarde toujours par la fenêtre avec une opi-
niâtreté charmante.

« L'intelligent préfet comprend enfin, fait sa très-
humble révérence, se retire et va, comme les autres,
présenter à Garibaldi ses hommages les plus empressés et les plus respectueux.

« Et dire, cependant, que dans les pays même les
plus spirituels du monde, il est des gens qui prennent
au sérieux ces divers rôles que joue le gouvernement

de Florence, et qui suivent avec admiration toutes les scènes de cette pitoyable comédie ! »

Disons-le, cependant, à la honte de notre pays et de notre temps, des hommes, dans la presse française, se sont rencontrés, qui, tout en avouant les mensonges, les hypocrisies et même les assassinats du parti révolutionnaire, n'ont pas craint de tout justifier par la sainteté de la fin proposée.

Le Courrier français déclare ouvertement qu'il est du parti des assassins, et invite ses amis, c'est-à-dire ses complices, à user de *tous les moyens* pour *purger l'humanité de la secte des cléricaux*. C'est à propos du guet-apens de la caserne Serristori, où des garibaldiens cachés ont tué avec une machine infernale quarante soldats pontificaux endormis, que *le Courrier français* proclame pour ses amis le droit à l'assassinat, et les presse d'en user.

« Personne plus que nous, dit-il, ne déplore les événements actuels, et n'est disposé à jeter des paroles de paix entre les combattants. Mais en présence de l'acharnement impitoyable des cléricaux, en présence de la lâcheté qui leur a fait *appeler l'intervention française*, quand en toute circonstance ils poursuivent de leurs attaques le gouvernement impérial, nous avouons que, non-seulement nous considérons leurs adversaires comme étant dans ce cas de défense où tous *les moyens deviennent légitimes*, mais *encore nous pensons que ce serait un véritable service à rendre à l'humanité que de la purger de cette secte malfaisante, et que tous les moyens peuvent être bons pour arriver à un résultat si désirable.* »

Maintenant, que les esprits droits, catholiques ou

non, jugent entre l'Église et la révolution, entre Pie IX et ses adversaires. Il faut que la lumière se fasse, éclatante pour tous, même pour nos ennemis.

Parmi les traits qui se rapportent à ces perfidies sans nom, nous citerons le suivant, qui est très-authentique :

« Un Français, que des fonctions importantes appelaient de Florence à Rome vers les premiers jours d'octobre, dut s'arrêter à Foligno. On était au moment où le gouvernement pontifical se plaignait de la connivence de l'Italie dans l'invasion des garibaldiens, où le gouvernement italien niait cette connivence, où le gouvernement français prenait ou feignait de prendre des informations.

« Le Français reçut naturellement du préfet de Foligno l'accueil dû à sa qualité.

« — Ah ! monsieur, disait le préfet, faites savoir à l'empereur que notre gouvernement exécute loyalement la convention de septembre. Nous avons, nous fonctionnaires, les ordres les plus sévères, et il n'y a qu'un instant j'ai fait arrêter dix garibaldiens qui se dirigeaient vers la frontière.

« Une heure se passe, le Français déjeune et revoit le préfet au moment de monter en wagon pour suivre sa route vers Rome.

« — Avez-vous encore arrêté quelques garibaldiens ? demande le Français. Tenez, je vois ici des gens qui m'ont tout l'air d'en être.

« — Vous me voyez tout en courroux, s'écrie le préfet. On ne sait plus à qui se fier. Ces dix, que j'ai fait arrêter ce matin, sur leur parole d'honneur, je les avais laissés tranquillement dans une auberge, et les misérables ont décampé. »

N'est-on pas d'avis que la circulaire du 30 octobre de M. Menabrea, au corps diplomatique italien, est d'une fourberie aussi transparente que le langage du préfet de Foligno?

Les âmes honnêtes de tous les partis se révoltent au spectacle de cette incroyable duplicité.

« Nous ne sommes pas surpris, dit le *Journal de Paris*, que les Italiens ne croient pas pouvoir se passer de Rome. Nous ne sommes pas surpris, étant donnée la situation qu'une politique aussi étourdie que présomptueuse a faite en même temps à l'Italie et au pape, que le cabinet italien juge impossible de gouverner et de maintenir l'Italie sans dépouiller le pape *de ses droits* de souverain et sans mettre la main sur le domaine de Saint-Pierre. Mais alors qu'il ait le *courage de déclarer hautement que les violations du droit public*, commises en 1860, ne lui laissent d'autre ressource que d'accomplir cette dernière et *suprême usurpation*; qu'il soit logique dans la conquête, mais par la seule raison que l'inconséquence le tuerait !

« Si ce langage ne suffit pas pour glorifier ses actes et pour lui concilier les sympathies de ceux qui persistent encore à croire à un droit européen, ce langage, qu'un Bismark n'hésiterait pas à tenir, pourra cependant paraître tolérable aux honnêtes gens et aux gens sensés. Car, qu'on tienne pour la royauté ou pour la république, pour Venise ou pour le Turc, pour Rome ou pour Genève, on doit admettre cette vérité élémentaire qu'il faut qu'une porte soit ouverte ou fermée.

« *Il y a un degré de duplicité* qui enlève aux actes d'audace violente tout le mérite de leur audace, en leur laissant toute leur violence... Le Cabinet italien manque de courage et de franchise, ce n'est pas faute d'effronterie et d'impudence. La plus merveilleuse invention de ces dernières années est certainement celle qui consiste à transformer Victor-Emmanuel en défenseur du pape et de la papauté : *on ne la dépassera point* et on ne l'égalera que difficilement [1].

« Eh quoi ! M. Rattazzi, pendant des mois entiers, laisse Garibaldi enrôler publiquement des volontaires pour l'invasion des États-Romains ; ces volontaires trouvent sans difficulté en Italie des armes, des munitions et de l'argent ; ils ont leurs officiers, ils se forment par groupes sous les ordres de ces chefs patents et manifestes pour se rendre sur la frontière pontificale ; ils crient dans tous les cafés, ils impriment dans toutes les gazettes qu'ils seront à Rome tel jour, à telle heure ; M. Rattazzi, qui ne les gêne ni ne les inquiète, fait si peu mystère de leurs desseins, que Bade même, dans les premiers jours de septembre, en a retenti, et qu'on ne pouvait pas se promener innocemment devant la Conversation sans recevoir, bon gré mal gré, la confidence ou l'écho de ces prédic-

---

[1] L'idée de confier la garde du pape à Victor-Emmanuel est une idée tellement folle qu'il faut, pour un pareil rêve, avoir complétement oublié l'histoire du loup qui se fait berger. Le voleur protégeant le volé, le spoliateur et le contempteur de l'Église défendant son indépendance et ses libertés ! c'est trop fort. Le jour où Pie IX serait forcé d'élever la voix dans le domaine qu'il croirait purement spirituel, il suffirait à un Garibaldi, au nom du roi, juge des questions canoniques, de traverser le Tibre pour imposer silence au Vatican. La belle élucubration ! Mieux vaudrait la prison mamertine qu'une telle liberté. *Sed Verbum Dei non est alligatum.*

tions à date fixe; et quand le complot éclate, quand l'orage amoncelé en Italie crève sur la campagne romaine, quand les bandes, armées avec l'agrément ou la tolérance du gouvernement italien, ont envahi la paisible campagne de Rome, c'est de l'invasion même de ces volontaires, dont l'Italie tout entière et le gouvernement sont complices, que M. Rattazzi prétend se faire un prétexte aux yeux des hommes d'ordre pour confisquer Rome et sa campagne !

« M. Rattazzi a peut-être une idée trop hardie de la crédulité de ses contemporains. Nous n'admettons pas qu'il ne soit pas responsable des désordres qui affligent en ce moment l'État romain, et qui ajoutent à tous les sujets d'angoisses dont la mauvaise politique a comblé l'Europe. Si le parti de l'action, qui a ses idées sur Nice comme il les a sur Rome, avait prétendu en agir avec Nice comme il a fait avec Rome, M. Rattazzi, personne n'en doutera, eût étouffé la conjuration dans son germe; il ne serait pas entré sur le territoire de Nice seulement trois volontaires armés. Nous ne croyons donc pas à son impuissance contre les bandes. Ou s'il a été, comme il le dit, vraiment et absolument impuissant, pourquoi les défenseurs de sa politique font-ils un crime au pape de l'être?

« Vous prétendez supprimer l'État romain, parce qu'il n'a pas la force nécessaire pour disperser instantanément les bandes armées contre lui; commencez donc, pour rester fidèle à votre singulière argumentation, par supprimer le royaume d'Italie, qui ne les disperse pas davantage, et qui, ayant mis sur pied 40,000 hommes munis de bons fusils, de bons canons et de bons chevaux, pour arrêter l'entreprise garibaldienne, et ayant déployé dans l'exécution de ce dessein toute la bonne foi imaginable, a atteint le même résultat que s'il avait échelonné sur la frontière pontificale 40,000 soldats de carton peint! »

Nous avons tenu à rappeler et à populariser ces jugements si impartiaux, précisément parce que sur certains esprits légers, ils sont de nature à faire plus d'impression que tous les mandements de nos évêques. Au moment où nous écrivons, la comédie se continue : le prisonnier de Varignano est rendu à la liberté.

« Le télégraphe, dit à ce sujet *la Gazette du Midi*, nous entretenait, depuis quelques jours, d'une nouvelle maladie de Garibaldi. Quelle était cette maladie? Les uns disaient la fièvre, d'autres un rhumatisme aigu, d'autres une simple courbature occasionnée par la fuite précipitée du champ de bataille de Mentana. Deux médecins ont donc été envoyés par le gouvernement de Victor-Emmanuel, auprès de l'illustre malade, pour fixer les incertitudes. Chose étonnante, merveilleuse, dont les annales de la médecine n'offrent peut-être pas d'exemple, Hippocrate et Galien ont été, cette fois, d'accord et sur la nature du mal et sur l'application du remède : les deux savants docteurs ont eu le talent ou l'obligeance de reconnaître l'un et l'autre que le climat si pur, du reste, de Varignano minait la santé particulière de Garibaldi et qu'elle serait bientôt rétablie par le climat de Caprera. En foi de quoi, le gouvernement de Florence a donné aussitôt l'ordre d'élargir le pauvre homme et de le reconduire à son séjour privilégié.

« Voilà comment Garibaldi recouvre la liberté...
d'aller continuer à Caprera le double jeu que l'on
connaît.

« Assurément le général des chemises rouges est une
des plus tristes figures de notre temps. Mais il faut
reconnaître que s'il a eu la chance d'échapper au feu
des combats, il est du moins puni de ses attentats par
le ridicule dont il se couvre à tout propos. Sans parler
du charivari qu'il a dû essuyer à Genève, son retour
de Londres et sa sortie de Varignano suffiraient à
l'histoire pour donner une juste idée du personnage.
On se souvient, en effet, que son dernier voyage en
Angleterre commença triomphalement et qu'il finit
plaisamment, comme sa détention à Varignano, par
une consultation de médecins, nous allions dire de
diplomates, à la suite de laquelle le complaisant
Basile se laissa convaincre qu'il avait la fièvre et
que le seul climat de Caprera convenait à sa santé
ébranlée par le climat de Londres. C'est ainsi que
les nobles lords de la Grande-Bretagne parvinrent
à se débarrasser de la présence importune du général
tribun.

« N'est-ce donc pas le cas de se demander si Polichinelle lui-même aurait accepté à deux reprises un rôle
aussi bouffon?

« Toutefois si l'incident de Londres ne fut que comique, celui de Varignano a son côté grave. Le cabinet de
Florence cherche évidemment à désarmer l'opposition
de la gauche parlementaire en allant au-devant de ses
désirs. Jusqu'où osera-t-il s'engager dans cette voie?
Jusqu'au bout, si la France laisse faire. Mais le gouvernement français ne pensera-t-il pas, après ce nouvel

acte de faiblesse ministérielle à l'égard de la faction garibaldienne, qu'il a déjà montré trop de confiance, en rappelant une des deux divisions de l'armée d'occupation ? »

CHAPITRE V

PARTIE ANECDOTIQUE

A la voix de Pie IX, tout l'épiscopat du monde catholique s'est levé comme un seul homme. Depuis longtemps le clergé français, entre tous, a fait ses preuves. Il est inutile de parler de son dévouement au saint-siége.

L'Église catholique est la plus grande école de respect qu'il y ait au monde, a dit M. Guizot. Ajoutons que c'est aussi le plus grand foyer d'abnégation, d'obéissance, de subordination, de dévouement et d'amour. Comparez avec l'esprit de l'Église, ces accès de rage des révolutionnaires, cette soif d'insubordination, ce mépris de tout frein, ce fanatisme de liberté, ou mieux de licence pour soi, et de despotisme pour les autres, et jugez la différence. L'Église ne connaît l'union que pour édifier et la révolution que pour détruire. C'est cette union entre nous, sous les bannières d'un seul chef qui fait notre force, comme celle d'une armée rangée en bataille. De là ces cris de détresse

quand le chef est menacé; cet empressement à le secourir, même aux dépens de sa vie. Supputez, si vous
le pouvez, toutes les forces dépensées par lui depuis
que la révolution le menace.

Étudiez les livres de nos plus habiles écrivains, les
mandements de nos évêques, les articles de la presse
catholique en faveur du souverain pontife; suivez de
près toute cette agitation catholique dans le corps
législatif et le sénat, dans les grandes villes comme
dans les plus humbles hameaux; cette œuvre si admirable du denier de Saint-Pierre, des zouaves pontificaux, et ces souscriptions improvisées au moment du
danger, et reconnaissez que nous avons de la vie et que,
malgré la force souterraine de ses sociétés secrètes, de
ses hypocrisies diplomatiques et de ses bombes Orsini,
la révolution a besoin de compter avec nous. Ils ont le
mensonge, nous avons la vérité. Leurs soldats pillent
et violent; blasphèment et insultent Dieu dans son
temple; les nôtres donnent leur argent avec leur vie;
pratiquent le désintéressement et la pudeur; honorent
Dieu et meurent en priant pour la cause du droit, de
la faiblesse opprimée et de la vertu.

Nous ne pouvons analyser tout ce qui a été publié
dans ces derniers temps, pas même les livres et les
mandements de Mgr Dupanloup. Les bornes de ce livre
ne le permettent point. Mais nous ne pouvons résister
au plaisir de parler de l'œuvre du denier de Saint-
Pierre, dont les souscriptions récentes ne sont que la
conséquence naturelle.

Bafouée par les impies, calomniée par les journalistes, odieuse aux sociétés secrètes, cette haute manifestation du sentiment catholique dans l'univers

est l'œuvre que l'on craint le plus, que l'on persécute, que l'on punit avec la rigueur la plus affectée dans le royaume d'Italie.

« Qui, dès 1859, fonda l'œuvre du denier de Saint-Pierre? s'écriait un orateur belge dans une grande assemblée catholique. Son nom, vous le chercheriez en vain, vous ne le trouverez pas. Vous nommerez des hommes ardents qui excitèrent dans toutes les parties du monde l'amour et la générosité des fidèles à l'égard de l'auguste chef de l'Église. Je vois au milieu de cette assemblée même d'illustres prélats qui prirent cette œuvre naissante sous leur protection, mais l'homme qui puisse revendiquer l'honneur immortel d'avoir fait renaître l'ancien tribut de fidélité payé par nos pères au pontife romain, l'homme qui puisse s'écrier sans être contredit : « Cette œuvre est la mienne, » vous ne le trouverez jamais.

«C'est que le denier de Saint-Pierre n'est pas l'œuvre d'un seul homme, c'est l'œuvre de tout le peuple chrétien. C'est l'œuvre du pauvre et du riche; du citadin et du campagnard; du gentilhomme qui tient aux traditions de générosité reçues de ses ancêtres; c'est l'œuvre aussi de la pauvre femme qui, pour venir en aide à Pie IX, donne une partie de sa subsistance, le denier de la veuve.

« L'œuvre du denier de Saint-Pierre est encore bien plus que tout cela. Qui a fait courir sur toutes les nations un souffle d'amour et de zèle? qui a fait surgir dans nos villes modernes, aussi bien que dans les plus lointaines régions, les sources de la charité chrétienne?

« Vous avez reconnu la main toute-puissante qui

agite la profondeur des mers, et remue le cœur des peuples; vous avez reconnu la main de Dieu !

« Étudions ce miracle de la foi, et jetons un coup d'œil rapide sur ce magnifique mouvement, universel comme l'Église elle-même, et qui s'étend jusqu'aux extrémités de la terre.

« Vous vous rappelez la crainte qui saisit les cœurs catholiques lors de l'expédition d'Italie en 1859. De fait, le sang répandu à San Martino et à Solferino n'était pas encore séché; les Romagnes, les Marches et l'Ombrie étaient à peine envahies par le Piémont, que déjà l'on songeait à expulser le pape, à s'emparer de Rome. A la nouvelle de cette menace contre la souveraineté la plus vénérable et la plus auguste, des voix apostoliques s'élevèrent. Les Guibert, les Parisis, les Dupanloup, les Plantier, publièrent des protestations éclatantes qui passeront à la postérité comme modèles d'éloquence chrétienne et de fermeté sacerdotale.

« Tout l'épiscopat se réunit à ces illustres champions, et d'une voix unanime soutint l'inviolabilité du trône pontifical. De leur côté, les laïques aussi descendirent dans l'arène, et c'est avec bonheur que je mêlerai à leurs rangs des écrivains qui n'avaient pas l'habitude de consacrer leur plume à l'Église. De jour en jour le mouvement prenait des proportions énormes. Ce ne sont plus des individus, ce sont des nations entières qui affirment leur invincible dévouement au saint-siége. Dans la Belgique, en France, en Espagne, en Angleterre, en Hollande, en Allemagne, en Amérique, des millions d'adresses à Pie IX sont couvertes de signatures. Les offres les plus généreuses arrivent à Rome de toutes parts. Comme si le zèle était le privilége du malheureux, ce sont les peuples les plus infortunés qui avaient le plus à cœur de prouver au vicaire de Jésus-Christ leur amour filial et leur inviolable fidélité.

« Si nous suivons de près les phases de ce mouvement catholique, nous verrons l'œuvre du denier de Saint-Pierre se développer peu à peu, se raffermir, s'organiser et prendre en beaucoup de lieux un règlement solide et durable tandis qu'elle n'était, au commencement, que l'expression pour ainsi dire improvisée de l'amour et de la fidélité. Au milieu de ses douleurs et de ses angoisses, l'Église toujours jeune et toujours féconde parce qu'elle est immortelle, enfantait une nouvelle institution, dont nous avons béni la naissance, suivi le progrès et dont nous admirons aujourd'hui la force et la vitalité.

« Oui, l'œuvre du denier de Saint-Pierre qui maintenant brille jusque dans les derniers villages, réunit tous les sentiments affectueux dans un centre commun, il en forme un faisceau indissoluble, resserré par les puissants liens de l'association, et porte le cachet de l'Unité. Cachet glorieux, propre à toutes les institutions vraiment catholiques, et garantie de leur fécondité durable ; moyennant quoi tous les cœurs n'en forment qu'un, qui bat à l'unisson du cœur de Pie IX.

« Toute douleur de l'Église se répercute dans nos âmes aujourd'hui, et chacun de ses triomphes y trouve écho ! Nous suivons le vicaire de Jésus-Christ dans toutes les stations de son calvaire. Nous éprouvons toutes les émotions de sa lutte contre la révolution.

nous participons à ses glorieux désastres et à ses victoires consolantes; et cela parce que nous savons fort bien, qu'en défendant la monarchie pontificale, nous défendons le droit et la justice dans son expression la plus légitime et la plus auguste, la civilisation chrétienne dans son dernier refuge.

« Nous savons, quoi qu'on en dise, que nous défendons l'immortelle conquête de la croix, la véritable liberté qui, arrosée du sang de tant de martyrs après avoir été payée du sang de l'Homme-Dieu, a su pendant dix-huit siècles attirer à elle toutes les âmes généreuses. Cette liberté, c'est la paix promise aux hommes de bonne volonté, c'est l'Église accomplissant sa sainte mission dans la plénitude de son indépendance; c'est bien l'exercice complet des droits de l'homme, mais c'est aussi avant tout l'inviolable respect des droits de Dieu. »

A peine les catholiques eurent-ils acquis la certitude des nouvelles tentatives garibaldiennes, qu'à l'instant tous les journaux catholiques et les évêché ouvrirent des souscriptions.

L'Univers pouvait dire quelques jours après :

« Les souscriptions pour l'armée pontificale deviennent un véritable événement; chaque jour nous apprenons qu'un nouveau journal a ouvert une liste de souscription, et nous voyons cette liste se remplir de noms appartenant à toutes les classes de la société. Au mouvement parti de Paris répond le mouvement des provinces, et la presse catholique de l'étranger imite la presse catholique de France. Partout le même élan se manifeste : ce ne sont pas seulement les catholiques, ce sont tous les chrétiens sincères, tous les hommes d'ordre qui comprennent les périls qui menacent la société, lorsque l'indépendance souveraine du pape est attaquée ; tous reconnaissent que la petite, mais si vaillante armée, qui combat pour la défense du trône pontifical, combat en même temps pour la civilisation et pour la vraie liberté des sociétés contemporaines. Il y a, dans ce mouvement, une magnifique manifestation ; il y a une force morale qui a déjà produit les plus salutaires effets et qui donne le droit d'espérer un meilleur avenir. Les sentiments du droit et du juste qui sont au fond des cœurs peuvent sommeiller un moment ; ils se réveillent plus vifs que jamais dans les crises suprêmes, et ils communiquent au droit et à la justice une puissance qui finit par les faire triompher.

«Les offrandes pour l'armée pontificale sont souvent accompagnées de lettres admirables. Nous gardons ces lettres ; elles ne sont point écrites pour la publicité, et les catholiques n'ont d'ailleurs nul besoin d'encouragement, lorsqu'il s'agit de manifester leurs sentiments pour le saint-père et leur admiration pour son héroïque armée. Cependant, la lettre suivante nous a paru si forte et si touchante dans sa simplicité, a dit M. Louis Veuillot, que nous ne pouvons résister au désir d'en décorer notre journal. On trouvera que c'est à bon droit que nous sommes fiers de l'avoir reçue :

« Monsieur le rédacteur,

« Je vous envoie 111 fr. 25 pour l'armée de notre très-saint-père. C'est tout l'argent que je possède en ce monde ; j'ai vidé toutes mes poches : ce sont toutes les économies que j'ai faites depuis dix ans que je suis dans le ministère paroissial. Je les destinais à m'acheter quelques mètres de toile dont j'ai besoin ; mais j'irai encore avec le linge usé. Je possède encore onze petites cuillers, cadeau de mariage de deux camarades d'enfance, médiocrement riches, mais ayant bon cœur : je vous les envoie pour le même but.

« Je suis honteux de n'offrir que le peu que je possède, lorsque d'autres offrent leur sang avec un élan de foi qui me ferait avoir des regrets, si je ne savais que chaque jour je puis verser pour la même cause le sang généreux du Calvaire.

« Si j'étais le maître, il me semble que j'aurais l'audace de vendre jusqu'aux vases sacrés de l'Église pour secourir Notre-Seigneur Jésus-Christ, vivant, souffrant et glorifiant son Église en la personne de cet illustre pauvre, la seule gloire qu'offre en cet moment la terre. Il est vrai que cette gloire suffit à elle seule pour remplir le monde et bien des années de la postérité.

« Oh ! que je suis heureux d'avoir la bonne fortune de donner quelque chose à Jésus-Christ mon maître, qui depuis dix ans se donne chaque jour à moi. Ah ! si les âmes s'éclairant de la foi savaient quelle bonne occasion leur est offerte !... *Si scires donum Dei.* »

A l'exemple de ce bon curé breton, de pauvres domestiques, d'humbles servantes, de simples ouvriers envoient le fruit de leurs épargnes, pour venir en aide au père commun des fidèles.

A la quête pour la cause du souverain pontife et de son héroïque armée, dans une petite chapelle,

une très-pauvre femme, avancée en âge, a remis
son offrande en disant cette simple parole : « *C'est
l'économie de toute ma vie !* » Elle donnait trois pièces
d'or, plusieurs pièces d'argent, en tout *cent francs.*

Chaque ville et village de France rivalisent pour
propager l'œuvre des zouaves pontificaux. Des pères
y font participer leurs plus petits enfants.

«Monsieur le rédacteur, écrit l'un des souscripteurs,
j'ai l'honneur de vous remettre ci-joint, en un
billet de banque de *cent francs*, ma modeste souscription pour la glorieuse armée pontificale.

« J'y ajoute *cinquante francs*, au nom de mon jeune
fils, *Xavier* et *sur ses économies* ; je désire qu'il sache
de bonne heure ce qu'il faut, avant toute chose,
ici-bas, aimer et défendre.

« Daignez agréer, monsieur le rédacteur, mes salutations très-respectueuses.

« JULES DE MAGALLON. »

A Tarascon, les jeunes élèves du couvent de la Visitation donnaient aussi un touchant exemple d'amour
et de dévouement pour le saint-père :

A l'occasion de la fête patronale de Sainte-Catherine,
il est d'usage de réunir en commun toutes les petites
économies des pensionnaires, pour en appliquer le
montant à un banquet fraternel. C'est une grande
réjouissance pour ces jeunes élèves ; riches et pauvres,
toutes assises à la même table, elles donnent l'exemple
de la plus franche cordialité.

Animées d'un même sentiment pour le trône pontifical, elles ont spontanément offert à leurs dignes
maîtresses leurs cotisations, pour les verser à la sou-

cription ouverte en faveur du pape, en sacrifiant ainsi, sur l'autel de la mère patrie des fidèles, les fonds destinés à leurs plaisirs.

Les dames religieuses qui dirigent ce bel établissement se sont empressées de déférer aux vœux de leurs pensionnaires, et ont immédiatement fait parvenir au chef-lieu du diocèse le montant de cette patriotique souscription.

Dans la ville d'Agen, les élèves du pensionnat des religieuses ont renoncé, non-seulement à leurs prix de la fin de l'année, mais encore à une fête que leurs maîtresses leur donnent tous les ans. Grâce à ce sacrifice tout spontané de leur part, elles ont pu verser au secrétariat de l'évêché la somme de 800 fr.

A Tourcoing (Nord), les jeunes gens se sont chargés de recueillir des offrandes pour l'armée pontificale ; et il a suffi, dit *l'Indicateur de Tourcoing*, de leur en suggérer l'idée, et, ils se sont mis à l'œuvre avec tout l'élan de leur cœur. En quelques jours, 5,475 fr. qui figurent dans les listes du *Propagateur de Lille*, ont été recueillis, et d'autres sommes les suivront bientôt.

De toutes parts se manifestent le dévouement pour la cause du pape et l'admiration pour les zouaves pontificaux, si dignes de la glorieuse cause qu'ils défendent, si dignes de la reconnaissance de la société chrétienne, dont ils sont les intrépides et invincibles champions.

Les temps héroïques de l'Église reparaissent ; nous avons les martyrs de la charité, qui périssent sous les coups des païens, des idolâtres, des hérétiques et des schismatiques, et les martyrs de la foi, qui tombent sur le champ de bataille pour la défense de l'indépendance et de l'autorité du vicaire de Jésus-Christ. Et les martyrs du champ de bataille sont dignes des autres, non-seulement par leur courage, mais encore par leurs vertus, par leur esprit de sacrifice et par leur admirable abandon à la volonté de Dieu.

Nous avons donné la lettre du prêtre breton qui avait vidé son épargne et sacrifié sa vaisselle plate, consistant en *onze* petites cuillers d'argent, pour enfler sa souscription en faveur de l'armée pontificale. Cette lettre en a provoqué une autre que publie également *l'Univers* :

« ..... 30 novembre 1867.

« Mon cher ami,

« J'ai trouvé, en revenant de voyage, la collection des numéros de *l'Univers* accumulés sur mon bureau. En la parcourant, je lis la lettre de ce bon prêtre breton qui vous a envoyé, avec sa souscription pour le souverain pontife onze petites cuillers d'argent, cadeau de vieux amis et dont il fait aussi le sacrifice à la cause de Pie IX. Mais je ne vois nulle part que vous ayez disposé de ces onze cuillers. Les auriez-vous encore? et, dans ce cas, puis-je m'en rendre acquéreur? J'offre de les payer vingt francs pièce, au profit, bien entendu, de la souscription pontificale. Vous m'en choisiriez une seule que vous m'enverriez et que nous garderions précieusement ici, l'appelant, en famille, la cuiller de Pie IX ou du prêtre breton. Les dix autres, vous les feriez mettre à mes frais dans un écrin très-simple, mais solide, et vous les renverriez au bon prêtre qui vous les a transmises, en le priant de

les garder désormais pour l'amour de Pie IX et en souvenir des grands événements dont nous sommes les témoins. Si la douzaine eût été complète, je me serais
fait un scrupule d'en garder une seule. Mais, puisqu'elle
est déjà dépareillée, j'espère qu'il ne m'en voudra pas
d'en conserver une. Tout détachée qu'elle sera des
autres, elle n'en servira pas moins de lien entre lui
et moi. Vous ne me nommerez pas : j'ignore son nom.
Il est inutile qu'il sache le mien. Il lui suffira de
savoir que j'ai une large part des douleurs et des
misères de l'homme, et que je lui serais bien reconnaissant de se souvenir quelquefois, dans sa prière,
de moi et des miens, ne fût-ce que par un de ces
regards de l'âme, rapides comme l'éclair, mais qui
n'échappent point au Dieu qui voit tout et en qui
nous vivons tous deux... »

La quête en faveur du souverain pontife, faite le
jour de la Toussaint dans toutes les églises du diocèse
de Rouen, et les dons particuliers remis entre les
mains de S. Em. le cardinal archevêque, ont produit
la somme de 125,700 fr.

Sur cette somme, 9,500 fr. sont destinés à l'entretien de 19 nouveaux zouaves pontificaux ;

Et 10,000 fr. à l'équipement de la légion française,
dite légion d'Antibes.

Au mois de mai dernier, Son Éminence avait déjà
remis entre les mains de S. Exc. le nonce apostolique
82,300 fr., pour le denier de Saint-Pierre qui, ajoutés
aux 125,700 fr. mentionnés plus haut, portent
à 208,000 fr. le total des sommes recueillies en 1867
dans le diocèse de Rouen pour le souverain pontife.

Ce chiffre ne manque pas de signification, quand

on songe aux souffrances que l'industrie et le commerce éprouvent depuis plusieurs années dans le département de la Seine-Inférieure.

SOUSCRIPTION DES JOURNAUX DE PARIS

Journal des Villes et Campagnes. .	8,400 f.	85
Monde	127,828	91
Union	552,540	70
Univers.	682,428	56

JOURNAUX DES DÉPARTEMENTS.

Le Courrier de Lyon.	242,456	50
La Gazette du Midi.	189,214	05
Le Journal de Rennes	119,271	06
L'Espérance du peuple, de Nantes. .	102,640	10
Le Propagateur du Nord et du Pas-de-Calais.	88,907	56
La Guienne, de Bordeaux [1]. . . .	79,852	15
L'Union de l'Ouest, d'Angers . . .	78,687	62
L'Union franc-comtoise, de Besançon.	69,564	»
Le Mémorial d'Amiens	50,000	10
L'Espérance, de Nancy.	27,646	50
Le Vœu national, de Metz. . . .	19,522	»
L'Emancipateur, de Cambrai . . .	14,200	»
L'Ordre et la Liberté, de Caen. . .	13,924	»
Le Courrier des Alpes, de Chambéry.	13,775	35
L'Indicateur, de Tourcoing. . . .	10,262	»
La France centrale, de Blois. . . .	9,469	25
Le Mémorial des Pyrénées, de Pau .	7,961	»
Les Petites Affiches de Bayonne. . .	5,266	»
Le Journal de l'Ain.	4.741	20

[1] Plus du linge et de la charpie.

La Foi bretonne, de Saint-Brieuc. .	4,537	»
Le Mémorial de l'Allier.	853	»
Le Courrier du Jura (sommes recueillies dans quelques paroisses du diocèse).	415	»

SEMAINES RELIGIEUSES.

La Semaine liturgique de Poitiers. .	62,729	20
L'Écho de Fourvière [1].	46,417	»
Annales religieuses et littéraires d'Orléans.	43,841	05
Bulletin du diocèse de Reims . . .	29,178	37
Semaine religieuse de Limoges. . .	28,687	15
Semaine religieuse d'Arras. . . .	19,532	»
Sem. religieuse de Sens et d'Auxerre [2].	19,466	95
Revue religieuse de Rodez. . . .	18,644	55
Chronique religieuse de Dijon . . .	16,040	35
Bulletin religieux de la Rochelle. . .	15,498	75
Semaine religieuse de Fréjus et Toulon.	6,424	95
Semaine religieuse de Bayeux. . .	5,406	»
Semaine liturgique de Marseille. . .	4,810	25
Semaine religieuse de Nîmes . . .	3,874	65

ÉVÊCHÉS.

Sommes versées à l'évêché de Laval.	67,928	85
Id. à l'évêché de Marseille [3]. . .	51,838	70

---

[1] Plus un couvert en argent, le seul possédé par une brave fille ; puis trois paquets de charpie.

[2] Le diocèse a, en outre, envoyé 6,204 francs aux journaux de Paris.

[3] Il a été fait, en outre, offrande des objets suivants : une montre en argent, un dé d'argent, une giletière d'or, quatre paires de pendants d'oreille en or, une broche d'or, un crochet d'or pour montre, une clef d'or pour montre.

Id. à l'archevêché de Bourges.   .   57,707   90
Id. à l'évêché de Blois   33,089   75
Id. à l'archevêché de Toulouse.   .   26,824   »
Id. à l'archevêché de Rouen.   .   .   21,670   »
Id. à l'évêché de Saint-Brieuc   .   .   21,377   »
Id. à l'évêché de Troyes[1].   .   .   .   13,279   07
Id. à l'évêché de Moulins.   .   .   .   7,670   »
Id. chez M. l'abbé Maupied, à Guin-
    gamp.   6,128   »
Le second envoi du diocèse de Ca-
hors, à S. Exc. le nonce apostolique,
des souscriptions extraordinaires pour
notre saint-père le pape, s'élève à.   .   6,400   »
Dans cette somme est comprise celle de 500 fr.
souscrite par le clergé du canton de Lacapelle-Marival
pour un zouave pontifical.

EN BELGIQUE.

Journal de Bruxelles.   92,261   56
Le Bien public, de Gand   62,705   35
L'Ami de l'Ordre, de Namur.   .   .   .   29,000   »
Le Journal d'Anvers.   22,300   »
La Patrie, de Bruges.   21,250   21
Gazette de Liége   17,227   »
Courrier de l'Escaut, de Tournai .   .   15,200   »
La Voix du Luxembourg.   14,000   »
Gazette de Louvain.   12,815   »
Journal de Courtrai.   10,410   »
Journal d'Ypres.   10,406   »
L'Union de Charleroy.   8,230   »
Le Hainaut, de Mons.   6,211   »

[1] La somme de 5,108 fr. 40 c. a été, en outre, comprise dans les
listes publiées par *le Monde*, *l'Union* et *l'Univers*.

De Katholyke Belg et *de Onpartydige* (Termonde)	5,354	98
La Dyle (Malines).	5,050	»
De Klok et het Land van Waes (Saint-Nicolas).	4,625	»
De Denderbode (Alost).	4,233	»
De Vrede (Lokeren).	3,416	»
Gazette van Lier (Lierre).	3,073	»
Gazette van Tielt.	2,520	»
De Landbouwer, de Roulers. . . .	1,886	56
Journal d'Ath.	1,800	»
Impartial de Soignies.	1,621	»
Le Nouvelliste de Verviers	1,500	»
Zondagblad (Grammont).	1,383	»
Het Vlaemsche Land (Gand). . . .	1,346	»
Courrier de Huy.	1,028	»
De Eecloonaer (Eeclo)	909	»
T'Ware Vosken (Audenarde) . . .	756	»
Gazette de Nivelles.	639	»
Moniteur de Louvain.	500	»
Het Regt (Saint-Trond).	500	»

Les souscriptions se continuent chaque jour.

Il manque encore à cette liste, dit *le Bien public* de Gand, auquel nous empruntons ces chiffres, les souscriptions de quelques journaux de la Flandre occidentales (Furnes), du Limbourg et de la province de Liége. Nous ignorons le chiffre exact des souscriptions qu'ils ont recueillies. On nous signale également une souscription ouverte dans notre Flandre par le *Land van Aels* (Alost) ; mais, ne recevant pas cette feuille, nous ignorons quel est le montant des offrandes recueillies et s'il ne doit pas se confondre avec le résultat de la liste du *Denderbode* [1].

L'Église n'a point seulement reçu dans ces derniers jours l'impôt de l'argent, mais encore celui du sang. Nous n'avons point voulu interrompre le récit des événements par le récit des engagements volontaires, des morts héroïques ou par les lettres si édifiantes de nos soldats pontificaux. Mais nous manquerions à notre tâche et à notre but si nous négligions de publier avec ce glorieux martyrologe les lettres qui nous ont le plus frappé. Une lettre touchante d'un témoin oculaire, écrite avec le cœur sous l'impression du moment, peint mieux une situation, un fait dramatique ou un acte de dévouement, que tous les récits d'un historien.

Pour commencer par les volontaires pontificaux, on lit dans *l'Espérance du peuple*, de Nantes :

« Nous apprenons que, parmi les hommes de courage et de dévouement qui accompagnent M. l'abbé Peigné, se trouve M. Yves Carré.

« Notre brave et estimable compatriote, on le sait, a fait la campagne de Crimée, où il mérita la médaille militaire. Après avoir servi la France avec tant de courage, il fut le premier à s'offrir au général la Moricière pour la défense du saint-siége. Sur le champ de bataille de Castelfidardo, il fit des prodiges de valeur et fut décoré de la croix de Pie IX.

« Depuis trois mois, il était revenu en notre ville après avoir servi dans l'armée pontificale, où il avait obtenu le grade d'adjudant d'artillerie.

---

[1] *Univers.*

« Quoique M. Yves Carré ait contracté à Nantes, depuis peu de jours, une honorable union, il n'a pas hésité un seul instant à retourner au poste de la fidélité et de l'honneur.

« Un zouave pontifical de notre ville, qui avait obtenu un congé de convalescence, écrit à ses parents, en date du 15 octobre :

« ... Je suis très-étonné de n'avoir pas encore votre « réponse à ma dernière lettre.

« J'espère bien que vous ne me supposez pas capa- « ble de retourner en France dans un moment comme « celui-ci, et ne m'attendez pas.

« Je crois néanmoins que je ne serai pas longtemps « avant de vous revoir, car désormais les événements « vont marcher bon train. On a mis le feu aux poudres, « et la poudre brûle vite !

« Rassurez-vous, d'ailleurs ; je suis maintenant « tout à fait rétabli et m'apprête, comme les autres, à « combattre de mon mieux les ennemis de l'Eglise.

« Nous sommes vainqueurs sur toute la ligne ; c'est « la revanche de Castelfidardo que nous prenons, et « que nous prenons d'une rude façon.

« Ne croyez pas un mot, je vous le répète, des jour- « naux italiens, et ne regardez comme exacts que les « extraits du *Journal de Rome* et de *l'Unità cattolica*. « Leurs récits sont vrais, car ils résultent des rapports « de nos officiers.

« Ma compagnie (2ᵉ du 2ᵉ bataillon, capitaine du « Réau), est toujours à Rome, et je n'ai pas encore re- « pris mon service. Je le reprendrai dès qu'il y aura « ordre de départ pour marcher avec elle. »

Nous apprenons encore le départ pour Rome de

la Faucombert de Selby, autrefois dans les guides du général la Moricière, où il va s'engager dans les volontaires de l'armée pontificale.

Le jeune officier de l'artillerie du saint-père faisait un appel à tous les jeunes gens qui ont le bonheur d'aimer la justice :

« Les événements m'ont rappelé précipitamment à mon poste. La position est grave, et Dieu sait comment finira la pièce à laquelle nous assistons. Dans tous les cas, je bénis la Providence d'avoir pu revenir à temps.

« Jusqu'ici nos troupes ont eu sans cesse l'avantage ; elles sont pleines d'enthousiasme et rivalisent de fidélité et de courage ; mais il s'agit de savoir dans quelles proportions arriveront ces bandes qui se renouvellent sans cesse et disparaissent sur un point pour reparaître sur un autre, qui améliorent chaque jour leur armement et reçoivent dans leurs rangs de nombreux soldats et officiers de l'armée piémontaise, soi-disant congédiés.

« Néanmoins la révolution n'arrivera pas aussi facilement à ses fins qu'elle s'en était flattée. Nous attendons avec impatience des renforts ; jamais les départs pour Rome n'ont été aussi opportuns. *Redites-le bien autour de vous.* Il nous faudrait encore deux ou trois mille hommes dévoués ; avec cela nous pourrions occuper tous les points importants et forcer bon gré mal gré le gouvernement italien à se démasquer. Ici, et dans tous les grands centres la tranquillité est complète, mais on se tient sur ses gardes.

« Le saint-père continue à se porter à merveille, il nous témoigne sa satisfaction, et cet encouragement

11

est, vous le sentez, notre plus douce récompense ; avant-hier, il s'est rendu à l'hôpital militaire : on amenait un blessé ; le saint-père lui donna la main, pour l'aider à gagner son lit.

« Adieu, cher ami, encore une fois songez à nous. C'est une honte si la France reste en arrière, quand l'Église est si directement menacée.

« Il faut absolument qu'on se remue et qu'il nous arrive du monde. Je ne doute pas que vous fassiez, de votre côté, tout ce qui dépendra de vous.

« Je vous serre cordialement la main et me recommande à vos bonnes prières. »

Cette lettre résume bien la situation. Il faut que tout catholique se le dise et le dise autour de lui : *Le saint-père a encore besoin de soldats*, non pour contenir ses sujets, qui restent calmes malgré les efforts inouïs de la révolution, mais pour chasser des États-Romains les bandits qui veulent se ruer sur Rome.

Du reste, chaque jour nous apporte des exemples nouveaux de généreux sacrifices.

Ainsi nous lisons dans *l'Union franc-comtoise :*

« M. Philibert de Jallerange, dont la fortune et la position ne laissaient rien à désirer dans le monde, à la nouvelle des périls au milieu desquels se trouvait le saint-père, a voulu s'associer à la gloire de le défendre. Il est parti hier à deux heures et demie, pour aller s'enrôler dans un des bataillons des zouaves pontificaux. Il y restera tant qu'on se battra, et on peut croire qu'il se battra bien.

« Nous avons eu la visite d'un jeune homme de vingt-cinq ans, cultivateur dans une commune voisine. Il nous a demandé le moyen de s'enrôler dans les troupes du saint-père. Nous le lui avons indiqué. « Vous « savez, monsieur, nous a-t-il dit, ce n'est point pour « de l'argent. C'est pour la justice. Elle est outragée ; « je veux la venger. » Jamais le sentiment chrétien n'avait mieux parlé.

« Un homme de cinquante-sept ans, énergique et robuste, voulait aussi partir. « Je suis fort, nous disait- « il, et je m'entends à tirer un coup de fusil. » Lorsque le dévouement et l'enthousiasme atteignent ainsi tous les âges, on peut s'attendre à un prochain triomphe de l'Église de Dieu.

« Un jeune homme, presque un enfant, déclare, en apprenant l'invasion garibaldienne, qu'il veut partir : « Je ne puis plus supporter le repos, dit-il, quand je « pense que je puis être utile à Jésus-Christ dans son « vicaire. » Et la veille de son départ, il disait encore à sa tante, qui lui tient lieu de mère : « Assurez-moi « que si la tante se désole de mon départ, la chré- « tienne se réjouit de ma résolution ; dites-moi que « vous approuvez le parti que je prends. Dès mon en- « fance, j'ai pris l'engagement de servir l'Église, et plus « que jamais je veux me consacrer à elle. »

« Et les parents se montrent dignes de leur enfants : leur cœur est déchiré, mais ils consentent au sacrifice. La race des vieux chrétiens n'est pas éteinte. Il y a des prières, il y a des sacrifices, il y a des dévouements ; ce sont là les conditions du salut : le salut viendra, et ceux mêmes qui, aujourd'hui, s'irritent contre les défenseurs de l'Église et du saint-siége, reconnaîtront en eux les sauveurs de la société chrétienne et de la civilisation [1]. »

[1] J. Chantrel.

A Marseille, au milieu des groupes formés sur le pont du navire, on remarquait un homme à la taille élevée, à la chevelure blanche, partout salué avec respect ; c'était le représentant d'un des grands noms de France, le possesseur d'une immense fortune, connu surtout par le noble usage qu'il en sait faire : M. le duc de Luynes, dont le nom est revendiqué par notre Provence, qui s'en fait honneur. Le noble duc n'a point cru avoir payé toute sa dette de catholique en donnant à l'armée pontificale son petit-fils, l'héritier de son nom, le duc de Chevreuse, et en s'inscrivant naguère pour une somme de cinquante mille francs dans la souscription pontificale ; il se rend lui-même à Rome, pour secourir les blessés.

Un autre voyageur que bien des sympathies rattachent à Marseille, portant aussi l'un des plus beaux noms de l'ancienne noblesse française, le vicomte Charles de Saint-Priest, se dérobait aux nombreux amis qu'il compte parmi nous et oubliait les fatigues d'un voyage de dix jours pour ne pas perdre un instant et arriver plus tôt à Rome ; on ne s'en étonnait pas, car il y a à Rome, en ce moment, des dangers à partager et des souffrances à secourir.

Plusieurs membres du comité catholique de Paris accomplissaient aussi le même voyage. L'un d'entre eux, le docteur Ozanam, va comme médecin offrir ses services aux blessés. Un autre, dont le nom est cher depuis longtemps à tous les catholiques français, M. Keller, ancien député, partait aussi pour aller porter aux pieds du souverain pontife un dévouement grand comme le péril de l'Église. Saluons ici du moins ce noble représentant de l'opinion catholique, l'éloquent défenseur de notre droit, de notre honneur national, de tous nos intérêts d'hommes et de citoyens qui vont triompher ou périr avec l'intérêt catholique! Parmi les passagers se trouvaient encore M. Benoit d'Azy, lieutenant de vaisseau ; M. Vrignault, attaché au ministère des affaires étrangères, et Mgr Franchi, l'un des hommes les plus capables et les plus respectés du gouvernement pontifical.

On cite encore M. Milcent, fils du docteur Milcent, l'un des rédacteurs de *l'Art médical* ; M. François Lafon, l'un des élèves les plus remarqués de l'Ecole des beaux-arts, fils du peintre distingué à qui nous devons la belle chapelle de Saint-François-Xavier, à Saint-Sulpice. C'est le second soldat que M. Lafon donne au saint-père, un autre de ses fils est déjà zouave pontifical depuis deux ans.

Parmi les volontaires l'on peut admirer les plus beaux noms de France, de Belgique et d'Espagne. Citons encore :

M. le général de brigade Caroll Tevis, de l'armée du Nord des États-Unis, parti de Paris pour Rome, où il s'engage comme simple soldat. M. Caroll Tevis est sorti de l'école militaire de West-Point, et il a gagné son grade dans la dernière guerre des États-Unis, qu'il a faite tout entière.

Parmi les noms des volontaires récemment partis, on remarque celui de M. Emmanuel de Riancey, second fils du rédacteur en chef de *l'Union* ; M. Eugène d'Aquin, beau-frère de M. le docteur Ozanam et de M. Eugène Veuillot. M. Paul Vrignault, laisse une position faite et agréable, pour se joindre à ceux qui vont offrir leur sang.

Nous apprenons de Belgique que M. le comte de Limminghe, frère d'un zouave qui fut assassiné à Rome, il y a quelques années, va reprendre le fusil de son frère.

Le Courrier des Alpes annonce que M. le comte Paul Costa de Beauregard, de Chambéry, s'est embarqué avant-hier, à Marseille, pour Rome. Il va rejoindre les zouaves pontificaux.

M. Costa de Beauregard est fils de feu le marquis Léon, premier écuyer du roi Charles Albert, qui s'est rendu célèbre par ses luttes contre le ministre Cavour.

S'il est beau de contempler le sacrifice de ces nobles cœurs renonçant à leur position, souvent à la fortune, et aux jouissances de la vie pour voler à la défense de l'Église en danger, il est encore plus beau de les voir donnant leur vie sur le champ de bataille. Parmi tous ceux que nous avons signalés, il en est plusieurs sur lesquels nous devons à nos lecteurs d'intéressants détails. M. Louis Veuillot a publié dans *l'Univers* une admirable notice sur Arthur Guillemin. Une correspondance de Rome raconte ainsi la mort de ce héros chrétien.

« Notre ami était à la tête d'une compagnie de 80 hommes, appartenant au 2ᵉ bataillon de zouaves, lorsqu'il reçut l'ordre de quitter Monterotondo pour se rendre à Montelibretti. Il devait passer la nuit dans cette ville, qu'il ne savait pas occupée par les garibaldiens. Au moment d'y entrer, il fut accueilli par les cris : *All' armi!* que poussèrent les garibaldiens de garde à la porte. Aussitôt sans calculer le nombre des ennemis, il dégaine, donne l'ordre de marcher

en avant et se précipite lui-même à la tête de sa
vaillante cohorte. Les garibaldiens, au nombre de
près de 1,200, ne résistèrent point à cet élan et
furent culbutés. Mais ce n'était que le commencement de la lutte, qui dura de cinq heures et demie
du soir à huit heures.

« Arthur Guillemin et les siens se battirent comme
des lions ; mais, vers la fin du combat, il fut blessé
mortellement. Le sous-lieutenant de Quélen prit alors
le commandement de la troupe. Mais presque aussitôt il reçut lui-même un coup mortel, et les soldats
privés de leurs chefs, au milieu de la nuit, durent
s'arrêter. Les garibaldiens, qui étaient dix fois plus
nombreux, n'osèrent les poursuivre, et les laissèrent
relever les blessés et les morts. Le chiffre de ces
derniers n'est pas bien connu. On le fixe à 5
parmi lesquels Arthur Guillemin et M. de Quélen. Il
y a eu 10 blessés, dont 2 assez gravement. Parmi
eux est M. de Raphaël de la Bégassière, qui a eu
l'avant-bras gauche traversé d'une balle.

« Ils sont arrivés à Rome le 14, venant de Monterotondo, où ils avaient été dirigés par les soins du
sergent-major Bach, qui resta sur les lieux du combat jusqu'à quatre heures et demie du matin, avec le
reste de la compagnie. Il se replia ensuite sur Monte-
Maggiore, où il se rallia à la 2e compagnie de la
légion.

« Pendant la nuit, les garibaldiens abandonnèrent
Libretti, qu'occupèrent le lendemain les hommes de
la 2e compagnie.

« Dans la journée du 15, le saint-père a daigné aller
visiter dans leur hôpital les blessés de Montelibretti.

Sa Sainteté a donné des éloges publics à la valeur de ces héroïques enfants.

« Que ceux qui ont eu, comme nous, le bonheur d'avoir pour amis les jeunes héros que nous pleurons se réjouissent de leur mort. Qu'ils recueillent ces paroles qui nous étaient adressées ce matin par un ami d'Arthur Guillemin : « Cher ami, recevez pour « vous et pour son heureuse mère mon compliment de « condoléance et mon *alleluia !* »

Un service funèbre a été célébré en mémoire d'Arthur Guillemin dans la petite ville d'Aire-sur-la-Lys, qui d'ordinaire si calme, s'agite et se remplit comme pour une fête. De tous les points du Pas-de-Calais et du Nord, le clergé et de nombreux représentants de toutes les classes de la population s'empressent vers le berceau du héros qui est mort à vingt-neuf ans, pour le service de Pie IX et de Dieu.

Dans la rue principale, une maison modeste attire la visite de tous ceux qui sont venus. C'est là que s'abrite la plus noble et la plus chrétienne douleur. Admirable spectacle que cette mère, ce père, ce frère et cette sœur, radieux sous les pleurs et triomphant avec l'Église, malgré les défaillances de la nature vaincue. Il faut voir ces âmes pour comprendre toute la vérité des paroles qu'un illustre maître, encore sous le coup d'un deuil récent, me disait un jour : « Nous seuls chrétiens, nous seuls connaissons les belles douleurs. »

Bientôt les trois nefs gothiques de la vaste église sont remplies par la foule, à chaque instant plus pressée. Il y a d'anciens pairs de France, des députés, le frère de Mizaël de Pas, un autre martyr de nos contrées, une jeunesse ardente et nombreuse, plus de cent cinquante prêtres, soixante Lillois envoyés par la capitale du Nord pour protester que la France ne veut point abandonner son titre de fille aînée de l'Église, les officiers de chasseurs de la garnison, les professeurs de cette belle Société de Saint-Bertin qui éleva Arthur Guillemin, quelques représentants de la presse catholique.

Mgr l'évêque d'Arras était représenté par son grand vicaire, M. l'abbé Proyart, qui a fait l'absoute. La messe solennelle était chantée par M. Scott, doyen d'Aire. Les coins du poêle étaient tenus par quatre anciens zouaves, compagnons de labeur d'Arthur Guillemin.

Le catafalque, élevé au pied du jubé qui sépare le chœur de la nef, était recouvert d'un voile de soie bleue croisée de blanc, au-dessus duquel on remarquait un glorieux lambeau de la tunique percée à Castelfidardo. Quelque jour, l'autre habit de notre héros, troué par une balle à Montelibretti, reviendra aux mains de sa mère, et elle réunira cette précieuse relique dans son trésor à celle que nous considérions ce matin avec une émotion ravie.

En face des armes de Pie IX qui flottaient sur un étendard, au-dessus du catafalque, cette blessure, tout à coup rouverte, ne disait-elle pas éloquemment : « Pour vous, ô père, j'ai vécu, et j'ai voulu mourir ! »

Aux quatre coins du monument, des cartouches surmontés de drapeaux aux couleurs pontificales, portaient les chiffres du mort et ses simples noms : *Castelfidardo, Montelibretti*. Une défaite et une victoire, signifiant un égal triomphe. Qu'ajouter à ces souvenirs?

La cérémonie s'est terminée par l'éloge d'Arthur Guillemin, qu'a prononcé un de ses amis, M. l'abbé Delannoy, doyen de Saint-André, à Lille. En quelques paroles simples, émues et fortes, qui ont fait frémir l'auditoire, M. l'abbé Delannoy a montré que notre ami fut un héros et qu'il est véritablement un martyr. Il a rappelé que Pie IX l'avait en particulière affection, qu'il aima souvent causer avec notre ami, et que récemment il envoyait à sa famille un cierge bénit qui brûle maintenant devant l'autel, image du feu qui a consumé l'âme de Guillemin, et l'a préparée au dernier sacrifice qui lui a conquis le ciel. Guillemin avait depuis longtemps fait ses preuves.

A Castelfidardo, Guillemin, après avoir longtemps combattu et épuisé ses cartouches, tomba la poitrine traversée d'une baïonnette piémontaise. En même temps qu'il recevait le coup, il renouvela l'offrande de sa vie, et perdit aussitôt connaissance. Lorsqu'il revint à lui, il était étendu sur l'autel de la grande église de Lorette, remplie d'autres blessés. Il en reconnut plusieurs. A quelque distance, par terre, la tête appuyée sur les marches d'un confessionnal, il vit le séminariste Guérin, son plus intime ami, blessé mortellement. Celui-là avait spécialement offert son sang pour la réparation des injures de la France envers le sacrement de l'eucharistie. Ils échangèrent quelques mots pour regretter de n'être pas morts, mais Guérin était déjà exaucé.

Guillemin échappa aux hôpitaux piémontais. Il put revenir en France. Ce fut un terrible voyage. Il n'était pas guéri, il n'avait pas d'argent, et craignit vingt fois d'expirer en chemin. Puisqu'il avait un reste de vie, il désirait le donner encore à son drapeau. Enfin, il arriva jusqu'à la maison paternelle, heurta, et tomba épuisé sur le seuil. On crut longtemps qu'il ne se relèverait pas. Un acte de foi de sa mère le sauva. Elle le fit porter au lieu de naissance du bienheureux Labre, son compatriote, pria, et obtint sa guérison. Lorsqu'il fut guéri, toute frémissante, et les yeux baissés pour contenir ses larmes, devinant ce qu'il méditait et qu'il craignait de lui avouer, elle lui dit : « Je le sais, et je pense comme toi qu'il faut retourner. » Il repartit.

Le frère d'Arthur Guillemin adresse la lettre suivante :

« Monsieur,

« Puisque vous aimiez Arthur, je dois vous adresser les détails de sa mort glorieuse, tels qu'ils nous sont transmis par la sœur Lequette, religieuse de la Charité à Rome, et sœur de Mgr Lequette :

« Chargé par le colonel du commandement de sa compagnie en l'absence de son capitaine, le lieutenant Guillemin eut le malheur hier soir de rencontrer 1,200 garibaldiens en embuscade dans la petite ville de Montelibretti. Croyant n'avoir affaire qu'à quelques centaines de ces chemises rouges, il ne voulut pas rétrograder ; il commença l'attaque et fit des prodiges de valeur, ainsi que les 80 hommes qu'il commandait. Mais, au plus fort de l'attaque, une balle vint le frapper à la poitrine et le renversa.

« Au même moment, un clairon tombait à sa droite ;

il lui dit : « Clairon, criez avec moi : Vive le pape! »
Et en disant cela, il tira son épée et tua de sa propre
main deux garibaldiens, puis il expira.

« Quelle belle mort, monsieur! Une mère peut pleurer, mais un frère ne peut qu'éprouver un immense
désir d'obtenir la même gloire et de tomber aussi en
héros chrétien, là où Dieu l'appellera. Tous les soldats de Montelibretti étaient braves entre tous. Heureux ceux que Dieu a choisis pour lui être offerts en
holocauste! Vous partagez mes sentiments, monsieur,
et c'est en Pie IX que je vous prie encore une fois
d'agréer les protestations d'amitié d'un de vos compatriotes et anciens condisciples.

« LÉON GUILLEMIN. »

On lira aussi avec un douloureux intérêt ce que
dit *l'Union* au sujet de la mort du jeune Dufournel :

« Nous avons annoncé déjà la mort héroïque de plusieurs de nos généreux zouaves pontificaux : chaque
jour nous apporte la nouvelle qu'un nouveau sacrifice
a été fait, et que le martyrologe du devoir compte un
nom illustre de plus. Après Arthur Guillemin après
Urbain de Quélen, c'est Emmanuel Dufournel, sous-
lieutenant aux zouaves pontificaux, qui, mortellement blessé dans l'affaire du 20, près de Farnèse,
vient de succomber aux suites de ses blessures.

« La grandeur de la cause pour laquelle il est tombé,
l'âge et l'héroïsme de ce brave soldat de la foi, tout,
dans une mort d'ailleurs si glorieuse, frappe et at-
tendrit ceux qui ne l'ont pas connu personnellement.

« Le jeune et brillant officier était en congé de convalescence depuis trois mois, lorsque la nouvelle des dangers du saint-siége a fait à son honneur et à sa foi un devoir de rejoindre le drapeau. On l'avait vu, dans le courant de l'automne, soit aux bains de Luxeuil, soit à Renaucourt, faible, languissant, se soutenant à peine, et malgré sa santé délabrée, ne songeant qu'à payer de sa personne et de son courage dans la lutte qui allait s'engager.

« Dans les premiers jours d'octobre, une amélioration de santé ne fit qu'ajouter à ce noble désir Il repartit pour Rome sans compter le nombre, sans calculer le péril, avec des forces à moitié revenues, portant à la bataille une imprévoyance qui eût paru téméraire, même pour un simple voyage. C'est le 10 octobre qu'il a quitté sa province et sa famille ; c'est le 20 qu'il a été mortellement blessé. Il n'avait eu que le temps de reprendre son poste et de tomber sous son drapeau.

« M. Emmanuel Dufournel était depuis cinq ans dans les troupes du saint-père et il avait conquis tous ses grades un à un par sa bravoure et sa bonne conduite. M. Adéodat Dufournel, son frère aîné, sert depuis huit ans la même cause : fait prisonnier à Castelfidardo, il est aujourd'hui capitaine adjudant-major dans les zouaves, et il a été décoré de la main de Pie IX. »

Voici d'autres détails que nous trouvons dans *le Monde*.

« Nous avons parlé de la mort de M. Emmanuel Dufournel, sous-lieutenant aux zouaves pontificaux : on nous communique quelques détails que nous sommes heureux de reproduire, car ils montrent de quels héros et quels chrétiens se compose la petite armée de Pie IX.

« M. Emmanuel Dufournel était en France, à peine convalescent au sortir d'une grave maladie ; une lettre de son frère, capitaine d'état-major, le rappelle. Le danger presse ; tous les défenseurs de Pie IX doivent être à leur poste, ne fût-ce que pour s'y faire tuer.

« M. Dufournel quitta la France ; le 18 octobre, il était à Velletri avec un détachement de zouaves. Prévoyant qu'on allait se battre, il se confesse et communie à la tête de ses hommes. Le 19, on l'envoie avec 25 zouaves, sous les ordres d'un capitaine de carabiniers, pour occuper le petit village de Farnèse près de Valentano, où était une bande de garibaldiens. Il arrive, on le charge de s'emparer avec ses zouaves d'une grosse maison située à l'entrée du village : il s'en empare. Mais bientôt il est assiégé par des forces supérieures et obligé de se barricader. Les forces qui entourent la maison augmentent ; la petite troupe va être réduite à se rendre. Emmanuel Dufournel décide qu'il faut faire une sortie. D'un coup de sabre il coupe la corde qui retenait la barricade de planches placée devant la porte. Une partie seulement des planches tombe et ne laisse le passage que pour un homme à la fois. Les garibaldiens sont en force, le premier des zouaves qui franchira cet étroit passage est sûr d'être tué.

« Emmanuel Dufournel se précipite. Il tombe percé de vingt-quatre coups de baïonnettes. Celui qui le suit est blessé aussi, mais moins grièvement. Mais pendant les courts instants que dure cette lutte, le reste des zouaves sont sortis ; ils exécutent une charge ; les assaillants sont mis en déroute et s'enfuient. Les zouaves emportent le corps de leur sous-lieutenant encore vivant ; mais l'une des blessures qu'il avait reçues était mortelle : l'arme avait traversé le poumon et effleuré le cœur. Ne se faisant aucune illusion sur la gravité de son état, M. Dufournel reçoit l'extrême-onction et donne ses dernières instructions. Il prie ses camarades de l'enterrer dans le cimetière de San Lorenzo, où reposent déjà plusieurs de ses amis, et il demande qu'on reporte son cœur en France, à son père. Le lendemain il était mort, consolé par cette pensée qu'il avait fait son devoir, et que son frère, qui arriverait trop tard pour le secourir, serait content de lui. »

M. l'abbé Besson, dans son oraison funèbre, raconte ainsi la mort de Dufournel : « Emmanuel grandit vite à l'ombre de son frère. En cinq ans il a conquis, un à un, tous les grades inférieurs, et la Comté l'a revu l'été dernier dans sa modeste et sévère tenue d'officier pontifical. Mais les médecins ont imposé à son dévouement un long congé de convalescence. La fièvre qui l'a forcé de quitter Rome, le suit encore à Luxeuil, à Gray et à Renaucourt. Pâle, languissant, se traînant à peine, on dirait un malade condamné au repos, et c'est un soldat qui soupire après la bataille. La chrétienté venait d'entendre ces cris de rage poussés à Genève, à Turin et à Florence par des bêtes furieuses ; elle avait vu ce général de parade, qui est aujourd'hui l'idole de l'Italie affolée et qui en demeurera la honte dans l'histoire, racoler de ville en ville la lie des nations et la mener, à la face de l'Europe, au pillage de la ville éternelle. Les politiques se consultent, les bons frémissent, les méchants sont remplis de joie. Notre Emmanuel ne saurait y tenir... Ne prétendez pas lui cacher les préoccupations et les inquiétudes qui percent dans tous les regards fixés sur Rome, et qui ne laissent aux fêtes des grandes cités et au passage des grands souverains qu'un coup d'œil distrait. Ne lui parlez ni de sa santé mal raffermie, ni de ses forces à peine revenues : il devine le péril, il entend l'appel à travers des espaces immenses de terre et de mer, il vole avec la rapidité de l'aigle, il arrive avec le courage du lion, et c'est encore David qui me fournit cette comparaison si juste et si belle : *Aquilis velociores, leonibus fortiores*. Le 6 octobre on l'a vu à Gray, où il serre la main à ses amis ; le 15 il est à Rome. Il prend à peine le temps d'embrasser son frère, et dès le lendemain il est à vingt-cinq lieues de Rome, à Valentano, au poste d'honneur et du danger, à l'avant-garde des zouaves, aux frontières des États-Pontificaux.

« Rien ne bougeait encore, lorsqu'un de ces saints religieux qui suivent si volontiers le soldat au combat, parce qu'ils en ont le courage aussi bien que la foi, le P. de Gerlache, vint à Valentano pour visiter et encourager la garnison. Emmanuel fait entre ses mains une confession générale, comme si Dieu lui avait donné le pressentiment de sa fin prochaine, et reçoit le lendemain la sainte communion à la tête de ses zouaves. La messe à peine achevée, on apprend au comte de la Guiche que 100 garibaldiens viennent d'envahir Farnèse. 100 garibaldiens ! c'est assez

pour les battre de 25 hommes de ligne et de 25
zouaves. Dufournel, qui commande les zouaves,
entre dans le bourg après deux heures de marche,
attaque la première maison, en déloge l'ennemi et
y établit sa troupe sans perdre un seul homme. Mais
les bandes garibaldiennes se sont renforcées, ce n'est
pas cent ennemis qu'il rencontre, mais 300. Il prend
ses mesures pour assurer leur défaite. « Courez à Valentano, dit-il à un dragon qu'il rencontre, dites au
capitaine de la Guiche que nous ne sommes que 45
mais que nous attaquons. » En attendant du renfort, il
veut charger à la baïonnette. Il se tourne vers sa petite
troupe et, faisant le signe de la croix : « Messieurs, il
s'agit maintenant d'aller mourir. Au nom du Père, du
Fils et du Saint-Esprit, en avant. » Le voyez-vous,
comme il vole et à la mort et à la victoire ! Il coupe
avec son sabre la corde d'une galerie qui sépare de
l'ennemi, et la barricade à peine tombée, il s'élance,
le sabre à la main. Les 25 zouaves le suivent : c'est le
caporal Beaubeau, Gaëtan du Chêne, Ferdinand de
Charette, le petit-fils de celui qui a été nommé le
saint de la Vendée. Pendant qu'ils se pressent dans
l'étroit passage, Dufournel seul, dans la mêlée, est
accablé en un moment. Vingt garibaldiens l'entourent, vingt baïonnettes le percent ; il chancelle, il se
relève, il frappe encore ; on lui arrache son sabre,
mais sa main toujours ferme en garde le fourreau et
le teint du sang de l'ennemi. Il tombe, percé de quatorze coups ; cinq ont été reçus en pleine poitrine,
deux sont mortels. Il tombe, mais les siens, un
un moment séparés de lui, le reçoivent dans leurs
bras. Son caporal est blessé à ses côtés ; la mêlée

devient furieuse. Voici, du côté de Valtone, de Couërsin avec ses zouaves, tandis que le capitaine de la Guiche accourt de Valentano à marches forcées. Il est temps encore : le combat, commencé à midi, ne s'achève qu'à trois heures ; l'ennemi est en pleine déroute, et Dufournel seul sera la victime de la journée de Farnèse !

« Cependant les zouaves prennent leur lieutenant sur leurs épaules, ils le rapportent à travers les chemins perdus, une nuit profonde et une pluie torrentielle, et ce n'est qu'à dix heures du soir qu'on peut lui procurer un peu de repos. Comme ses compagnons d'armes s'empressent autour de son lit ! Quel spectacle plein d'attendrissement ! que de belles larmes ! que de touchantes paroles ! Les uns le plaignent, les autres le consolent, plusieurs veulent qu'il espère encore. Se tournant vers le médecin : « Combien ai-je encore d'heures à vivre ? » Le médecin hésite : « Oh ! s'écrie-t-il, parlez, je ne crains pas la mort. » Le P. de Gerlache était déjà auprès de lui avec les onctions des mourants. A mesure que cette sainte liqueur, mêlée au sang de Jésus-Christ, coule sur ses membres meurtris et ensanglantés, les souffrances cessent, le visage se rassérène, et la vertu du sacrement ramène comme une sainte joie sur ce front que l'ennemi n'a point fait plier, que la mort ne fera point pâlir. Écoutez les derniers battements de son cœur ; il regarde ses amis, il distribue ses bijoux, il parle de son père, de sa chère Comté, de ses sœurs ; il veut que son cœur soit rapporté dans la terre natale, mais que son corps repose à Rome dans le cimetière de San Lorenzo, parmi les zouaves morts pour la défense du saint-siége. Il regarde ses plaies saigner et sa vie s'éteindre : « Je suis heureux de voir couler par ces quatorze blessures tout mon sang pour la gloire de l'Église… » « Quelle heure est-il? disait-il quelquefois en interrompant sa prière. » Puis, calculant sa vie, il tire de son doigt une bague qui avait appartenu à sa mère, et la remet au lieutenant Bardo : « Voilà pour mon frère. » Et après un moment de réflexion : « Mon frère arrivera trop tard ; » et avec un sourire d'ineffable félicité, « mais il sera content de moi ! » Ce fut sa dernière parole, sa dernière pensée, son dernier sourire. »

Urbain de Quélen lui aussi avait ce beau courage dont la source est dans l'amour de la justice ; il l'exerçait dans la vie commune comme il le montra dans la vie militaire.

Dans ses dernières lettres à sa famille, il semblait pressentir sa fin prochaine ; mais il ne comptait pas sur la gloire qui lui était réservée. Il était malade, et il avait pris un congé de convalescence. L'agression garibaldienne survint lorsqu'il allait partir. Il déchira son congé.

Sa mort fut cruelle. Abandonné sans connaissance sur le champ de bataille, il y passa toute la nuit du 13 au 14 octobre. Il y fut retrouvé le lendemain, dépouillé de ses vêtements, percé de treize blessures presque toutes mortelles, la tête horriblement mutilée. On lui avait arraché une petite médaille qu'il portait au cou, souvenir de sa pieuse mère. Les garibaldiens avaient aussi dépouillé et horriblement mutilé M. Guillemin ; mais du moins Menotti a eu la délicatesse de renvoyer une partie de ses vêtements, sa montre et une médaille qu'il avait léguée et qui arrivera ainsi à sa destination.

M. de Quélen respirait encore. On le transporta dans une maison de Montelibretti, un prêtre fut appelé et le blessé recouvra ses sens; il s'informa tout de suite si l'on se battait encore. Comme ses camarades, il s'était confessé et avait communié la veille du combat. Il se confessa de nouveau, montrant une grande fermeté dans ses souffrances.

Le soir, des zouaves vinrent le chercher de Palombara, et croyant pouvoir l'emmener, ils l'emportèrent sur leurs épaules. Il mourut dans le trajet, sur ce noble pavois, comme ces martyrs que les confesseurs enlevaient de l'arène pour conserver leurs restes précieux. Il repose à Palombara, dans un lieu réservé. Sa sœur, informant madame la baronne de Bellaing, sa tante, lui écrit : « Pour l'éternité, nous ne pouvons que remercier Dieu. »

Sous saint Louis, trois Quélen prirent la croix, arrivèrent en terre sainte et moururent tous trois à la journée de la Massourah. La devise bretonne des Quélen, bien gardée après six cents ans, dit : « *En per, Emser Quelen;* il y a des Quélen toujours ! »

M. de Vaux a été tué près de la villa Santucci. Ce jeune capitaine, l'un des plus aimables et des plus élégants du corps des zouaves, a reçu au cœur une balle qui l'a tué roide. Étendu auprès d'une petite chapelle où l'on avait établi la première ambulance, on l'a vu revêtu de son uniforme intact. Pas une goutte de sang n'avait taché ses vêtements. Il y avait à l'étoffe un trou à la place du cœur. Des garibaldiens lui avaient enlevé ses bottes molles.

Le sourire le plus gracieux était encore sur ses lèvres, et, contraste étrange, qui peignait la différence des deux causes, à côté de ce noble jeune homme gisait le cadavre d'un garibaldien à barbe rousse, inondé de sang et dont le visage exprimait la damnation.

M. de Vaux fut un des prisonniers de Castelfidardo.

On sait que M. le capitaine adjudant-major Dufournel, frère du lieutenant tué à Farnèse, a été grièvement blessé, ainsi que deux autres zouaves, en donnant l'assaut à une maison située sur la pente du mont SanSpirito, près du Vatican. Des garibaldiens, étrangers à Rome et armés, s'étaient barricadés dans cette maison, d'où ils ont tiré sur la troupe. M. Dufournel s'était élancé bravement à la tête de ses soldats, avait enfoncé la porte et cherchait à contenir seul trois garibaldiens, quand on l'a vu, à la lueur d'un réverbère, s'affaisser et tomber au pied des marches qui conduisent à cette porte. Sa blessure présente de la gravité, mais le docteur Ceccarelli, chirurgien très-distingué, espère encore le sauver. Quant aux deux soldats, l'un est blessé à la jambe, l'autre à la main.

Je viens de voir, à l'hôpital, le R. P. Gerlache, lequel avait assisté, à Valentano, le lieutenant Dufournel, mort comme un héros chrétien et *heureux de voir couler par ses quinze blessures tout son sang pour la gloire de l'Église.*

— Nous vivons, m'a dit le révérend père, dans une atmosphère tout embaumée des parfums de la gloire et du martyre chrétien. Et je donnerais plusieurs années de ministère au milieu du monde, pour ces quelques jours de ministère sublime au milieu des soldats du pape. Hier matin, le capitaine Dufournel s'est confessé à moi et a voulu, comme s'il avait le pressentiment d'une fin imminente, entendre la messe dans les souterrains de Saint-Pierre. Tout le temps qu'a duré le saint sacrifice, il est resté prosterné le front sur le pavé de la basilique ; il a communié avec la plus grande onction et est sorti calme comme un homme qui vient d'accepter de mourir pour le Christ.

Le révérend père m'a donné un trait qui peint admirablement la bravoure des héros qui tombent sous les coups de la révolution, et dont la mort devient les germe d'une résurrection splendide du pouvoir temporel du vicaire de Jésus-Christ.

La colonne que conduisait le lieutenant Dufournel, chargée de reprendre Farnèse aux garibaldiens, arrivait à Ischia. Des paysans rapportent que les garibaldiens, concentrés à Farnèse et venus de Livourne, sont au nombre de 250. Dufournel dit à un dragon à cheval :

— Courez à Valentano. Dites au capitaine de la Guiche que nous ne sommes que 45, mais que nous attaquons.

Puis se tournant vers la petite troupe qui l'entoure :

— Messieurs, il s'agit maintenant d'aller mourir. Au nom du Père, du Fils et du Saint-Esprit, en avant !

Dufournel prononça ces mots d'un ton calme et ferme.

Je vous ai raconté les incidents de sa mort. Le peuple de Valentano se pressant à la porte de sa chambre et voulant en forcer l'entrée malgré les sentinelles, disait :

— Nous ne venons pas prier pour lui. Nous venons l'implorer.

Dans l'assaut donné à la maison, les garibaldiens ont eu 5 morts et 2 blessés.

« On parle d'un soldat français assassiné hier soir dans les rues.

« Le déblayement de la caserne Serristori n'est pas encore terminé. Il s'en exhale une odeur de cadavres insupportable. Le nombre des corps retrouvés s'élève jusqu'à cette heure à 18. Les blessés recueillis le lendemain de l'explosion sont, comme on le sait, au nombre de 14. Deux ont subi l'amputation. »

Voici un trait qui peint bien cette hardiesse que l'on·trouve partout où vont les armées françaises.

Un capitaine de la légion s'était amusé à pousser, pour son propre compte, une reconnaissance hors de Rome. Accompagné de son lieutenant, il est monté au sommet d'une de ces tours que le moyen âge a parsemées dans l'*Agro romano*, la plupart élevées sur des tombeaux. Nos deux compatriotes estimaient que, du haut de cet observatoire, ils pourraient découvrir les positions de l'ennemi. Pendant qu'ils étaient en observation, ils virent venir au galop un détachement de cavalerie et reconnurent bien vite les chemises rouges des garibaldiens.

Le détachement s'arrêta au pied de la tour, et deux cavaliers ayant la même pensée gravirent au sommet de cette tour pour sonder du regard l'horizon. Il s'agissait pour nos deux compatriotes de ne pas tomber aux mains du détachement. Ils se placèrent donc de façon à n'être pas tout d'abord aperçus par les deux garibaldiens, et à peine ceux-ci avaient-ils passé le seuil de la porte, que le capitaine abattit le premier d'un coup de revolver et que le lieutenant sabra le second.

Avant de tomber, le premier atteint eut le temps de riposter; mais la balle de son arme alla frapper le mur au-dessus de la tête du capitaine. Quant au second, il s'affaissa, le visage inondé de sang, mais seulement blessé. Au bruit de ces coups, le détachement s'imagina que la tour était défendue, tourna bride vivement et disparut au galop des chevaux.

Tout n'est pas triste dans ce qui vient de se passer, et l'on cite ce fait qui a, dit-on, vivement ému le pape.

Dans un des villages de la campagne romaine se présentent des garibaldiens.

— Où est le prieur (le maire), demandent-ils.

— Il est en fuite.

— Qu'on fasse venir les notables. Nous voulons six cents écus.

Les notables n'ont rien; mais il y a un paysan que l'on dit riche et ils interpellent ce paysan.

— Tu vas nous compter deux cents écus.

— Je serais fort en peine, car je n'en ai que quarante.

— Nous te tuerons.

— Vous ne voulez donc pas les quarante écus? Si vous me tuez, vous ne les aurez pas, je les ai cachés.

Les garibaldiens tiennent conseil.

— Eh bien, donne-nous les quarante écus.

— *Piano piano.* J'y mets deux conditions : la première, que vous n'abattrez pas l'écusson de Pie IX; la seconde, que vous quitterez aussitôt le pays.

— Va pour tes deux conditions.

Et les garibaldiens sont partis emportant les quarante écus.

On assure que le saint-père a fait prendre le nom de ce brave homme et ordonné qu'on lui donne un témoignage de sa satisfaction souveraine.

« Parmi les garibaldiens, écrit un correspondant, quelques-uns, émerveillés du courage et de la générosité de nos soldats, leur demandaient de les enrôler parmi eux pour combattre à leurs côtés pour le pape.

« L'un d'eux avouait avoir tiré sept fois sur M. de Charette. « Heureusement, ajoutait-il, je l'ai toujours manqué; c'est un homme que j'admire! — Misérable! disait Mgr Bastide au chef Moroni, de quel droit tirez-vous sur nos soldats et venez-vous nous faire la guerre? — Ah! si je suis coupable, il y en a bien d'autres aussi coupables que moi. — Mais quel mal vous a fait le pape? n'est-il pas votre père à tous, le meilleur des souverains? — Ne nous parlez plus de souverains; nous ne voulons plus ni pape, ni roi, ni empereur, mais la république universelle. »

« Il y a plus de 500 prisonniers au château Saint-Ange. On cherche à les moraliser par des exercices spirituels.

« Les bandes garibaldiennes ont commis bien des atrocités. Généralement cependant, les blessés restés prisonniers quelques heures entre leurs mains ont été humainement traités.

« Vraiment, en écoutant le récit de nos braves aumôniers, je me croyais revenu au temps des croisés : même foi, mêmes actes de piété, même enthousiasme, même dédain de la vie, même générosité après la bataille. Avant l'affaire de Nerola tous les soldats défilant devant le P. Ligiez baisaient son crucifix. Le P. Ligiez est un dominicain dijonnais. Dans une marche de nuit, nos soldats avaient épuisé leur répertoire de blagues et de chansons.

« — Allons, mes amis, leur dit le père, vous savez encore l'*Ave Maria*, n'est-ce pas ?

« — Oh ! oui, mon père.

« — Eh bien, récitons le chapelet.

« Et le chapelet tout entier fut récité en deux chœurs.

« La position se dessine à chaque instant plus nettement. On commence à espérer que la France en a fini avec ses complaisances pour l'Italie. Toutes les troupes se concentrent sur Rome ; on s'attend à une invasion de l'armée régulière, elle est annoncée ; on s'y prépare, on élève des barricades aux portes, on dispose des mines sous le ponte Molle. On s'organise en garde nationale. Des princes romains sont à la tête. Tout le monde veut faire son devoir. L'armée italienne s'ébranle ; mais la flotte française, dit-on, est en route. Dieu veuille que cette intervention soit franchement catholique ! » toutes les nouvelles le font espérer. Espérons donc.

La Gazette de France publie la lettre suivante de l'honorable M. de Larcy :

« Monsieur,

« Je vous demande d'enregistrer dans *la Gazette de France* les noms de deux zouaves pontificaux qui me paraissent mériter une mention particulière.

«*Henri Pascal* et *Casimir Rouvière*, de la petite commune de Brignon, riveraine du Gard, viennent tous
deux d'être gravement atteints, sur le plus honorable
des champs de bataille, aux environs de Monterotondo. *Pascal* a succombé à ses blessures, on le craint
du moins; on a plus d'espoir pour *Rouvière*. Ces
braves jeunes gens ont ainsi partagé le sort de tant
d'autres glorieuses victimes ; mais, ce qui les distingue
entre tous, c'est un trait digne des plus beaux dévouements que l'histoire ait jamais célébrés. Appartenant à de pauvres familles, au moment d'être soumis, en France, à la loi du recrutement, ils ont l'un
et l'autre sacrifié la moitié de leur avoir et versé
2,500 francs dans les caisses de l'État, pour conquérir leur liberté et avoir le droit d'aller consacrer leur
vie à la défense du saint père. Ils ont acheté leur épée
au lieu de la vendre, et voilà les hommes qu'on n'a
pas craint d'appeler *mercenaires !*

« J'ai vu couler les larmes de leurs mères : j'ai
admiré leur douleur résignée, et je vous écris sous le
coup de ces émotions, qui seront partagées par tous
vos lecteurs.

« R. DE LARCY.»

Mgr de Dreux-Brézé a voulu célébrer solennellement, dans la cathédrale de Moulins, un service funèbre pour le repos des âmes des soldats morts au
service du saint-siége, notamment pour un de ses
diocésains, M. Ét. Melin.

M. Melin est une des victimes de l'explosion de la
caserne des zouaves. Une lettre adressée au *Mémorial*

de l'Allier par M. J.-A. de Conny annonce comment ce jeune homme a été retrouvé dans les décombres.

Voici un fragment de cette lettre :

« En continuant à déblayer les ruines de la caserne des zouaves, que les assassins révolutionnaires ont fait sauter à Rome, on y a trouvé le corps de notre compatriote, M. Ét. Melin ; c'était le trente-septième qu'on y relevait. Ce jeune homme, atteint à Rome, pendant l'épidémie de cet été, d'une maladie sérieuse, était venu se rétablir dans sa famille ; mais, bien que fort incomplétement remis, il partit pour retourner à son poste, dès que les nouveaux dangers qui s'annonçaient appelèrent les défenseurs de la papauté à serrer leurs rangs. Il s'arracha aux embrassements de son père, de sa mère, de son frère, dont il était si tendrement aimé, et ce n'était pas sans pressentir son sort.

« La veille du départ, il disait : « Quand on va offrir sa vie, il faut se recueillir. » Il se mit en route le 11, arriva à Rome le 14, et le 22 il était victime de l'explosion d'une machine infernale. Ce n'est pas la mort dans le combat qu'il a trouvée, ç'a été la mort traîtresse, telle que les révolutionnaires italiens excellent à la donner ; qui, à la pointe d'un poignard, guette le passant, ou se mêle aux aliments dans une poussière empoisonnée, ou dans un baril de poudre se glisse sous les fondations d'une maison. »

Notons que pas une de nos feuilles révolutionnaires, pas plus le *Journal des Débats* que *le Courrier français*, n'a eu assez de respect d'elle-même pour flétrir l'épouvantable et lâche attentat que rappelle cette lettre et qui a coûté la vie à tant de soldats pontificaux. Les

journaux reconnaissent donc à leurs protégés le droit
à l'assassinat.

Un service solennel a été également célébré, à la
cathédrale de Nimes, pour le repos des âmes des défenseurs du saint-siége tombés récemment sur divers
champs de bataille, en combattant pour la justice et
les droits de l'Église. Mgr l'évêque y assistait pontifi-
calement, et c'est lui qui a fait l'absoute, entouré de
son chapitre et d'un clergé nombreux, représentant
toutes les paroisses. Le peuple était accouru en foule ;
l'église était comble. Sur le catafalque, orné de couronnes et de trophées funèbres, on lisait le noms glorieux de Nerola, de Bagnorea, de Viterbe, etc. Après
l'évangile, le R. P. d'Alzon est monté en chaire et a
prononcé une magnifique allocution, dont nous ne
pouvons transmettre qu'une analyse nécessairement
décolorée.

« *Sine sanguinis effusione non fit remissio* : Sans
effusion de sang, il n'y a pas d'affranchissement.
Que vois-je ici, mes frères? Dois-je m'attrister, en
face des signes de deuil? Dois-je me réjouir, en face
d'un auditoire d'où je sens s'élever comme un parfum
de triomphe et le sentiment d'une victoire assurée?
— Je m'attriste à la pensée d'un sang généreux si généreusement répandu ; je me réjouis, parce que son
effusion est le gage d'un nouvel affranchissement.
C'est sur quoi je veux méditer avec vous, en vous
montrant très-rapidement les effets de l'effusion de ce
sang que quelques braves, la plupart Français, ont déjà
versé et doivent verser encore.

« Depuis que le rachat du genre humain a été opéré
par le sang d'un Dieu, on dirait que l'Église a voulu

rivaliser avec son divin époux et mêler au sang de Jésus-Christ le sang de ses enfants. Ainsi les martyrs des trois premiers siècles ; ainsi les croisés ; ainsi les martyrs de nos guerres de religion ; ainsi l'Irlande meurtrie et ensanglantée, elle aussi, pendant trois cents ans ; ainsi les catholiques de 93 ; ainsi la Pologne, sur laquelle le czar appuie le pied, ignorant qu'elle se relèvera apôtre de l'Orient ; ainsi encore nos missionnaires, toujours prodigues de leur vie...

« Je me demande quelle est donc la vertu de l'effusion de ce sang répandu par nos héros dans les derniers combats, et j'affirme qu'elle est admirable :

« 1° Par les hypocrisies qu'elle démasque ; 2° par les complots qu'elle déjoue ; 3° par les lâchetés qu'elle confond ; 4° par les droits qu'elle garantit ; 5° par l'avenir qu'elle prépare à l'Église.

« 1° Hypocrisies qu'elle démasque. Nabuchodonosor, voulant courber sous son sceptre les peuples voisins de son royaume, jura solennellement, en style diplomatique d'alors, *qu'il se défendrait* contre tous ceux qui ne songeaient pas à l'attaquer. Nabuchodonoser diplomate vit toujours. Et c'est ce que nous voyons aujourd'hui. Il nous attaque, mais c'est pour *se défendre*. Eh bien, n'y a-t-il pas assez d'un Castelfidardo, cette honte immortelle de ceux qui l'ont fait ? Grâce à ce sang, nous savons ce que vous vouliez. Nous savons qui est derrière vos bandes. Les bandes seules ne suffisent pas, leur couardise a montré la nécessité de recourir à d'autres moyens. Hypocrisie dévoilée par l'héroïque résistance de nos martyrs.

« 2° Complots déjoués. Ils avaient compté sans

eux, sans cette poignée de braves derrière lesquels a pu s'abriter la fidélité des Romains! Il a fallu, grâce à leur valeur et grâce à leur sang, il a fallu étaler la conjuration dans sa nudité, la montrer avec ses poignards, ses bombes et sa rage odieuse contre des blessés!

« 3° Lâchetés qu'elle dévoile et qu'elle confond. Selon un de leurs chefs, il fallait chasser ces braves à coups de crosse; or, dans plusieurs combats où les envahisseurs étaient dix contre un, les envahisseurs ont été battus, ils ont pris la fuite.

« 4° Mais je me place à un point de vue plus haut, et je dis que cette effusion de sang garantit les droits les plus sacrés.

« Jetez les yeux autour de vous.

« La vieille Europe se scinde en deux parts inégales : l'Europe révolutionnaire et l'Europe catholique. Je ne parle pas de ces hommes de juste-milieu, de ces béats de la tolérance, êtres hybrides, interlopes, énervés de la politique comme de la religion, qui font sonner leur prétendue indépendance...

« Le grand combat se livre par d'autres mains, mains criminelles, mains sacriléges, mains révolutionnaires; mais enfin on les connaît, on sait à qui l'on a affaire.

« Et d'autre part, je vois les défenseurs du saint-siége. Combien sont-ils? Ne me le demandez pas. Je vous répondrais en rougissant : Ils sont cent fois trop peu nombreux;—si je ne savais que Dieu voulut mettre en déroute d'innombrables fils de Madian avec trois cents Israélites commandés par Gédéon; — si je ne savais que les voies de Dieu sont autres que les voies des hommes. Est-ce que les martyrs n'ont pas été mis à mort? Leur sang a coulé pendant trois siècles, et l'espérance n'a pas défailli, et le témoignage n'a pas cessé, et, après ce long espace de temps, l'Église triomphait.

« Les croisés ont été vaincus, et la cause des croisades est gagnée. L'Irlande a connu trois siècles d'atroces persécutions, et elle est assez riche pour peupler l'Amérique et rajeunir les Anglo-Saxons d'outremer. L'Église triomphe par toutes ses défaites. Aux yeux de l'histoire, qui donc a vaincu à Castelfidardo?

« La vraie victoire, c'est l'affirmation du droit par le sang. Le témoignage du sang survit. Heureux ceux qui donnent leur sang à l'Église pour qu'elle écrive cette protestation!

« 5° Avenir que ce sang prépare à l'Église. »

Ici l'orateur montre en termes admirables que ces jeunes Machabées doivent contribuer au triomphe de l'Église.

« Au milieu de tous ces dévoûments l'attitude de l'Irlande est curieuse à étudier, et le dévouement que ce pays témoigne à la cause du saint-père semble devoir engager le gouvernement à témoigner des égards à la cour de Rome. A une époque où les forces respectives des deux grands partis qui se disputent le pouvoir se balancent presque également, le ministère peut être tenu à des ménagements envers les députés irlandais. Ce n'est pas seulement, du reste, parmi les catholiques d'Irlande que la cause du pape éveille des mpathies.

« Un comité de secours pour subvenir à l'entretien

des troupes pontificales s'est formé sous la direction
des lords Denbigh-Gamsborough, Petre et Arundel.
Des prières et des quêtes générales ont été ordonnées
par les évêques dans toutes les églises catholiques du
Royaume-Uni pour le dimanche 3 novembre.

« Le ministère actuel, qui s'est toujours prononcé
en faveur des idées conservatrices, ne saurait approu-
ver les tendances affichées par les garibaldiens, et l'on
doit espérer fermement que l'influence du gouvernement de la reine, en Italie comme sur les autres points
de l'Europe, ne s'exercera que dans le sens de la conciliation, de la sagesse et du respect des stipulations
internationales. »

L'Angleterre a aussi payé à Pie IX le tribut du
sang. Un ecclésiastique écrit de Rome :

« L'héroïque madame Stovne est déjà près des
blessés : j'arrive à temps pour donner la sainte communion au pauvre légionnaire qui va mourir, je
retrouve là quatre zouaves blessés à Montelibretti ;
le bon Dieu avait ménagé cette grâce afin que je
pusse assister à temps le cher caporal Collingridge
qui est mort le soir entre mes bras : c'était un jeune
homme admirable de pureté, de foi et de courage.
Il était tombé à Montelibretti percé de quatre blessures : sa joie, en me revoyant ne pouvait être com-
parée qu'à la mienne, je lui donnai tous les sacrements.
Son jeune frère, aussi admirable que son aîné, faisait
partie de notre expédition, il a revu son frère et l'a soigné. Le soir, vers quatre heures, je le trouvais beaucoup
plus mal, il faiblissait beaucoup, il était en peine de
savoir ce qu'il y avait de plus parfait de se faire quelque violence pour chercher à vivre encore ou bien de

se laisser aller pour mourir ; il répétait : « Mon Jésus ! mon cher Jésus ! je vous offre ma vie pour l'Église romaine, pour le pape, pour mes parents. Jésus, Marie Joseph ! Monsieur l'abbé, dites à mes parents que je les aime bien ; mon père, ma mère, mes sœurs, mon frère ! » Il s'assoupit et s'endormit du sommeil des héros. »

Ajoutons ici un trait admirable de candeur toute chrétienne. Un vicaire de Marseille était accosté, dans la rue Paradis, par un jeune homme très-distingué, qui, paraissant à la portière de sa voiture, pria très-poliment l'ecclésiastique de prendre place à ses côtés, ayant une petite communication à lui faire. En même temps, le jeune homme, à la physionomie franche et ouverte, déclinait son nom et son but : « Je suis le comte de ***. Je pars, ce soir, pour Rome, pour défendre le saint-père dans l'armée pontificale. Seriez-vous assez bon, monsieur l'abbé, pour m'entendre en confession ? » L'abbé, profondément ému, ne pouvait se refuser à une telle demande. Le temps pressait ; il réconcilie dans la voiture le héros chrétien, appelle sur sa tête des bénédictions justement méritées, et le quitte en enviant son sort. Pour voler à la défense du saint-père, le comte de *** laisse un père déjà âgé, trois sœurs encore jeunes, et il n'y a que trois mois qu'il a perdu sa mère. Quel sublime sacrifice !

La déconfiture des garibaldiens excite la verve marseillaise. Il faut entendre en quels termes pittoresques on s'entretient, depuis deux jours, dans nos quartiers populaires de l'*espooussado* de Garibaldi. Mille traits mériteraient d'être recueillis A propos de la fameuse devise : *Rome ou la mort !* qui a quelque analogie, soit dit en passant, avec celle des voleurs : *La bourse ou la vie !* on disait dans plus d'un groupe, que le général en chef des chemises rouges devrait inscrire sur son drapeau : *Vaincre ou courir !*

Un soldat a été encore plus vif. Interrogé par un passant sur le nouveau fusil Chassepot qu'il portait :

— Ça, dit-il, c'est un chasse-Prussien !

— Vous devriez plutôt l'appeler, en ce moment, un chasse-garibaldien.

— Oh ! non, répliqua-t-il, en avançant dédaigneusement son pied.

La réponse est verte, mais n'est-elle pas une juste représaille contre l'insolence de celui qui prétendait chasser à coups de crosse les défenseurs du pape?

Un de nos compatriotes disait encore :

— Pourquoi subventionnerait-on les théâtres puisque les gouvernements nous donnent la comédie *gratis ?*

Cette allusion à la conduite récente du gouvernement italien nous paraît un peu plus juste que la plupart des facéties des boulevards parisiens.

On pourrait seulement répondre que cette comédie gratuite risque de coûter fort cher.

Nos lecteurs nous sauront gré de reproduire la lettre suivante d'un zouave pontifical à sa famille :

« On a lu, dans la liste des morts de la journée de Mentana, le nom du jeune baron Waleran d'Erp, de Holt, Belge, engagé depuis quinze jours. Ce pauvre enfant fut du nombre des blessés qui échappèrent aux recherches lorsque le feu cessa, et qui passèrent toute cette froide nuit sans secours.

« Une lettre de son cousin, M. Anatole de Locque-neuille, l'un des plus jeunes volontaires du corps des zouaves, rapporte qu'il fut enlevé du champ de bataille par M. le lieutenant Mousty, dont la charité se prodiguait à ses compagnons de l'armée pontificale. Il semblait être sans connaissance. Cependant un père.jésuite, qui l'avait connu élève au collége de Gand, lui ayant parlé, le blessé lui serre la main faiblement. On lui donna l'absolution générale et l'extrême-onction ; tous les prêtres qui étaient dans le camp vinrent le voir tour à tour, et leurs prières aidèrent sa longue mais paisible agonie. « Je crois, dit son jeune cou-« sin, qu'il n'est pas possible de mourir dans de plus « belles circonstances. Mourir pour la défense de l'É-« glise, c'est mourir martyr ; aussi l'on doit envier le « sort qui nous menace et non pas nous plaindre. « Waleran, la veille de la bataille, avait communié. « Dites-le bien à sa mère. »

« Il y a un mois à peine, quittant Paris, où il achevait son éducation, pour se rendre à Rome, Waleran d'Erp avait reçu la communion dans l'église paroissiale de Passy. Un mois après, dans cette même paroisse, par l'initiative du clergé de cette paroisse, un service funèbre sera célébré, moins, on peut l'espérer, pour faciliter que pour célébrer son arrivée dans l'éternelle patrie à laquelle il a donné son sang [1]. »

Un prêtre vénérable transmet de Rome, en date du 8 novembre, ces détails touchants :

« Ce matin je suis allé placer dans un cercueil de plomb le corps du sergent Riolland, dont la famille

---

[1] *Univers.*

est de Nantes et de Ploërmel. Ce jeune homme, président des congrégations et de la conférence du collége de Redon, passait pour un saint, et cette réputation, laissée en Bretagne, avait repoussé plus vigoureusement à Rome. Aussi était-ce pour nous une consolation pieuse de le servir après la mort.

« Quelle ne fut pas notre joie de trouver, aujourd'hui vendredi à midi, cinq jours pleins après la mort, notre blessé étendu comme au moment où il tomba, vermeil, sans aucune odeur, souple, et comme endormi ! Nous levâmes ses membres, nous ouvrîmes ses yeux, sa bouche. Le sang de sa blessure était limpide ; nous y trempâmes des linges, et pendant quelques instants nous hésitâmes à le croire mort. La balle, cependant, entrée dans la partie supérieure de la tête, a traversé le cerveau.

« Nous avons fait signer un procès-verbal par quatre témoins et tout disposé pour renvoyer ce précieux trésor à sa famille et à son diocèse. Peut-être appartiendra-t-il un jour à l'Église tout entière.

« On a enterré à part, pour les rendre aussi, s'il y a lieu, un de nos Nîmois, le sergent Pascal, le sergent Guérin, et un jeune séminariste de Nantes, M. Chevalier, zouave une première fois, et que le bruit de la guerre avait ramené, huit jours seulement avant Mentana, à la défense de l'Église.

« On cite d'ailleurs beaucoup de traits héroïques. Un brave avait fait vœu de ne rien prendre le jour de la bataille avant d'avoir reçu la sainte communion.

« L'action s'engagea sans qu'il pût satisfaire son pieux désir. Il se battit, mais sans rompre le jeûne par une goutte d'eau ; le soir, un aumônier le vit exténué, mais décidé à attendre le lendemain, s'il était nécessaire, pour accomplir son vœu.

« On lui apporta alors une des saintes hosties que les aumôniers des soldats pontificaux portent avec eux pour donner le viatique aux mourants. Notre-Seigneur s'était réservé cet acte de courage, pour réparer les sacriléges de Monterotondo et de Mentana.

« On a rapporté, m'assure-t-on, une parcelle d'hostie profanée trouvée sur un garibaldien, et j'ai eu hier entre les mains le sac d'un d'entre eux qui contenait des vases sacrés brisés à coups de talon, les ampoules des saintes huiles et autres objets qui avaient été jugés plus précieux. Le cardinal vicaire vient d'envoyer tout à l'heure un calice et un ciboire ; Mgr Bastide avait liassé dans le tabernacle de l'église de Monterotondo sa custode d'aumônier, afin qu'on pût y conserver le saint sacrement. Ce n'était point assez de ces crimes communs à tous les brigands qui pillent les églises ; ils ont fait pis.

« La princesse Odescalschi, qui soigne déjà un blessé, en a demandé un second ; c'est une des formes que prend le dévouement de l'aristocratie romaine en ce moment. On a songé au jeune Péruvien qui a reçu cinq blessures.

« — Aurai-je la messe tous les jours ? a demandé le blessé.

« — Non, mais vous serez soigné par une sainte famille, vous aurez votre chambre.

« — S'il n'y a pas la messe, je ne veux pas. » Il est resté à l'hôpital. Ce matin, je célébrais la messe à Saint-Pierre, à l'autel des apôtres Simon et Jude ; plusieurs prêtres célébraient aux autels voisins et, devant chaque autel, des soldats pontificaux étaient agenouillés ; ces mains, si puissantes naguère dans le combat, déroulaient de gros chapelets. Samson ne livrera plus son secret.

« V. P. DE BAILLY, *prêtre.* »

Une lettre écrite de Rome par un caporal de zouaves à ses parents, lettre pleine de simplicité, nous retrace admirablement ces traits d'enthousiasme, d'énergie, de piété et de dévouement à la personne de Pie IX, qui composent le caractère du soldat pontifical :

> « Rome, 20 octobre 1867. — Dimanche, une heure du matin, de garde sur les remparts du fort Saint-Ange.

« Et plus que jamais : *vive Pie IX !* pontife et roi.

« Mes bien chers parents,

« Comme vous devez être inquiets de moi ! Je vous ai cependant écrit une lettre le 1er octobre, et une autre le 12 ; mais, nécessairement, elles ne vous seront pas parvenues. Nous ne recevons plus de lettres de France par la voie de terre, et on vient de nous prévenir ce matin, au rapport du général, que tous ceux qui avaient écrit et envoyé leurs lettres par voie de terre pouvaient être certains qu'elles ne parviendraient pas : les communications sont interrompues, le télégraphe coupé et les chemins de fer aussi coupés partout, à une distance de 3 ou 4 kilomètres au delà de la frontière piémontaise ; aussi je m'empresse de vous écrire de nouveau, car je conçois combien votre inquiétude doit être grande, surtout si vous avez su par les journaux ce qui se passe ici.

« Nous avons été attaqués à Bagnorea, à côté de Viterbe, le 1er octobre ou le 2, par une demi-colonne de garibaldiens, mais nous avons remporté une victoire complète : beaucoup de morts parmi les garibaldiens, quelques blessés et 153 prisonniers. Ils étaient 5 à 600 ; ils ont pris la fuite devant deux compagnies de zouaves et une compagnie de ligne, à peu près 250 hommes ; les pontificaux ont emporté Bagnorea d'assaut, à la baïonnette, et ont fait alors 153 prisonniers, qui sont maintenant ici, sous notre garde dans le fort de Saint-Ange. De notre côté, nous avons eu 4 blessés et 1 mort : parmi les blessés il y a mon sergent-major Guérin, qui a été blessé légèrement, ce qui ne l'a pas empêché de se battre comme un lion tout le reste du combat ; puis un Poitevin, le sous-lieutenant de Mirabal, qui a reçu une balle assez dangereuse dans l'avant-bras gauche ; mais il va bien mieux ; les deux autres sont des Allemands, ainsi que celui qui est mort.

« Nous avons été attaqués de tous les côtés des frontières : ils sont même venus jusqu'à quelques lieues de Rome, mais ils ont toujours été repoussés avec perte. A Valentano, un sous-lieutenant de zouaves, le sous-lieutenant Bardo, avec 15 hommes, s'est retranché dans cette ville et l'a défendue héroïquement contre 200 garibaldiens, qui ont pris la fuite. Si cela n'est pas honteux de fuir 200 devant 16 hommes !

« Ces jours-ci, à Subiaco, le lieutenant Desclet, zouave, avec 40 hommes, fut attaqué en rentrant dans cette ville par une forte colonne garibaldienne ; mais cette fois encore même victoire, même succès. Toutefois encore, notre lieutenant fut blessé de la manière la plus traître. Il couchait en joue un garibaldien ; celui-ci se jette à ses genoux, en lui demandant de le faire prisonnier s'il voulait, mais de lui laisser la vie sauve. Il rend ses armes et se place avec les autres prisonniers. On ne s'occupe plus de lui : il paraissait plus mort (de peur) que vif. Le lieutenant tire un capitaine garibaldien. Quand le prisonnier voit cela, il se jette entre les jambes du lieutenant, le fait tomber par terre et, avec un poignard qu'il avait caché dans sa poitrine, il lui fait trois blessures : une à la tête, l'autre traverse le bras sous l'aisselle, la troisième atteint un peu au-dessus du cœur. Malgré cela, le lieutenant se battit encore, et même il tua quelques garibaldiens et fit plusieurs prisonniers. Voyez comme le bon Dieu nous garde ! Cette fois-là il y eut 30 prisonniers, ce qui, avec ceux de Bagnorea, faisait déjà 180.

« Le 16 octobre, à cinq heures du soir, une compagnie de zouaves arrivant à Montelibretti pour y coucher, ne se doutant de rien, fut attaquée par 1,200 garibaldiens commandés par Menotti Garibaldi, fils aîné de Garibaldi ; elle était commandée par M. le lieutenant Guillemin et M. le sous-lieutenant de Quélen, parent de Mgr de Quélen : ils étaient 80 contre 1,200. Après une héroïque défense, on fut obligé de se retirer en laissant un peu de perte : car contre la force il n'y a pas de résistance. Nous avons à pleurer la mort de ces deux vaillants héros qui, toujours les premiers en avant, après avoir tué un bon nombre d'ennemis, ont confessé leur foi de leur vie ; tous les deux sont morts vaillamment : le lieutenant Guillemin, trois balles dans la poitrine ; le sous-lieutenant de Quélen, une balle qui lui entra dans le genou, qui suivit l'os jusqu'à la hanche et se logea dans les chairs après lui avoir cassé et brisé en morceaux l'os depuis le genoux jusqu'à la hanche (jugez quelle souffrance !); puis, étant tombé par terre, il reçut un coup de crosse à la tête qui lui fit perdre connaissance. Il mourut deux jours après; le lieutenant Guillemin dix minutes après sa blessures. Ayant déjà reçu une balle dans la poitrine, il se mit à crier, en se voyant tout couvert de sang : « Vive Pie IX ! lui seul est roi. » Il eut encore la force de charger le fusil qu'il avait pris à un garibaldien, et tira sur un officier piémontais, qu'il tua ; au même instant, deux autres balles l'atteignirent, et il mourut comme un saint. Son dernier cri fut encore : « Eh bien! vive Pie IX ! » Quand on raconta ce fait au saint-père, il se mit à pleurer comme un enfant. Pauvre saint-père !

« Nous avons eu aussi pas mal de blessés ; un sergent, de la Bégassière; trois caporaux, dont deux très-dangereusement, et un autre sergent (Blévenec, de Nantes), qui a eu la lèvre supérieure emportée par une balle. Ces deux braves sergents, blessés eux-mêmes, ont exécuté une magnifique retraite, en emportant nos blessés et emmenant des prisonniers. Harassés de fatigue, épuisés par la perte du sang, ils ne se sont reposés qu'après cinq heures de marche. Quel trait de courage! Les garibaldiens ont eu des pertes considérables ce jour-là : bon nombre d'officiers tués, entre autres un commandant, puis beaucoup de morts et de blessés et environ 40 prisonniers.

« Il ne faut pas perdre ce trait, peut-être le plus beau et le plus glorieux pour notre drapeau. Le sergent-major Bach, avec 16 hommes, n'ayant pas eu le temps de battre en retraite avec les autres zouaves, se retrancha avec ces 16 hommes dans une maison. Il se défendit vaillamment contre 1,000 garibaldiens environ qui restaient encore dans la ville : lui-même en tua 17 à coups de carabine. Il s'était posté dans l'embrasure d'une fenêtre, et de là tous ceux qui voulaient escalader étaient immédiatement étendus roides morts. Soit que les garibaldiens eussent peur d'entourer la maison qui leur a coûté ainsi bien des hommes, soit qu'ils crussent que d'autres zouaves arrivaient par derrière, ils ont quitté la ville en déroute, en laissant tous leurs morts et leurs blessés, de sorte que le sergent-major Bach et ses 16 hommes sont restés possesseurs de Montelibretti. Quelle providence de Dieu ! 16 hommes rester maîtres d'une ville occupée par 1,000 garibaldiens !...

« Bien que nous ayons été obligé de battre en retraite après trois heures de lutte, ce combat nous est aussi glorieux qu'une victoire ; car pensez donc que nous aurions dû être écrasés par eux, qui étaient 1,200, et c'est tout le contraire : 200 sont mis hors de combat, le reste abandonne la ville devant 16 zouaves, après les avoir combattus toute la nuit. Ce n'est autre chose qu'un miracle. Du reste, cela nous a valu bien des éclaircissements, car sur ces garibaldiens tués ou blessés on a trouvé des papiers. Il est prouvé que les officiers étaient des officiers piémontais travestis en garibaldiens ; on a reconnu aussi beaucoup de bersagliers piémontais parmi les prisonniers, les morts ou les blessés.

« Avant-hier, 18 octobre, vendredi, le lieutenant-colonel des zouaves, M. de Charette, a remporté, à la tête de trois compagnies de la légion romaine, trois compagnies de zouaves et trois compagnies de suisses, une brillante victoire à Nerola. Notre brave Charette a eu son cheval tué sous lui, mais il n'est pas blessé ; nous avons peu de morts, peu de blessés, mais nous avons fait 200 prisonniers. Les garibaldiens ont été entièrement défaits, et ils ont gagné la frontière piémontaise, où ils sont toujours reçus à bras ouverts. Vous voyez que partout nous sommes vainqueurs, excepté peut-être à l'affaire du 16. Mais tout de même cette petite affaire-là nous est bien aussi glorieuse qu'une victoire. Ce qu'il y a de surprenant, c'est que le sergent-major Bach n'a reçu aucune blessure, et il était tout couvert de sang, même sur sa barbe et ses cheveux, mais du sang des garibaldiens. C'est un Allemand ; il se bat comme un lion, et pourtant il est très-doux. Hier, 19, on a reçu une nouvelle : on nous annonce la mort du sous-lieutenant Dufournel, frère du capitaine. Beaubeau, caporal, vient d'être blessé très-dangereusement ; il est du séminaire de Poitiers, je le recommande à vos prières : il s'est battu avec un courage sans pareil.

« J'espère que vous trouverez ma lettre intéressante cette fois-ci, et sous peu j'espère vous en écrire une plus intéressante encore, si je suis de ce monde...

« Voyez comme j'ai peu de chance ! je n'ai pas encore eu l'occasion de me battre cette année, car je garde les prisonniers ; mais nous allons partir ce soir ou demain, pas plus tard... Le Piémont vient de se déclarer ouvertement ; il envoie une colonne de 7,000 hommes vers Rome. Quelle chance de pouvoir se bûcher un peu pour Pie IX !

« Pour le moment je suis très-bien portant, mais très-accablé de service. De toute cette semaine, je n'ai pu me déshabiller que vendredi soir, et je m'étais chaussé et habillé le vendredi matin, huit jours auparavant. Je vous réponds que tout de même c'est bien rude, et que si nous n'avions pas l'habitude de toutes ces fatigues nous serions tous malades ; mais, il faut bien l'avouer, l'aide de Dieu est là, et la pensée de Pie IX, qui nous regarde, nous suit partout.

« Je me repose un peu en vous écrivant. J'ai dormi deux heures sur un banc dans mon corps-de-garde, et c'est tout. Allons, adieu, bien chers parents, je vous embrasse tous : au revoir, si ce n'est pas sur cette terre, ce sera au ciel. Vous savez que si je viens à mourir, c'est votre plus grand honneur et le mien, car je mourrais pour l'Église notre mère, et pour son chef Pie IX. *Viva Pio nono.*

« *P. S.* Le P. Denis, carme déchaussé à Viterbe, suivait la compagnie des zouaves, les confessant en chemin. »

La lettre suivante a été écrite à son frère par un zouave qui se trouvait dans la caserne Serristori, au moment où a éclaté la machine infernale sur laquelle les garibaldiens avaient compté pour se défaire sans péril des ennemis devant lesquels ils avaient déjà fui plusieurs fois.

« Mon cher Eugène,

« Je m'empresse de mettre fin à votre inquiétude à mon égard. Je suis bien faible encore pour m'entretenir longtemps avec toi ; je me fais violence ; voilà ce qui s'est passé. Le 22 octobre, à six heures et demie du soir, je venais de la caserne de Salzmann de Sigolsheim, occupée par la légion d'Antibes ; je me hâte de rentrer à ma caserne appelée Serristori, située à vingt pas de Saint-Pierre et du Vatican. Arrivé sous la porte de la caserne, j'y vois étendus plusieurs gendarmes tués et blessés par des garibaldiens déguisés en zouaves pontificaux ; je ne sais comment je n'ai pas été assassiné avant d'avoir pu pénétrer dans la caserne ; ils m'ont sans doute pris pour un des leurs.

Je monte dans ma chambre, où je trouve mes cinq camarades en train de charger leurs carabines ; je fais comme eux, et comme ils entouraient la lampe de la chambre, moi, pour voir clair, je me place à la fenêtre qui donnait dans la rue et où brûlait un bec de gaz ; à peine y suis-je deux minutes que je reçois une décharge de coups de carabine qui me sifflent autour de la tête, mais sans me toucher. J'étais tout étonné de me voir encore debout. Une minute, c'est-à-dire une seconde pour me remettre, et tous ensemble nous ouvrons un feu général dans la rue, et les misérables se sauvent, laissant dix tués ou blessés dans la rue. Mes camarades m'ont tous serré dans leurs bras, tellement ils étaient contents de m'avoir vu échapper à cette décharge faite à quinze pas de distance tout au plus. Hélas ! cette marque d'amitié pour moi était leur dernière ; dix minutes se sont à peine écoulées, qu'une explosion terrible retentit sous nos pieds : c'est la caserne qui saute ; des cris effroyables retentissent et nous tombons ensevelis par quatre étages. Pendant cinq minutes, je n'entends qu'un roulement pareil au tonnerre. Les cris des blessés, des agonisants, j'entendais tout cela, car, par miracle, j'avais gardé toute ma connaissance. Un évanouissement m'aurait fait mourir de suite. Je ne sais combien de temps j'ai entendu mourir, mais les cris ont peu à peu cessé; les malheureux étaient tous morts et les blessés n'avaient plus la force de se faire entendre. Moi, j'étais dans une position horrible; deux poutres étaient couchées en travers de mes jambes et les broyaient ; mon épaule gauche était cassée ; mon œil gauche était couché sur une pierre aiguë qui me causait des douleurs atroces; mes pieds étaient serrés comme dans un étau ; j'étouffais et je croyais mourir à chaque instant.

« Figure-toi, mon cher Eugène, que je suis resté environ douze heures dans cette situation; j'ai souffert le martyre pour la cause du pape, et je voulais m'endormir pour mourir, mais je ne le pouvais. Enfin, j'entendis peu à peu un bruit semblable à des coups de pioche au-dessus de moi, mais tellement faibles que peu à peu je ne les entendis plus ; cependant l'espoir me revenait, je ne voulais plus mourir. Les bruits se rapprochent de moi ; j'appelle, on m'entend. Grand Dieu ! je peux être sauvé.

« Ma première pensée a été de demander un prêtre, car, en voulant me déterrer, ils pouvaient me perdre par un éboulement, peut-être au moment où je serais bien près d'eux. Le colonel me parla alors de sa forte voix, et me dit que le pape avait été sur les lieux et

avait donné l'absolution *in extremis* à toutes les victimes de cet horrible forfait. Mgr de Mérode, qui se
trouvait là, m'a alors encore récité un acte de contrition, et m'a donné l'absolution de toutes les fautes de
ma vie ; ceci a soulagé mon âme, mais pas mon corps.
Enfin, peu à peu, je sentis de la poussière tomber
sur moi et ma tête fut dégagée, mais il fallut encore
deux heures aux pompiers romains pour dégager mon
corps ; il fallut lever les poutres de dessus moi avec
des cordes ; huit pompiers n'y pouvaient suffire ; enfin, je pus bientôt voir le jour ; il était huit heures du
matin. Je ne pouvais assez serrer les mains aux cardinaux et prêtres qui se trouvaient là ; notre colonel
ne voulait pas quitter les lieux avant que de me voir
sauvé. Les zouaves et le peuple s'agenouillèrent devant
mon brancard comme devant un martyr ; les larmes
tombaient de tous les yeux, et jamais je n'ai vu une
scène plus attendrissante. Moi, je n'eus plus la force
de pleurer, mais je pouvais encore les remercier de
ces marques de sympathie. Transporté à la salle des
blessés, je fus l'objet de tous les bons soins possibles.
Les médecins m'ont promis que mes blessures n'en-
traîneraient aucune perte de membres ; mon œil gauche est déjà aussi limpide que le droit ; avec le temps je
me remettrai de cette terrible catastrophe, qui n'aura
pas de suite grave pour moi...

« Toute la noblesse romaine est venue nous visiter
à l'hôpital. François II, l'ex-roi de Naples, m'a félicité
de mon heureuse délivrance.

« Le général Kanzler, notre ministre des armes, m'a
serré la main. Les blessés regorgent d'oranges, de
biscuits, de cigares, de chocolat. Rien ne nous manque

ici, mais je trouve le temps long ; je préférerais l'air,
car il ne fait pas chaud à Rome ; la température ac-
tuelle vaut celle de mai en Alsace. Cette catastrophe
révolutionnaire a coûté 30 morts et 35 blessés, tous
bons à être réformés.

« Le 3 novembre, Garibaldi, avec ses troupes, a été
expulsé de sa position formidable de Monterotondo,
qui est à 2 lieues de Rome ; on lui a fait 2,000
prisonniers et tué ou blessé 1,000 autres. Il était
temps que les Français arrivassent, car les Piémontais
sont sur le point de rentrer sur le territoire pontifical. Les zouaves ont eu au combat de Monte Maggiore
5 tués et 7 blessés ; à Montelibretti, où je me suis
trouvé, et où nous n'étions que 90 zouaves contre 5 à
600 garibaldiens, nous avons eu 15 morts, dont notre
lieutenant et notre sous-lieutenant, et 17 blessés. Nous
ignorions qu'il y avait tant de garibaldiens dans cette
petite ville, qui ressemble beaucoup à Ribeauvillé ; on
y rentre par une seule et longue rue. De toutes les
fenêtres on nous fusillait ; voyant cela, nous avons
battu en retraite, et les garibaldiens n'ont pas même
osé nous poursuivre, malgré notre petit nombre. Nous
avons dû charger nos blessés dans une voiture, car les
misérables les auraient poignardés. »

Le diocèse d'Arras compte un martyr de plus.
M. Jules Henquenet, gravement blessé au combat de
Mentana, est mort le 20 novembre, à une heure et
demie du matin. Le télégramme qui nous l'annonce
porte ces simples mots : « Jules Henquenet, mort
saintement à une heure et demie. »

Comme Guillemin, nous l'avions connu. Il fut élevé
par cette belle Société de Saint-Bertin, glorifiée autre-

fois dans *l'Univers*, à l'occasion d'un bref qu'elle avait mérité de Pie IX, sous le gouvernement d'un grand évêque, Mgr Parisis. Elle compte deux martyrs parmi ses protecteurs : Arthur Guillemin, Jules Henquenet. Qu'elle soit deux fois louée !

Jules Henquenet appartenait à une famille qui a fourni d'autres exemples de son noble dévouement au saint siége. L'un de ses frères avait été zouave avant lui.

Sa mère l'avait généreusement sacrifié. Lorsqu'on lui apprit que son fils était blessé mortellement : « Madame, lui dit un ancien maître de Jules, vous devez être bien triste? — Non, monsieur. Lorsque j'ai donné à Jules la permission de partir, je comptais bien qu'il mourrait pour l'Église et j'en attendais la nouvelle tous les jours. Il est blessé; s'il meurt, je bénirai Dieu ; s'il guérit, je bénirai Dieu encore, car le souvenir des blessures reçues pour l'Église maintiendra Jules dans le bien. »

Admirable mère, votre fils est mort. Louez Dieu !

On se souvient que le jeune comte de Quatrebarbes a été deux fois blessé sur sa pièce, à Monterotondo. Laissé aux mains des garibaldiens après la capitulation de la place, le 26 octobre, ses blessures, celle du bras gauche surtout, sont devenues graves, et son père, M. le marquis de Quatrebarbes, accouru de France, n'a pu se rendre auprès de lui que le lendemain de la victoire de Mentana. Pour lui éviter les secousses du chemin, on a remonté le Tibre sur un bateau à vapeur jusqu'au pied de Monterotondo, et on l'a ainsi ramené à Rome ; mais tant de précautions n'ont pu arrêter les progrès du mal, et hier il a fallu amputer le bras.

L'énergie du jeune officier d'artillerie est plus dans
l'âme, dans les facultés spirituelles, que dans son
corps affaibli par le mal. Résigné en toute chose à la
volonté de Dieu, et acceptant son sort avec une sorte
de joie ineffable, il n'a pourtant pas refusé l'insensi-
bilité physique que la science moderne procure aux
malades dans les opérations douloureuses. Il s'était
mis en règle avec l'Église, comme si c'eût été sa dernière heure.

Pendant le temps de l'opération, M. le marquis de
Quatrebarbes père, agenouillé, priait.

Une heure après on a répondu à celui qui écrit ces
lignes et qui demandait des nouvelles du comte :

— *Il récite le chapelet avec son père.*

Nos lecteurs sentent tout ce qu'il y a de grandeur
et de simplicité dans cette réponse, et dans la douce
piété de ce père et de ce fils chrétien, mort, hélas !
depuis.

Le pape, visitant les malades parmi les victimes de
la révolution italienne, a trouvé deux hommes appartenant au parti détestable armé contre lui ; l'un était
le comte Colloredo, blessé hors la porte de Rome, au
pied des monts Parioli. Pie IX les a un instant con-
templés avec tristesse, puis il s'est approché de celui
dont la disposition d'âme lui a peut-être paru meilleure, et lui a dit quelques paroles dont voici le sens :

— Pauvre jeune homme, comprenez que le temps
que Dieu vous a fait en vous conduisant ici est un temps
de miséricorde. Demandez-lui pardon. Remerciez-le,
et comprenez aussi que, quand nous avons lassé sa
miséricorde, il nous envoie le temps de sa justice.

Le blessé (que nous croyons être le comte Colloredo, de Pavie), touché du ton d'ineffable bonté du pape, s'est mis à pleurer, s'écriant :

— Saint-père ! pardon, pardon. Je ne vous connaissais pas, et je ne savais pas ce que je faisais. Bénissez-moi !

Et Pie IX l'a béni.

Le saint-père a passé quelques instants auprès des officiers qui sont dans les chambres séparées ; il a vu d'abord M. le major de Castella, des carabiniers suisses, qui a reçu une balle à la jambe à Mentana, le 3 novembre.

— Eh bien, commandant, a dit le pape en souriant, toute votre maison a été frappée !

Chose bizarre, le commandant de Castella a été atteint après avoir eu son cheval touché trois fois et tué, et son chien corse blessé. C'est ce qui provoquait le mot du pape.

Pie IX est entré ensuite chez MM. Jacquemont et Dujardin, de Mirabal et de la Bégassière, lieutenants de zouaves ; chez M. Eschmann, de la légion, et chez un capitaine d'un régiment français.

Dans la chambre de ce capitaine, Pie IX, apercevant un fusil, a demandé si c'était là le fusil-Chassepot. Il l'a pris dans ses mains, et s'en est fait expliquer le mécanisme.

On lit dans *l'Espérance* de Nantes :

« Nous avons annoncé, il y a quelques semaines, le départ de Nantes pour Rome de M. Hervé de Kersabiec, qui allait rejoindre son frère, lieutenant aux zouaves pontificaux. Notre jeune compatriote n'a pas perdu son temps et il est arrivé pour prendre part à la bataille de Mentana.

« Voici la lettre qu'il vient d'adresser à sa mère, et que nos lecteurs liront avec un vif intérêt :

« Monterotondo, 5 novembre 1867.

« Ma chère maman,

« Je vous écris à la hâte pour vous rassurer sur Alain et sur moi ; nous sommes sans égratignure l'un et l'autre. Nous sommes partis de Rome dimanche matin. Samedi au soir, à la suite d'une espèce de pari avec Alain, M. de la Rochetaillée nous avait donné un dîner de trente couverts. Officiers, sous-officiers et soldats étions mêlés chez Spielmann ; une gaieté charmante ; j'ai peu connu d'hommes aussi bien que la plupart des officiers des zouaves.

« Rentrés à nos casernes à neuf heures, nous nous sommes dépêchés à faire nos sacs. A deux heures du matin, le clairon nous réveillait. Je ne pourrais vous dire tout ce que nous nous mîmes sur le dos ; outre onze paquets de cartouches, notre sabre, notre carabine, nous avions une tente, une couverture, le manteau, le sac plein et des vivres pour deux jours, avec les casseroles en sus. En prenant tout cela, je ne croyais certes pas pouvoir faire seulement une lieue.

« A trois heures précises, nous arrivâmes au Macao, caserne neuve en dehors de Rome, où le rendez-vous était fixé. A quatre heures, nous sommes partis, tous les zouaves de service, 2,500 à peu près, suivis de la légion et des carabiniers suisses, en tout 1,800. Des dragons, quatre pièces d'artillerie pontificale et des gendarmes complétaient l'effectif de nos troupes. Un régiment de ligne français, avec un bataillon de

chasseurs à pied et quelques chasseurs à cheval suivaient notre colonne.

« La pluie tombait, et jusqu'à ponte Nomentano,
pendant une lieue, nous l'avons eue. Là, trois compagnies du deuxième bataillon, sous le commandement de M. de Troussures, sont parties par une route
de traverse pour tourner l'ennemi. Nous en étions.
A dix heures, nous nous sommes arrêtés pour faire
le café. Quel changement dans mon existence? Je
coupais du bois, j'établissais la marmite sur deux
pierres ; le tout, du reste, dans une charmante vallée
entourée de bois et dans laquelle paissait une troupe
de chevaux.

« A onze heures et demie nous étions repartis à
travers prairies et bois ; de temps en temps des chemins à faire perdre à ceux de Quimper-Corentin leur
renommée. A midi, nous apercevions Mentana, et un
peu en arrière Monterotondo. Quelques coups de feu
retentissent ; nous pressons le pas. A une heure, je
pars avec une vingtaine d'autres et Alain à notre
tête, en tirailleurs. Nous attendons une heure
presque.

« Pendant ce temps, les coups de canon et la fusillade faisaient rage à Mentana. Enfin, à deux heures,
Alain nous emmène à l'assaut d'une colline. Jamais
je n'oublierai cela. Depuis deux heures du matin,
nous étions le sac au dos, et dans ce moment nous
grimpions une pente tellement roide que notre poitrine touchait presque la terre. Heureusement, pas
un tirailleur ennemi ne nous attendait en haut. Nous
nous sommes mis à tirailler sur les chemises rouges
jusqu'à quatre heures. A ce moment, une quantité de

fuyards de Mentana se trouvant coupés dans leur retraite sur Monterotondo, sont venus, leur mouchoir
à la main, demandant la vie.

« Nous leur avons pris leurs armes : Alain a un superbe revolver monté en ivoire et le canon damas-
quiné. A la nuit tombante, nous nous sommes avancés vers Mentana, du côté de Monterotondo ; une
escouade est entrée en ville, a tué une dizaine de garibaldiens, et puis s'est repliée sur nous. Nous
sommes restés là, sur la route, la durée d'une heure.

« Pendant ce temps, nous entendions les plaintes
des blessés dans une chapelle et dans les maisons...
C'était affreux. Tous demandaient à boire, nos prisonniers aussi ; mais nous n'avions que du tabac à leur
offrir ; plus d'un a profité de mon papier à cigarettes.
Nous sommes enfin arrivés au campement à huit
heures du soir, et enfin nous avons mis le sac à terre !
Nous le portions depuis seize heures, avec du café et
du pain seulement dans l'estomac. Pendant une heure
encore nous avons été conduire les prisonniers au
quartier général ; il y en a de toutes sortes : des
jeunes, des vieux, des *voyous* et des gens comme il
faut, en général officiers piémontais. On ne savait où
les mettre. Mais quelle nuit nous avons passée ! Du
bois vert, pas de paille, pas de tentes presque, sur
l'herbe mouillée, et depuis le matin pas une goutte
d'eau.

« Enfin, lundi, à six heures du matin, on nous
crie qu'on a de l'eau. Nous partons deux bidons à la
main ; à un kilomètre au moins nous trouvons cette
eau ; c'était une mare dans une carrière. Notre café
ressemblait juste à du café au lait, mais il n'est pas

un homme qui ne fût trop heureux de le verser sur son biscuit dans sa gamelle; un rayon de soleil arrivant par là-dessus, tout fut oublié, et chacun s'en alla aux provisions et aux nouvelles. A onze heures, Alain est revenu avec un vieux coq, des choux et des céleris ; nous avons fait, avec les deux de Jerphanion, de Couëssin, notre capitaine, de Martini, notre sous-lieutenant, Harscouët de Saint-Georges, notre sergent-major, un déjeuner que nous avons trouvé délicieux. Alors seulement nous avons un peu su ce qui s'était passé.

« Les Français avouent qu'ils ne croyaient pas qu'on se battît comme cela par ici, et qu'ils ne sont arrivés que pour la fumée des cierges. Il y avait, dit-on, 6 à 7,000 garibaldiens. Ils ont eu énormément de morts; et, lundi matin, il y avait déjà 1,500 prisonniers; il s'en fait aujourd'hui encore de tous les côtés. Garibaldi était là, mais le vieux est parti quand il a vu que ça chauffait trop dur. De notre côté, il y a 23 zouaves tués, pas mal de blessés. Du Bois-Chevalier a deux coups de baïonnette dans la poitrine. Les carabiniers suisses ont quelques morts. En résumé, nous avons peu de mal, en égard à la fusillade qu'il y a eu.

« Lundi, à deux heures, nous avons quitté notre campement pour Monterotondo ; il n'y a que deux milles, mais c'était affreux! Ici un mort, blanc comme le marbre ; là un autre, la figure écrasée par un coup de crosse ; plus loin, un cheval étendu; ailleurs, une mare de sang au milieu de la route...; mais comme on s'habitue vite à cela ! ! !

« Monterotondo a été évacué par les garibaldiens dès hier. Aujourd'hui, mardi, je me suis un peu promené dans la ville. Le palais Piombino, que nous occupons, la domine tout entière ; c'est une vraie forteresse. Nous y couchons, Alain et moi, dans la chambre de Garibaldi, dans un lit de 6 pieds de large sur 10 de long. J'ai vu l'église... A la porte, triple rangée d'ordures ! Ordure dans les bénitiers, ordure dans la chaire, ordure sur l'autel !

« La porte du tabernacle, au milieu de l'église, par terre, est percée de deux ou trois coups de baïonnettes et de balles. Dans la sacristie, les crucifix sont en morceaux... J'ai vu de braves Hollandais, priant et pleurant, baiser le Christ détaché de sa croix ! Les ornements sont en morceaux, les vases sacrés ont disparu.

« Demain matin, mercredi, nous partons pour Rome : nous devons y rentrer à deux heures. »

Nous extrayons ce qui suit d'une lettre écrite de Rome par l'une des généreuses dames chrétiennes qui se sont vouées au service des blessés :

« Rome, 15 novembre.

« ...Quant à moi, Dieu merci, j'ai pu m'engager, et je savoure un *parfum de Rome* que vous ne connaissez pas. Je suis infirmière. Je passe mes journées, de huit heures du matin à quatre heures et demie du soir, à l'hôpital. Nos blessés sont admirables là comme à la bataille. Ils m'appellent ma sœur, et ils ont bien raison. Je n'aimerais pas davantage mes frères.

« Vous savez comme Garibaldi a filé ; vous n'en avez pas été bien surpris. Vous savez leurs méfaits, leurs sacriléges, leurs profanations brutales qui ne se peuvent dire. Pauvre civilisation, si fière, et qui

13.

nourrit de telles hordes! Garibaldi a été obligé d'en faire fusiller plusieurs. On dit qu'il en a tué un de sa main, et que c'est à ce prix qu'il a pu dompter une indiscipline qui l'épouvantait pour lui-même. Voilà un revers de l'Exposition auquel les béats du champ de Mars ne s'attendaient point.

« On frémit à la pensée de ce que serait devenue Rome dans la main de ces possédés. Les Romains l'ont bien senti ; c'est pourquoi rien ne peut donner une idée des transports de joie et de reconnaissance qui ont salué la rentrée des troupes victorieuses. C'était vraiment la paix qui rentrait dans ses murs effrayés. On respire, on prie, on est heureux. Je vous laisse à penser si les zouaves sont contents, et si l'esprit français s'en donne. Du reste, il n'a pas cessé. A l'embarcadère du chemin de Rome à Tivoli, on criait, en français : Messieurs les voyageurs pour l'autre monde, en voiture !

« Tout n'est pas fini cependant. On sent quelque chose dans l'air. Trop de preuves de perversité féroce ne permettent pas de croire que les méchants soient convertis. On parle d'hommes déjà pardonnés plusieurs fois, qu'il a fallu arrêter de nouveau ; on découvre tous les jours quelques traces de la machine infernale qui était disposée pour faire sauter en quelque sorte Rome tout entière.

« Avez-vous remarqué que l'explosion de la caserne Serristori a tué plus d'hommes que les garibaldiens n'en ont fait tomber dans toute la bataille et encore ç'a été un coup manqué? On devait faire sauter la caserne des Antibiens, le cercle des officiers, d'autres lieux de réunion encore. Il est affreux de penser que de telles choses sont révélées et que le monde ne pousse pas un cri d'horreur. J'ai vu les armes que l'on a découvertes ; il y en a de terribles et en quantité, des baïonnettes à quatre lames, d'ignobles coutelas de boucher, des bombes à mettre dans les fusils et dont l'effet doit être de disperser en morceaux le corps qu'elles atteignent.

« C'est bien le propre de l'enfer de chercher à faire d'inguérissables blessures et de dégrader le combat à n'être plus qu'un assassinat immense. Il y a des gens qui font cela et qui élèvent leurs enfants pour le faire. Lorsqu'on a dit aux petits enfants de la femme du Transtevère que leur père et leur mère étaient tués, ils ont répondu : « Ma mère nous a toujours dit qu'il vaut « mieux mourir le stylet que le chapelet à la « main!... »

« Oh ! quelle fortune d'être du côté de la croix ! »

Les lettres des zouaves pontificaux ne lassent pas l'intérêt des lecteurs. A peine sortis du feu, les nobles enfants se sont hâtés d'écrire à leurs familles. La plupart s'adressent à leurs mères. Ils décrivent le combat avec le même entrain qu'ils l'ont livré, et se montrent aussi bons et francs narrateurs qu'ils ont été bons et francs soldats. Ces lettres, qui peignent si bien l'action, révèlent en même temps le fond de ces âmes saines et vaillantes ; on y sent la joie du dévouement, comme on saisit celle du sacrifice dans les dernières paroles et dans le dernier sourire de ceux qu'atteint la mort.

Une partie de la presse française ne rougit pas d'injurier ces gens de cœur, lorsqu'ils exposent leur avenir, leur fortune et leur vie, pour défendre la foi qui les engage jusqu'au sacrifice dans les voies les plus rigoureuses de l'honneur et du devoir envers le prochain, sans en excepter les ennemis dont ils repoussent l'agression.

On veut représenter comme une horde de fanatiques sauvages les soldats volontaires du droit, qui vont au combat sous la garde de l'eucharistie, emmenant avec eux des sœurs de Charité pour panser leurs adversaires et des prêtres pour les absoudre!

Ce caractère particulier du soldat pontifical est marqué dans la lettre que l'on va lire, comme dans toutes celles que nous avons déjà publiées [1].

« Montcrotondo, 5 novembre 1867.

« Chère mère,

« Avant-hier nous avons eu une rude affaire avec les garibaldiens. Je suis sorti sain et sauf, grâce à Dieu.

« Ma compagnie faisait partie de l'avant-garde, nous n'en avions que trois autres devant nous...

« Un coup de fusil part, puis deux, puis trois. « Sacs à terre, mes amis, ça va chauffer! » crie le capitaine. Deux minutes après, c'était une fusillade continuelle. Nous avancions toujours.

« Je vais maintenant vous parler de moi, car, je vous l'assure, on n'a pas le temps de regarder ce que font les autres.

« Tout harrassé que j'étais, je monte au galop une pente bien roide, d'où les premières compagnies

[1] Louis Veuillot.

avaient déjà délogé les garibaldiens. De là on voit Nomentana, d'où part un feu continuel et nourri.

« Nous nous arrêtons un instant, et en avant !

« Dans un moment, nous sommes en tirailleurs ;
je me trouve à côté de L..., qui va bien, ainsi que
M. de M...

« Nous courions déjà à la baïonnette sur quelques garibaldiens qui se trouvaient devant nous. Il y avait là
une montée ; nous grimpons, notre capitaine de Vaux
en tête, lorsque, tout d'un coup, il s'affaisse et tombe
en criant : « En avant ! » Je ressentis en même temps
la douleur de le perdre et l'ardeur de le venger. A
quelques pas de là, zouaves et garibaldiens se tordaient
à terre. Je me cache avec de L... derrière une haie,
et de là nous opérons. Je ne suis pas maladroit, et à
4 ou 500 mètres, je touchais assez juste. J'avais mis
le lorgnon de cristal que vous savez.

« Nous quittons le poste pour avancer, nous montons, nous descendons, et de plus en plus on entend
le sifflement des balles.

« On tire, on se cache, on avance, et de temps en
temps le boulet ronfle dans nos environs. Quel choc !
grand Dieu !

« Je descends alors avec de L..., dans un chemin
creux.

« On nous tire dessus à bout portant de certaines
meules de foin qui se trouvent devant nous. Il y a là
beaucoup de morts et de blessés par terre.

« Mais, en avant ! aux meules ! aux meules ! il y a
là un trésor de petits combats à la baïonnette ! Nous
étions trois : de L..., H... et moi ; les garibaldiens
bien plus nombreux.

« Je vous l'avoue, j'ai eu là un peu d'émotion ; mais, tête baissée, je me suis précipité en criant : *Vive le pape ! vive Pie IX !* Lorsqu'on se bat pour Dieu, on ne peut avoir peur ; je tire, j'en embroche un, et me voilà par terre d'un bon coup de crosse dans la jambe droite (ce n'est rien). Je suis tout étonné de mon sang-froid en cette occasion : j'avais laissé échapper ma carabine. Je vois briller une baïonnette fort nettement ; mais mon revolver part, et le pauvre garibaldien tombe. Je n'ai eu de sang sur moi que le sien. En me relevant, nous avions du secours et tout allait bien ; ils étaient en fuite.

« Je cours vite, vous le savez, et j'ai eu l'occasion de frapper fort et ferme sur ces brigands qui pillent les églises. On a trouvé sur l'un d'eux des patènes, un saint ciboire. Comment voulez-vous qu'ils aient du courage après de pareils crimes ?

« Dans notre élan, nous avions pris beaucoup trop de positions, et nous ne pouvions les défendre contre des ennemis de beaucoup supérieurs en nombre. On se faisait tuer, en tuant davantage, sans céder un pouce de terrain, mais inutilement.

« Je rentre dans un chemin creux où les balles s'entre-croisaient en sifflant, et je trouve là des zouaves de toutes les compagnies. Une ferme se trouve devant, occupée par les rouges ; nous montons à l'assaut, mais nous ne pouvons la prendre. L'artillerie arrive et la défonce. En avant, à la baïonnette !

« La nuit tombe, et les hommes aussi. On crie : « Cessez le feu, l'ennemi est en fuite. » Les Français avaient tout balayé avec leurs fusils-Chassepot. Quelle formidable invention !

« C'était fini ; j'étais couvert de poudre et un peu de sang. Fermez les yeux. Mais j'ai eu envie de pleurer en voyant tous ces morts.

« J'avais oublié la fatigue, elle revient avec une soif ardente. Moi qui déteste l'eau-de-vie, j'en ai bu un grand verre. Il n'y avait point d'eau.

« Nous avons couché à terre sur la colline, après un jour de grande fatigue, et sans avoir mangé, absolument rien, pas même du pain.

« Le lendemain nous occupions Monterotondo sans coup férir. C'est de là que je vous écris.

« Il y aura, dit-on, demain une chaude affaire à Palombara.

« A la grâce de Dieu ! cela m'est égal d'être tué ! Vous comprenez que cela signifie que ma conscience est en règle.

« Pour manger ici, c'est une misère. Les brigands ont tout volé et violé. Ils sont, dit-on, 35,000. Hier, nous n'avions affaire qu'à 8 ou 10,000.

« On a fait 1,000 à 1,500 prisonniers. Il y a beaucoup de morts, ma compagnie a souffert.

« Je vous embrasse,

« B.... »

On lira aussi avec intérêt la lettre suivante :

« Rome, 6 novembre.

« La bataille de Mentana a été très-vive ; c'est là un fait de guerre des plus glorieux pour nous.

« Les positions occupées par les garibaldiens étaient des meilleures et servaient comme de défenses naturelles à Monterotondo, petite ville forte dont la prise était le but de l'expédition.

« En effet, Mentana est placé à un mille de distance environ en avant de Monterotondo qui s'élève au sommet d'une colline assez haute, derrière trois autres collines plus petites et couvertes de bois épais. C'est dans ces bois que les garibaldiens avaient pris position, cachés derrière les arbres et les broussailles.

« Partie de Rome dans la nuit, la colonne d'attaque, composée du régiment des zouaves, des chasseurs et des carabiniers pontificaux, est arrivée sur le lieu du combat vers midi, et le feu a commencé aussitôt.

« Complétement masqués, entièrement à l'abri, les garibaldiens ont tenu un certain temps, répondant par une fusillade des plus nourries, *qui indiquait plutôt une troupe régulière et habituée aux manœuvres militaires que des bandes improvisées.*

« Aussi l'ordre d'enlever à la baïonnette toutes les positions a-t-il été donné immédiatement. Les zouaves se sont élancés à l'assaut de chacun des points occupés par l'ennemi, avec cette *furia francese* si connue, doublée de leur dévouement sans bornes pour la cause du saint-père.

« Refoulés de tous côtés, les garibaldiens sont descendus dans les ravins et ont essayé de reprendre position sur les sommets des collines voisines d'où, sans perdre de temps, nous les avons délogés de nouveau et repoussés jusqu'à Mentana.

« Toutes ces diverses positions ont été enlevées en moins de trois heures.

« La colonne française, forte de deux régiments d'infanterie, suivait en observation, et a donné vers les trois heures. Inutile de dire qu'elle a pris dès lors une part brillante au combat.

« La nuit arrivant, les deux colonnes ont dû camper autour de la ville et attendre le lever du jour pour donner l'assaut à Monterotondo.

« Mais le lendemain lundi, dès six heures, la garnison garibaldienne se rendait sans tirer un coup de fusil.

« Le nombre des prisonniers fait le dimanche 3, est très-considérable. Ces prisonniers, faits exclusivement par les zouaves, ont été conduits à Rome dans la journée.

« Ceux du lundi 4, rendus à l'armée française, ont été ramenés à la frontière italienne.

« Dans cette affaire, les garibaldiens étaient au nombre de 15,000 environ, d'après le journal officiel. L'armée pontificale ne comptait pas plus de 3,000 hommes.

« Nos pertes sont sérieuses, mais sans proportion, cependant, avec le résultat obtenu. Une perte bien sensible est celle du capitaine de Vaux, tué dès le commencement de l'action. Les regrets que laisse ce brave officier, l'un des héros de Castelfidardo, sont unanimes dans l'armée pontificale.

« Au nombre des blessés se trouvent MM. de Cathelineau, Pascal, de Jacquemont, le commandant Castella, des carabiniers suisses, le caporal de Quatrebarbes, de Beaurepaire, le sergent de Loirant, mort le lendemain de ses blessures, etc., etc.

« Le lieutenant de Quatrebarbes, qui avait été blessé

et fait prisonnier dix jours auparavant, a été repris.
Son état de santé est mieux aujourd'hui.

« Le service des ambulances a été admirablement
fait ; les bonnes sœurs de Saint-Vincent de Paul,
arrivées la veille de France, ont été sublimes de dévouement ; elles allaient chercher les blessés jusqu'au milieu de l'action, sous les balles ennemies, prenant largement ainsi leur part aux dangers du combat.

« Enfin, les médecins venus de Paris, parmi lesquels
se faisait remarquer le docteur Ozanam, ont montré
un zèle digne de tous éloges.

« Durant tout le combat et pendant que les sœurs
de Charité s'exposaient si bravement au feu de l'ennemi, Garibaldi s'est tenu à plus de 4 kilomètres
du champ de bataille, invisible même pour ses bandes,
et aussitôt la nouvelle de leur défaite, il s'est em-
pressé de repasser la frontière.

« A Monterotondo comme à Mentana, comme partout où ont passé les garibaldiens, tout est saccagé,
pillé, ruiné ; c'est le brigandage le plus éhonté joint
à l'impiété la plus sacrilége.

« Ainsi, dans ces deux villes, les églises sont en
ruine, les autels *souillés d'ordures*, les registres lacé-
rés, les ornements déchirés, les vases sacrés dispersés et profanés. A Monterotondo, un crucifix a été
trouvé avec les deux bras et les deux jambes cassées ;
un zouave a remis à une sœur de Charité un calice,
une boîte aux saintes huiles et des parcelles de la
sainte hostie, que les soldats de Garibaldi avaient sa-
lies et jetées au vent. Après cela, croira-t-on encore au
respect de ces envahisseurs pour la religion et pour le
saint-père ?

« Je ne veux pas oublier de vous dire qu'à la fin de la journée, la colonne française a témoigné toute son admiration pour la valeur des zouaves, en venant les féliciter chaudement. Pouvaient-ils recevoir des éloges venus d'une source plus sympathique, et de cœurs plus experts en fait de courage?...

« JEANNIN DE VILLECIN. »

Le signataire de cette lettre intéressante est un ancien sous-officier qui, après avoir honorablement servi dans l'armée française, est venu tout récemment s'enrôler comme volontaire au service du pape.

En nous réjouissant une fois encore du beau succès remporté par les armes unies des soldats pontificaux et des soldats français, nous ne pouvons oublier le deuil dont cette joie est accompagnée dans bien des familles, ou pour mieux dire dans cette grande famille catholique qui vient de se serrer plus étroitement autour du père commun, pour l'assister ou le défendre. Comme aux premiers siècles chrétiens, le triomphe de l'Église vient d'être le prix du sang le plus généreux. Combien de noms, parmi ceux dont se compose la liste des morts et des blessés, auraient droit, de notre part, à une mention spéciale! Si nous ne pouvons la leur donner ici, nous ne saurions cependant taire nos sentiments en présence du douloureux honneur qui s'attache au nom de ces deux officiers de l'armée pontificale, l'un blessé, l'autre mort.

Le premier, M. le commandant de Castella sert depuis longtemps dans cette armée, il y porte avec honneur un de ces noms suisses qui sont une garantie de bravoure et de fidélité. L'autre, M. le capitaine de Vaux, était l'un des officiers les plus brillants du régiment des zouaves. Appartenant à une famille distinguée du Périgord, possesseur d'une grande fortune, il avait renoncé aux loisirs qu'elle pouvait lui procurer pour acquérir d'autres satisfactions plus dignes de son cœur, et, comme le rappelle la lettre que nous venons de reproduire, il était l'un des soldats de la cause pontificale qui illustrèrent son premier champ de bataille, dignes aînés des vainqueurs de Mentana. Il avait été blessé à Castelfidardo.

Remarquons encore, avec une légitime fierté, ces deux noms français que nous trouvons à la tête de la liste des blessés, les noms de Cathelineau èt de Quatrebarbes, rapprochés ici comme pour signer, en quelque sorte, l'union de deux grandes époques avec le fait glorieux dont nous sommes les témoins. Les croisades et la guerre de Vendée semblent envoyer leur lointain et noble souvenir à ce champ de bataille qui vient de nous montrer, à côté l'un de l'autre, la croix du Vatican et le drapeau de la France.

En général, on n'a pas trop à se plaindre de l'état des blessés pontificaux. Les plaies n'ont pas subi les dégénérescences que l'on craignait. Les amputations seules présentent du danger.

Au reste, les malades continuent à recevoir les soins les plus affectueux, tant des hommes de l'art et des sœurs de Charité, que des Romains et des catholiques venus de divers pays afin d'apporter à Rome le témoignage de leur piété et de leur dévouement.

Parmi ces derniers se distingue une femme des plus aimables, madame la comtesse de Liminghe, belle-sœur du volontaire pontifical tué il y a quelques années. Madame de Liminghe consacre toutes ses journées à l'hôpital.

Le tablier blanc des sœurs de Charité passé sur sa robe de femme du monde, elle s'emploie avec une religieuse ardeur aux offices les plus humbles. Sa douce gaieté, ses discours pleins de foi apportent aux plus malades de véritables consolations. Or, on raconte que madame de Liminghe, se trouvant à l'audience du saint-père, lui dit que, parmi les blessés pontificaux, se trouvait un carabinier suisse près de mourir; que, refusant tout secours religieux, il alléguait que, calviniste, il avait juré à son père de ne jamais changer de religion et qu'il ne voulait point terminer sa vie par un parjure. La pieuse dame, en conséquence, supplia Sa Sainteté d'ouvrir à cet homme la porte du ciel :

— Très-saint père, ajouta-t-elle avec l'accent de son cœur chrétien, vous avez dans vos mains les clefs du ciel, ouvrez, ouvrez à ce pauvre soldat, et qu'il ne tombe point dans l'abîme qui l'attend.

Pie IX, ému et troublé, nous oserons dire comme le divin Maître devant le cadavre de Lazare, répondit : « Ma fille, vous demandez beaucoup, mais prions ! »

Et, levant les yeux au ciel, joignant ses mains, le pape pria.

En sortant de l'audience, madame de Liminghe courut à l'hôpital, et quelle fut sa joie ! Une sorte d'agitation régnait dans la salle des blessés. Le carabinier

suisse, tout à coup attendri et touché par la grâce divine, demandait un prêtre au plus vite et déclarait
vouloir mourir dans le sein de l'Église.

Après avoir abjuré et avoir reçu les sacrements, cet
homme est mort la nuit même.

Le comité communique à *l'Univers* une lettre du
docteur Ozanam, chargé du soin des blessés pendant le
combat de Mentana, ainsi qu'une de M. Keller ; nous
commençons par la lettre de ce dernier.

« Rome, 5 novembre.

« Nos amis ont rendu dimanche un immense service,
en organisant avec les sœurs l'ambulance des blessés
auprès de Mentana. Je les ai rejoints dans la nuit du
dimanche au lundi avec des voitures, des vivres et de
nouvelles sœurs. Le combat était terminé, les garibaldiens mettaient bas les armes. On leur a mis 400
hommes hors de combat et on en a pris 1,400. Il y a
malheureusement dans les zouaves une vingtaine de
morts, parmi les meilleurs, et une quarantaine de
blessés.

« Le duc de Luynes veut venir aux ambulances. Le
P. Ligiez, dominicain, est magnifique auprès des blessés ; il est notre aumônier. On ne saurait se faire une
idée de l'admirable pays que nous avions sous nos
yeux des hauteurs de Mentana. Il y avait entre cette
nature si paisible, ces montagnes dorées par le soleil,
ces petites villes campées sur les hauteurs, et le triste
spectacle des suites de la guerre, un contraste saisis-
sant. Au milieu de tout cela, les zouaves circulaient
avec un air martial, malgré les fatigues inouïes qu'ils

endurent depuis un mois. Il faut absolument qu'on répare leurs pertes, et qu'on leur envoie du monde. Quand, lundi soir, nous sommes remontés en voiture avec M. Ozanam, les blessés et les sœurs, nous avons été salués de leurs acclamations.

« KELLER. »

« Rome, 5 novembre.

« Nous sommes arrivés à Rome vers une heure, avec plusieurs régiments français et le colonel d'Argy. Après nous être établis à la Minerve, nous sommes allés voir le R. P. Jeandel; puis sur la place Saint-Pierre, nous avons trouvé le pape qui sortait, et il nous a donné sa bénédiction. Ainsi réconfortés par ce premier bonheur obtenu dès la première heure, nous sommes allés voir le général Kanzler et les sœurs de l'hôpital du Saint-Esprit. Le général nous dit : « Messieurs, Garibaldi est « à 6 lieues de Rome; il occupe la forteresse de Mentana, « et, au dessus la ville de Monterotondo ; je pars cette « nuit avec 5,000 hommes dont 2,000 Français, et 10 « canons ; venez avec vos sœurs; vous verrez une belle « bataille, et vous pourrez nous être utiles. »

« M. de Saint-Priest lui fit signer un permis pour moi d'établir une ambulance, et comme il n'y avait absolument rien à faire à Rome, il fut convenu que l'on partirait avec les troupes à trois heures du matin. Nous nous rendîmes alors à l'hôpital, où la supérieure nous dit qu'elle serait heureuse de nous donner ses sœurs pour créer une ambulance, quoique jusqu'à présent jamais les sœurs n'eussent été sur le champ de bataille, mais seulement dans les ambulances plus éloignées. C'était donc la première fois que la cornette blanche des sœurs de Charité allait paraître au milieu des bruits tumultueux des fusils et du canon, sur des terres jonchées de morts et de mourants ; c'était pour la sainte cause, pour le pape, pour l'Église, que l'on faisait cette glorieuse expédition, et nous étions honorés d'avoir pour commission d'accompagner cette sainte caravane.

« Du reste, elles se chargèrent de tout préparer, et entre six heures du soir et minuit, elles eurent réuni toutes les provisions et un millier de pansements. A neuf heures du soir on louait pour la nuit trois voitures et deux chevaux. A deux heures du matin, M. de Saint-Priest allait chercher les sœurs : elles arrivaient au rendez-vous, hôtel de la Minerve, et nous partions. Notre convoi se composait de trois sœurs, du R. P. Ligiez, aumônier, du docteur Ozanam et de ses aides, savoir : M. Benoist, chirurgien, et de ses aides ; de MM. Benoist d'Azy, son neveu de Saint-Maur, de Luppé et Vrignault. Keller restait à Rome pour préparer tout le reste, et nous réclamer au besoin si nous étions faits prisonniers.

« A trois heures, l'armée commençait à défiler par la porte Pia ; il pleuvait fort, et rien n'était plus beau et plus grave que ces bataillons de soldats du ciel bravant les ténèbres et les éléments pour aller verser leur sang pour la vérité. Les chevaux piaffaient, un des nôtres s'abattit et ralentit notre marche, car il fallait le dételer pour le relever. Les chefs commandaient, les soldats romains criaient, les Français chantaient, le canon roulait sur le pavé avec le tintement métallique qui sort de son âme de bronze. On traversa le pont avec une grande précaution, car il était miné, et la mèche gardée par un soldat.

« A midi, on s'arrêta près d'une petite chapelle où le P. Ligiez dit la messe que nous servîmes.

« On se remit en marche, et à une heure commençait l'attaque. Nos jeunes zouaves étaient en avant : les soldats pontificaux suivaient, et enfin les troupes françaises. L'ennemi couvrait deux collines, dont la seconde était surmontée de la forteresse de Mentana, énorme château dont les murs ont 80 pieds de hauteur et 20 d'épaisseur, flanqués de tours et bâtis en pouzzolane ; elle était vraiment imprenable, et de jeunes zouaves sont venus se faire tuer devant ces créneaux infranchissables.

« L'armée française arrivant chargea les ennemis, et les roulements de feu de peloton de fusils Chassepot vinrent rendre bon témoignage de cette arme. Cependant un bataillon de zouaves, commandé par M. de Troussures, avait tourné la ville et était parvenu à la grande rue, seule voie pénétrable. Il y faisait 60 prisonniers, s'établissait dans les premières maisons, car une énorme barricade partageait la ville en deux, puis ensuite il fit demander au général l'ordre de s'établir à ce poste ; mais le général s'y opposa. En effet, le corps d'armée, pris entre Mentana et Monterotondo pouvait être coupé et débordé en un instant ; un jeune zouave tomba à dix pas de la barricade.

« Garibaldi avait un panache blanc, la grande chemise rouge, un air fier et beaucoup d'audace. Après cinq heures de combat, la bataille n'était pas arrêtée ; le général Kanzler et son état-major s'établirent à la vignia Santucci, à 1 kilomètre de Mentana ; c'est là aussi qu'était notre ambulance. On se battit jusqu'à dix heures du soir, et toute la nuit on s'attendait à voir recommencer la bataille et à être attaqué de nouveau.

« La position était d'autant plus pénible que depuis dix-huit heures, on manquait d'eau ; point d'eau pour les sœurs et pour les blessés, point d'eau pour les chevaux ; le Tibre était à deux lieues de nous. Dans ce pressant besoin, nos sœurs de Charité se mirent à genoux pour demander à Dieu de leur venir en aide ; bientôt deux pierres mal jointes fixèrent l'attention du P. Ligier ; c'était une citerne où elles purent puiser de l'eau pour leurs pauvres malades.

« Après cette nuit bien longue, l'attaque recommença à neuf heures du matin. Un colonel français partit avec ses bataillons pour soutenir nos pontificaux, et, après une heure de combat, la ville était prise. Au même moment, un parlementaire arrivait avec un drapeau blanc, annonçant que non-seulement Mentana, mais Monterotondo, demandaient à capituler. Lorsqu'il fut aux limites du camp, on lui banda les yeux, on le mit sur un cheval et il fut conduit au quartier général.

« La capitulation fut accordée ; les chefs seuls obtinrent, dit-on, d'être conduits à la frontière avec armes et bagages. Nous vîmes passer les prisonniers par rang de trois, fiers, dédaigneux, frisant leur moustache, ayant l'air de dire : Nous recommencerons bientôt. On les dirigea sur Rome entre deux haies de soldats, et il en est déjà entré 1,400. Nous nous occupâmes alors du soin des blessés.

« Nous avons été témoins d'un spectacle bien douloureux pour tout cœur catholique. Un garibaldien, saisi par la peur, s'était caché dans un coffre ; bientôt un de nos soldats, Péruvien de naissance, s'approcha et vit entre les mains du malheureux un ciboire brisé, renfermant encore quelques parcelles d'une hostie ; il en prévint le docteur Ozanam, dont la foi s'émut d'un pareil sacrilége ; il chercha le R. Père Ligiez, le conduisit auprès de ce misérable, et alors le religieux, prosterné, recueillit cette divine parcelle qui quelques instants auparavant, était foulée aux pieds. Hélas ! que de scandales, que de sacriléges ignorés ont dû se passer au milieu de cette armée de Satan !

« Docteur Ozanam. »

Voici une nouvelle lettre du docteur Ozanam, qu'on veut bien nous communiquer :

« Rome, 7 novembre.

« Je vous ai donné brièvement jusqu'ici le récit de la bataille et des différents points où l'action s'est passée. Voici maintenant des détails sur notre utile ambulance et sur le dévouement des sœurs de Saint-Vincent de Paul.

« Au milieu de l'agitation universelle, elles demeurèrent calmes et souriantes. On voyait que pour elles le danger ne comptait pour rien et qu'une seule pensée les dominait : faire le bien partout où on les conduirait.

« Nos voitures marchèrent lentement ; les troupes allaient plus vite, et les soldats jetaient en passant un regard étonné sur les trois cornettes blanches. madame Stone nous avait aussi accompagnés. Parmi les soldats, quelques-uns disaient : « Que viennent faire ces sœurs ici ? » Un camarade leur répondit : « Elles sont là pour panser nos blessures. » D'autres saluaient, et tous avaient compris en un moment que c'était là l'ambulance chrétienne. Cependant, il était une heure, la tête de notre armée, formée par les zouaves, touchait aux dernières sommités qui cachent aux regards la ville de Mentana ; on entendit le clairon sonner la marche, puis la fusillade la plus vive, et tous les soldats, prenant le pas de charge, passèrent en courant auprès de nous.

« Le feux de pelotons se succédaient de plus en plus, les troupes françaises et l'artillerie traversèrent notre petite caravane, et la première batterie s'établit sur le plateau qu'on venait de prendre. Ce fut là aussi que nous installâmes d'abord notre ambulance. Depuis Mentana, situé en face de nous, on voyait les cornettes blanches de nos sœurs entre deux canons rayés tirant à boulets contre le château qui répondait à nos coups.

« Nos troupes gagnaient du terrain, et les ambulances se trouvaient trop en arrière ; nous repliâmes la nôtre, et marchant en avant, nous traversâmes à la hâte les principaux corps d'armée pour arriver à l'avant-garde. Ce fut là la partie la plus pénible du trajet : nos voitures ne pouvaient plus avancer ; il fallut se charger de tous les objets nécessaires.

« Je portais mes instruments, les sœurs le linge et la charpie, de Luppé le sac d'ambulance, Benoist d'Azy une énorme caisse, et tous au milieu du piétinement des chevaux, des soldats courant, nous courions aussi, cherchant à qui rendre service.

« A ceux qui étaient moins blessés, nous disions

en pansant leurs blessures : « Vois comme Garibaldi te
trompe; il persécute la religion, et c'est la religion
qui vient à ton secours sur le champ de bataille. » La
plupart de ces pauvres gens nous répondaient : « Hélas !
nous sommes de pauvres enfants séduits par Garibaldi. » Ils baisaient le crucifix et priaient Dieu de leur
pardonner; d'autres résistèrent, demeurèrent silen-
cieux avec un sourire ironique sur les lèvres. Plusieurs aussi nous dirent : « Vous avez votre principe,
nous avons le nôtre; nous sommes patriotes et nous
mourons martyrs. »

« Le premier que nous trouvâmes fut un sergent
de zouaves; il était tombé en arrière, le cœur percé
d'une balle, noble attitude dans la mort; un seul trou
rond, dans sa veste, indiquait quelle avait été sa fin.
Nous rencontrions ensuite plusieurs garibaldiens blessés à mort; nous nous agenouillions auprès d'eux,
visitant leurs blessures; un bandage m'était immédiatement présenté par les sœurs, pour étancher le sang;
puis, quand je les avais pansés, si l'aumônier était au
voisinage, il venait les confesser. Sinon, nous leur
faisions dire, en quelques mots, les actes nécessaires,
foi, espoir, amour et contrition; puis une des sœurs,
se penchant sur eux, leur faisait embrasser le crucifix
de cuivre, et nous l'abandonnions.

« Cependant nous étions parvenus à une petite colline dominant Mentana. Là, se trouvait une maison à
deux étages, entourée de vignes; nos soldats étaient
encore occupés à en chasser les garibaldiens; nous
attendions à la porte, avec les sœurs, qu'ils fussent
partis, jugeant qu'aucun endroit n'était plus favorable
pour notre ambulance.

« En effet, un vaste hangar rempli de foin était au rez-de-chaussée; déjà les ennemis blessés dans la maison même s'y trouvaient ; nous commençâmes par eux notre mission de charité ; mais bientôt on amena tant et tant de blessés, que nous ne savions où les mettre.

« Les trois bonnes sœurs agenouillées près de moi m'aidaient de tout leur pouvoir, et nous travaillâmes ainsi depuis deux heures jusqu'à dix heures du soir. Plusieurs fois dans la nuit nous fîmes la ronde de nos blessés, leur donnant à chacun une cuillerée de vin, n'ayant pas une goutte d'eau. Puis, battant le pays, nous cherchions les blessés ; nous en trouvâmes dix dans une chapelle abandonnée, à quelque distance : ils avaient passé la nuit sans eau, sans feu, sans secours. J'ai rencontré parmi nos blessés plusieurs jeunes gens que j'avais vus à Paris avant leur départ pour Rome.

« J'étais heureux de me trouver au milieu d'eux à l'heure du danger, de leur montrer que nous aussi nous marchions auprès d'eux, et que nous leur avions amené les anges de la charité au milieu des combats. Dès le matin du lundi, Keller nous amenait trois autres sœurs de renfort, que nous dûmes laisser à l'ambulance italienne, où les blessés manquaient de tout. Les seigneurs romains nous sont aussi venus en aide, le prince Aldobrandini nous a ouvert un hôpital de cinquante lits. Nous avons tous besoin de nous dévouer à ces nobles défenseurs de l'Église pour leur témoigner notre admiration.

« Docteur OZANAM. »

Nous donnons encore une lettre écrite de Monte-rotondo par un ami de M. Arthur Guillemin, qui se trouvait sous ses ordres à Montelibretti. Quoiqu'elle ne contienne aucun détail nouveau, elle sera lue avec intérêt, comme un tableau aussi sincère qu'animé de cette guerre et des nobles cœurs qui la soutiennent si vaillamment.

L'auteur de la lettre s'adresse à son frère, prêtre.

« Monterotondo, le 15 octobre 1867.

« Mon cher .....

« Je me sers d'un crayon, car je ne puis trouver une plume. Nous sommes dans un soi-disant palais où l'on ne trouve rien. Je tâcherai de mettre l'adresse à l'encre, et si je ne t'écris maintenant, Dieu sait quand je pourrai le faire.

« Je reçois ta lettre à l'instant. On m'offre une plume ; je continue sans plus de cérémonie.

« Je viens de recevoir ta lettre, elle m'a beaucoup réjoui. L'histoire est charmante ; elle prouve à la fois l'activité de la grâce de Dieu et la beauté du devoir du missionnaire.

« Maintenant, si tu me le permets, mon bon frère, je vais te raconter ce que nous avons fait depuis neuf jours.

« Partis de Rome le dimanche 6 octobre au soir, nous sommes arrivés à Monte Maggiore à onze heures de la nuit. Nous pensions y déloger les garibaldiens ; il n'y avait plus personne, et notre assaut fut inutile, nous n'eûmes qu'à enfoncer les portes ouvertes. Mais cela ne fait rien, car l'intention y était. Le lendemain lundi, 7 octobre, le lieutenant-colonel de Charette et le commandant de Troussures vinrent nous rejoindre avec une autre compagnie de zouaves, deux aumôniers, un chirurgien. Le même jour, à midi, nous partions pour Montelibretti, cherchant toujours nos garibaldiens ; mais il n'y avait pas un chien. Nous passons la nuit dans une espèce de palais qu'il y a là, et le lendemain, nous partons pour Nerola, où l'on nous assurait que les garibaldiens se trouvaient. Arrivés là, nous les apercevons campés à deux heures de la ville, sur le territoire piémontais. Nous descendons aussitôt et venons leur offrir le combat. Mais c'est peine perdue ; ils se retirent de plus en plus et ne tirent point un coup de fusil. Ils étaient assure-t-on, de 8 à 900, nous n'étions que 200. Le colonel, ayant la défense expresse de les attaquer sur le territoire piémontais, dut donc se retirer. Et nous revînmes à Monte Maggiore, attendant qu'il plût à ces messieurs de s'avancer.

« Nous fîmes ce jour-là treize lieues par les chemins les plus mauvais, à travers les montagnes, avec quatre-vingts cartouches, manteau, tente, etc.

« Le mardi, nous restons à Monte Maggiore. Le mercredi, nous venons occuper Monterotondo, où nous nous reposons le jeudi et le vendredi.

« Le samedi, nous faisons une excursion de 14 lieues, et revenons le soir sans avoir pu rencontrer nos gens. Le dimanche matin, nous recevons l'ordre de partir à une heure. Nous devions nous joindre à la légion (alors à Monte Maggiore), et à une autre compagnie de Montelibretti ; à deux heures de l'après-midi, nous étions au pied de la montagne sur laquelle est assise Montelibretti, endroit où nous devions passer la nuit et nous réunir à la légion.

« Il était cinq heures lorsque nous arrivâmes au pied de Montelibretti, et grand fut notre étonnement de nous entendre arrêter par une sentinelle garibaldienne placée sur le sommet de la colline.

« Les cris de : *Zouaves!...* retentit aussitôt, suivi de: *Vive Pie IX!...* Nous étions 80 ; et les garibaldiens, que nous pensions être à Nerola, se trouvaient à 200 pieds au-dessus de nos têtes, au nombre de 1,100, dit-on, et défendant un nid d'aigle.

« N'importe, nous donnons l'assaut avec une ardeur admirable, sous la conduite des deux officiers, Guillemin et de Quélen. Nous expulsons les garibaldiens des faubourgs, et ils rentrent dans la ville, laissant dans les rues bon nombre de leurs morts.

« Les garibaldiens, réfugiés dans le palais, dont les fenêtres sont au moins à 15 pieds au-dessus du sol, nous accablaient de balles, et, du haut des murailles, on nous en envoyait une grêle qui balayait la grand'rue, que nous montions au pas de course.

« Tout fut inutile. Après deux heures environ de combat, nous dûmes songer à la retraite, ce que nous fîmes de telle sorte que pas un garibaldien n'osa sortir de la ville avant le lendemain matin.

« Mais hélas !... tant de courage n'avait pas été déployé sans que nous eussions à regretter des pertes sensibles. *Guillemin*, l'un des premiers, est tombé frappé de deux balles et est mort. On est encore dans l'incertitude sur le sort de Quélen. 10 zouaves au moins sont tombés, 15 autres sont revenus blessés.

« Pour moi, je me suis battu, je crois pouvoir le

dire, comme il faut, mais Dieu a voulu que je fusse épargné. Le manteau que je portais en bandoullière est déchiré par les balles. Je n'ai d'autres blessures que deux égratignures. Enfin, mon nom figure sur l'ordre du jour parmi une quinzaine d'autres.

« Je ne dis pas cela pour me flatter, mais tu sais que j'ai promis de tout te dire. Maintenant, écoute. J'ai écrit hier à maman. Je ne lui ai parlé ni de la mort de Guillemin, ni de mes égratignures. Quant à la mort de Guillemin, je vais en écrire à ma tante, afin qu'elle prévienne la famille ; mais quant au reste, n'en dis rien.

« Tu sais que je te parle franchement, et je te dis que ce n'est rien.

« Adieu ; quand tu recevras ma lettre, il est probable que je me serai battu une fois. Mais cette fois ce sera avec chance et succès ; car nous avons maintenant quatre compagnies de la légion, une compagnie de zouaves en plus, et deux pièces de canon.

« Demain ou après-demain sera probablement pour moi un grand et beau jour. Adieu ; ici ou dans le ciel, amitié éternelle.   •

« Si tu écris à maman, ne lui parle pas de la bataille que nous allons livrer. Tu sais combien son amour pour nous la rend toujours inquiète.

« Pour moi, je suis le plus heureux des hommes. Mon âme est dans la plus parfaite tranquillité ; et mon corps, bien que je ne me sois pas déshabillé depuis huit jours, que nous n'ayons eu de la paille que pendant trois nuits et le reste du temps la terre nue pour couche avec le sac pour oreiller, mon corps va bien.

« En attendant, vive Jésus, Marie, Joseph ! au ciel seul se trouve mon espérance. »

Une lettre écrite de Bagnorea par un officier de zouaves, M. Henri Wyart, et communiquée à *l'Émancipateur de Cambrai*, dit :

« Les garibaldiens sont dignes des révolutionnaires de 93. Ils commettent des atrocités sans nombre. Ils dépouillent les églises et vont jusqu'à faire leurs ordures sur les ornements qui servent au saint sacrement. Et le chef de cette canaille, me remettant son épée, a eu l'audace de me dire : « Je me rends « à vous, lieutenant de zouaves et sans doute gentil- « homme. » C'était le comte Pagliacci ; parmi nos ennemis, il y a toutefois d'honnêtes âmes trompées, mais que de figures d'enfer à côté !!! »

« Plusieurs des officiers garibaldiens blessés, prisonniers ou morts, sont vêtus avec une grande recherche. Parmi les morts on a remarqué un très-beau jeune homme. Son portefeuille contenant ses cartes de visite : *Giuseppe Gabrielli, commis-voyageur en cotonnerie, mercerie et passementerie.*

« Parmi des lettres d'amis où se lisent des choses infâmes, et mêlée à des photographies obscènes, se trouvait une lettre datée de Terni, 30 septembre, et adressée par Gabrielli à sa mère :

« Oh ! pardonnez-moi, ma mère (je traduis), le crime que j'ai commis et la peine que je vous ai causée. C'est malgré moi que je suis ici. Il faut que je choisisse : mourir en combattant ou mourir sous le poignard. Mais je me décide. Je suivrai votre conseil, et ainsi vous m'obtiendrez le pardon de mon père. Vous me pardonnerez vous-même. Vous me bénirez, et vous me permettrez de venir encore baiser votre main maternelle. »

Il est impossible de lire sans émotion une telle lettre et de ne pas avoir en grande commisération ces malheureux jeunes gens, que les sectes italiennes enveloppent dans leurs ténébreuses conjurations et vouent le plus souvent à l'alternative dans laquelle s'est trouvé Giuseppe Gabrielli. Par quelle fatalité n'a-t-il pas envoyé cette lettre à sa mère ? Peut-être l'eût-elle empêché de tomber dans l'abîme.

En attendant, Garibaldi et ses fils ont fui pendant la nuit, se dirigeant en toute hâte, avec quelques milliers d'hommes, vers Tivoli. Les officiers garibaldiens sont furieux :

— *Si salva sempre*, disent-ils en le maudissant.

Mgr l'évêque d'Orléans a voulu féliciter la mère d'un zouave, mort à la défense du saint-siége.

On lit dans le *Journal du Loiret :*

« Une honorable famille, à laquelle appartenait le jeune zouave dont Mgr l'évêque d'Orléans célèbre la mémoire en consolant sa mère, veut bien nous donner communication de la lettre suivante :

« Madame,

« Votre fils est mort en combattant pour le chef de l'Église. Que vous devez être triste, mais que vous devez être fière !

« Vous aurez toujours présente, hélas ! l'image de ce pauvre enfant, que j'ai béni avec vous, quand il partait si joyeux. Vous le verrez frappé, l'épée à la main, laissant échapper son sang avec sa vie, fermant

les yeux, mêlant votre nom aux noms de Jésus et de
Marie, mourant enfin, là-bas, loin des bras de sa
mère... Oui, mais il est tombé dans les bras d'une
autre mère, l'Église, après l'avoir défendue jusqu'à
la mort; il est tombé au service du successeur du
prince des apôtres, qui tient en ses mains les clefs
du royaume des cieux. Il aurait pu vivre encore, vous
aimer, être heureux à la façon du monde, comblé de
dignités, de biens, de plaisirs; puis il serait mort en
luttant obscurément, comme le commun des hommes,
contre la fièvre ou la caducité. Sa mort est préma-
turée, mais elle est glorieuse, exemplaire et sainte.

Soyez triste, mais soyez fière !

« C'était une âme simple, énergique et droite. Il ne
s'embarrassait pas dans les raisonnements subtils,
dans les réflexions compliquées, dans les calculs pru-
dents, enfin dans toutes ces considérations pesantes
qui portent à ne pas agir. Il obéissait à des voix sacrées, comme Jeanne d'Arc à la voix des anges ; à la
voix de la conscience émue, à la voix de l'honneur
blessé.

« Il disait : Le pape est le plus faible, on l'insulte,
on le dépouille, on le menace ; il est seul contre tous ;
son indépendance importe à l'Église; la France est
responsable de son sort. Donc se battre pour le pape,
c'est se battre pour l'honneur, pour la France, pour la
foi. Volons au secours du pape! tel fut le cri de son
noble cœur.

« Il s'était dit ce peu de mots, et il avait, depuis
trois ans, triomphé de votre tendresse, de la moquerie
des uns, des sages avis des autres. Il n'a pas eu tous
les jours le bonheur de se battre; mais, dévouement

bien plus méritoire encore! tous les jours il a fait l'exercice, il a fait la patrouille dans les villages, il a monté la garde, il a obéi, acceptant une vie obscure, fatigante, lourde, sans autre avenir que l'espoir de tacher de son sang les mains coupables qui viendraient se poser encore sur l'épaule du vicaire de Jésus-Christ! Noble petite armée victorieuse des bandes garibaldiennes, battues, dispersées par elle dans vingt combats, et dans une grande et définitive victoire, quel monument elle vient d'élever à la mémoire de la Moricière, de Pimodan! De quel éclat splendide elle a su faire rayonner, au-desus de la croix, l'étoile de l'honneur!

« Madame, votre enfant et ses compagnons héroïques n'ont pas seulement vaincu les aventuriers de Garibaldi, pauvres diables parmi lesquels il y a aussi, je veux le croire, des enfants égarés, dignes des larmes de leurs mères, enfants auxquels on a tourné la tête avec le mot magique de *patrie* et à qui on a fait croire que des brigands sont des héros.

« Les soldats du pape, zouaves, gendarmes, chasseurs, dragons, artilleurs, soldats d'Antibes, n'ont pas seulement vaincu le triste héros d'Asinalunga, ils ont vaincu les rieurs et les insulteurs. Ils ont vaincu les faux et abominables libéraux qui se moquent des traités et violent les frontières. Ils ont vaincu les faux et méprisables diplomates qui signent des conventions et les foulent aux pieds, avec l'hypocrisie la plus éhontée qui fut jamais; ils ont vaincu ces ingrats Italiers qui outragent la France, à laquelle ils doivent tout dans le présent, qui persécutent l'Église, à laquelle ils doivent tout dans le passé, et, comme Néron, frappent les entrailles de leur mère. Ils ont vaincu les prétendus sauveurs d'un peuple qui ne veut pas être sauvé, et n'en a aucun besoin. Ils ont vaincu ces triomphateurs qui, sous prétexte de planter au Capitole le drapeau italien, veulent y porter les régiments piémontais, les impôts piémontais, les habiles ministres piémontais et tous les beaux exemples piémontais. Ils ont vaincu dans les rues de Paris, les journalistes ; sur les boulevards de Paris, les paresseux ; dans les centres politiques de Paris, les indécis ; forçant les premiers au respect, les seconds à l'envie, les derniers à l'action.

« Gloire à cette poignée de soldats et à ceux qui, comme votre cher fils, sont morts en combattant à leur tête ! Quoi qu'il puisse advenir, ils ont fait honneur à notre époque, à notre nation, à l'Église, à leur nom !

« Quel grand rôle, grâce à eux, peut encore prendre la France !

« Je le dis sans hésiter, à une mère aussi chrétienne et aussi vaillante que celle à qui je parle, ne pleurons pas sur ceux qui sont tombés. Ils sont allés chercher l'avancement au séjour des récompenses méritées et immortelles.

« Dès à présent, nous aussi catholiques, nous pouvons être fiers. Le petit fragment de souveraineté temporelle laissé aux glorieuses mains de Pie IX pouvait, comme tant d'autres souverainetés, tomber un moment sous le poids de la victoire, sous les coups de la victoire, sous les artifices de la diplomatie, sous les désastres financiers... Pie IX, appuyé sur l'Église catholique qu'il soutient, résiste seul, entre un peuple fidèle et une armée vaillante. Il résiste plus longtemps qu'aucun des souverains de la France ou de l'Italie depuis cent ans. Il résiste, ayant pour lui la justice, l'intrépidité, la sérénité, l'honneur.

« Encore une fois, quoi qu'il puisse advenir, remercions Dieu, madame, ce Dieu, qui, visiblement, nous protége et a reçu dans son sein tendre et paternel votre enfant et tous ces héroïques jeunes gens qui n'ont pas reculé une seule fois devant le feu de l'ennemi, et dont on peut dire la parole de l'Écriture : *Amabiles et decori in vita sua, in morte quoque non sunt divisi* : Beaux, nobles, aimables et unis dans leur vive jeunesse, ils n'ont pas été séparés dans la gloire de leur mort. Ils sont tombés ensemble, et vainqueurs.

« Veuillez agréer, madame, avec ma profonde et respectueuse sympathie, mes plus dévoués et religieux hommages.

« † Félix, évêque d'Orléans. »

La lettre suivante, sans apprendre rien de nouveau sur les affaires de Rome, contient cependant des observations et des détails qui seront lus avec intérêt :

« Pas l'ombre encore de la plus petite émeute. La révolution en guenille ou en uniforme en a la rage dans le cœur. Elle fait des efforts prodigieux pour en avoir seulement un petit semblant. Rien ne lui réussit. Vraiment la Providence s'en mêle. Tous les jours les plans sont éventés, les émissaires sont arrêtés et coffrés. Même attitude partout dans la province, dans les localités les plus mal notées. Rien de ce que l'on craignait n'arrive. Les espérances sont dépassées.

Vous savez ce que je pensais, ce à quoi je m'attendais.

« Eh bien, j'ai peine à en croire mès yeux et mes oreilles. Je vous pardonne votre incrédulité. Si je n'étais pas sur place, j'aurais bien de la peine à admettre seulement la moitié de la réalité. Oui, nos espérances, nos désirs sont dépassés. De trahisons, nulle part ; de soulèvements, nulle part. Partout des populations calmes, tranquilles, au moins, ou prêtant un concours actif aux troupes pontificales. Enfin, je le vois par les journaux de France, la vérité a fini par se faire jour, on sait à peu près maintenant à quoi s'en tenir.

« Autant de mensonges que de mots dans les bulletins des victoires garibaldiennes ; la vérité est que les prétendus insurgés n'ont tenu nulle part, et ce ne sont pas seulement les zouaves qui ont été ce qu'ils devaient être : toutes les troupes pontificales, toutes, entendez-vous, ont fait admirablement leur devoir. J'ai entendu des zouaves même regretter de voir que l'on parlait d'eux plutôt que de leurs camarades. Les soldats romains, comme la légion d'Antibes, n'ont rien laissé à désirer. Les Romains ont été d'un élan admirable à Bagnorea, et le détachement de la légion d'Antibes qui se trouvait à Nerola a montré une vigueur dont tout Français doit être bien fier. Les *antibiens* qui formaient l'avant-garde ont fait de nombreux prisonniers.

« Ceux-ci s'attendaient à être fusillés. Ils se sont jetés à genoux demandant grâce. Puis, lorsqu'ils ont été rassurés sur leur sort, ils disaient : « Mais qui êtes-vous donc ? Vous n'êtes pas zouaves, vous n'êtes

pas Italiens ? — Nous sommes les soldats de la légion
d'Antibes ! — Les soldats de la légion ! Mais ce n'est
pas possible ; on nous avait dit que vous étiez pour
Garibaldi et que vous passeriez de notre côté à la première rencontre ! — Passer de votre côté ! canaille !
Et bien oui ! Nous voilà avec vous et nous ne vous
lâcherons pas ; mais plus d'insultes, autrement malheur à vous ! » La plupart de ces misérables ont été
indignement trompés. »

Depuis que ces lignes ont été écrites, une grande
manifestation s'est produite dans l'Assemblée législative de France, en faveur de la souveraineté temporelle du saint-siége. Désormais, il n'y a plus de place
pour les amphibologies et les incertitudes.

Déjà le Sénat, à la suite de plusieurs discours, avait
donné son approbation pleine et entière à la conduite
du gouvernement, défendant le pouvoir temporel du
pape.

A l'Assemblée législative, le discours prononcé par
le ministre d'État, dans la séance du 5 décembre, a
terminé le débat par la constatation éclatante de l'accord intime qui existe sur la question romaine comme
sur toutes les autres, entre l'Empereur et le pays.
M. Rouher a fait justice des passions anarchiques et
révolutionnaires. Il a solennellement déclaré que l'I-
talie ne s'emparera pas de Rome, que jamais la France
ne supportera cette violence faite à son honneur et à
la catholicité. Le gouvernement de l'Empereur demande l'énergique application de la convention du

15 septembre, et si cette convention ne rencontre
pas dans l'avenir son efficacité, il y suppléera par lui-
même ; il comprend dans la défense du pouvoir temporel du pape l'intégrité du territoire actuel.

M. Rouher avait exprimé, dans son éloquent discours, le désir de voir l'harmonie des grands pouvoirs
se traduire par un vote de confiance à l'égard du
gouvernement. Le Corps législatif a été presque unanime pour répondre à cet appel. 237 voix contre 17
se sont prononcées en faveur de l'ordre du jour pur
et simple. Jamais entente plus complète et plus sympathique ne s'était établie entre une assemblée et un
ministre. Témoignage d'approbation pour le passé et
de confiance absolue pour l'avenir, le vote du 5 décembre apporte à la diplomatie française une nouvelle
force. Le gouvernement de l'Empereur n'en attache
pas moins de prix qu'auparavant à réclamer le concours des puissances pour l'œuvre d'apaisement et
de justice qu'il poursuit dans l'intérêt de la papauté
comme dans celui de la Péninsule.

———

Quelle est la conclusion de tout ce livre ? Elle est
tout entière dans ces belles paroles de l'Écriture :
« *Confidite, ego vici mundum. Quare fremuerunt gentes et
populi meditati sunt inania :* Ayez confiance, j'ai vaincu
le monde. Ne craignez rien de ces vains complots des
peuples et des rois. *Sæpe expugnaverunt me a juven-
tute mea, etenim non potuerunt mihi :* Moi, l'Église de
de Jésus-Christ, j'ai été attaquée dans mon berceau.
Mes ennemis ont été réduits à l'impuissance. » En frap-

pant sur mes épaules, l'iniquité n'a fait qu'accroître ses crimes, mais non sa puissance. L'Église, en effet, suivant l'énergique expression du P. Ventura, « l'Église est une enclume qui a usé bien des marteaux. Celui sur qui tombe cette pierre angulaire, est sûr d'être brisé, dit l'Esprit-Saint. »

TABLE DES MATIÈRES

FIN

PARIS. — IMP. SIMON RAÇON ET COMP., RUE D'ERFURTH, 1.

BIBLIOTHÈQUE DIAMANT

CHOIX
DES
MEILLEURS OUVRAGES DE PIÉTÉ
ÉDITÉS AVEC LUXE SUR PAPIER VÉLIN GLACÉ

Combat Spirituel, suivi de la paix de l'âme. 1 vol.
Imitation de Jésus-Christ, par le P. LALLEMANT. 1 vol.
De Imitatione Christi, libri quatuor. 1 vol.
Imitation de la sainte Vierge. 1 vol.
Journée du Chrétien. 1 vol.
Paroissien Romain. 1 vol.
Recueil de Prières, par M. DE FENOIL. 1 vol.
Visites au St-Sacrement et à la Ste Vierge, par St LIGUORI. 1 v.
Guirlande à Marie, par Mme la Cesse DE HAHN-HAHN, 1 vol.

Chaque volume broché.	0,80
— Relié, toile, tranche jaspée.	1,25
— — chagrin, 2e choix. tranche dorée.	2,25
— — — 1er choix.	3.00
— — — tranche rouge ou bleue et or.	3,60
— — — — avec 2 fermoirs et étui.	5,25

Il y a une édition du même *Paroissien romain*, imprimé avec un encadrement rouge très-soigné, au même prix que ci-dessus, en ajoutant pour l'encadrement 60 cent.

NOVUM JESU CHRISTI TESTAMENTUM
VULGATÆ EDITIONIS JUXTA EXEMPLAR VATICANUM
1 volume in-48; édition Diamant. Broché. . . . 1,50

NOVUM JESU CHRISTI TESTAMENTUM
VULGATÆ EDITIONIS JUXTA EXEMPLAR VATICANUM
ET DE IMITATIONE CHRISTI
libri quator quibus adjungitur officium parvum B. M. V. ex breviario romanum excerptum
1 volume in-48; édition Diamant

Broché.	2,00
Reliure percaline noire, tranche jaspée.	2,65
— basane gaufrée, tranche marbrée.	3,00
— — — dorée.	3,50
— Chagrin, 2e choix, tranche dorée.	4,25
— — 1er choix, tranche dorée.	4,80

LE PAROISSIEN UNIVERSEL
SELON LE RITE ROMAIN
Nouvelle traduction très-complète par M. l'abbé BELLOUMEAU

volumes in-18 { brochés. . . 8 fr. — rel. basane propre. 10 fr
{ reliés basane gaufrée, tranche marbrée. . 11 fr

Belles éditions de Bréviaires, de Missels Romains et de Paroissiens en tous formats et toutes reliures.

ÉVANGILE MÉDITÉ ET EXPLIQUÉ
POUR TOUS LES DIMANCHES DE L'ANNÉE
PAR LES PÈRES DE L'ÉGLISE
DISPOSÉ EN FORME DE PRONES
PAR M. L'ABBÉ PIOGER, DU CLERGÉ DE PARIS
Troisième édition, revue et corrigée.

Deux volumes in-12. . . . . 6 fr.

Messieurs les ecclésiastiques n'ont pas la facilité de se procurer la nombreuse collection des Pères grecs et latins, ni le temps nécessaire pour se livrer à des études peu compatibles avec les fonctions si multipliées du ministère des paroisses. On ne va guère les étudier dans leur langue ; on gagne bien peu, en général, à les lire dans les faibles et prolixes traductions qui les reproduisent en entier, avec plus ou moins de fidélité. D'ailleurs, tout est-il également parfait, intéressant dans les Pères ? L'abbé Fleury et Fénelon, qui les admirent avec tant de franchise, demandent que pour les lire avec fruit, on les lise avec choix. En les abrégeant, vous leur ôtez leurs défauts ; en ne leur laissant que leurs beautés, qui les élèvent au-dessus de toute comparaison, vous en faites les premiers de nos classiques.

Paraboles de l'Évangile, expliquées par les Pères de l'Église, et suivies de plusieurs paraphrases du *Pater*, par M. l'abbé PIOGER. In-12.   2 fr. 50

Méditations sur les mystères et sur les Épîtres et Évangiles, par un Solitaire de Sept-Fonds. 2 vol. in-12.   4 fr.

Les Catéchèses d'un pasteur à ses enfants quelques semaines avant et après la 1re communion, par M. l'abbé GIRAULT. 1 vol. in-12. 2 fr. 50

Art de méditer, ou diverses méthodes pour en faciliter la pratique à ceux qui méditent et même à ceux qui disent ne savoir et ne pouvoir, par le R. P. CHAMPEAU. 1 vol. in-12.   2 fr.

Retraite selon l'esprit et la méthode de saint Ignace, pour les ecclésiastiques, par NEPVEU. 1 vol. in-12.   2 fr.

L'Art de traiter avec Dieu, par le P. LANCICIUS, de la Compagnie de Jésus. 2 vol. in-18, brochés.   3 fr.

LES MAXIMES DE SAINT IGNACE
Fondateur de la Compagnie de Jésus

Avec les sentiments de saint FRANÇOIS XAVIER, de la même Compagnie.

1 joli volume in-32, broché.   1 fr. 25

PROPAGANDE CATHOLIQUE

Petits ouvrages propres à être donnés comme récompenses dans les
Catéchismes et les Écoles.

Acte héroïque de Charité envers les saintes âmes du Purgatoire, suivi du traité du Purgatoire par sainte Catherine de Gênes. In-18.   15 c.

Catéchisme de la Confirmation. In-18.   15 c.

Cantiques à l'usage des Missions et Retraites. In-18.   15 c.

Civilité des Enfants, par M. RAMBOSSON. In-18.   15 c.

Explication des cérémonies de la Messe, par l'abbé BLUTEAU.   15 c.

Histoire Sainte, par LEGOUT. In-18.   15 c.

L'Homme et ses destinées d'après saint Liguori. In-18.   15 c.

Lettre encyclique de N. S. P. le Pape **Pie IX** pour le Jubilé de 1865, instructions, pratiques et prières ; manuel mis en ordre par M. A. R., chanoine. In-18.   15 c.

Messe et Vêpres pour les enfants, et **Cérémonial** pour les enfants de chœur, par M. CONGNET. In-18.   15 c.

Manuel des Sacrements, ou Conseils pratiques à tous les fidèles, par M. l'abbé DUTILLIET. In-18.   15 c.

Méditations et Prières pour la Confirmation. In-32.   15 c.

Neuvaine à saint François-Xavier. In-18.   15 c.

Notre-Dame de la Salette, histoire de l'apparition, extraits des écrits de plusieurs évêques, etc. In-18, illustré.   15 c.

Oraison Dominicale, par le P. SEIGNERI. In-18.   15 c.

Petit livre de la confirmation. In-18.   15 c.

Petit Manuel de confession, par un ancien catéchiste de Saint-Sulpice. In-18.   15 c.

Règlement de l'Association du Rosaire vivant. In-18.   15 c.

Souvenir de confirmation. In-18.   15 c.

Testament de la **Ste Vierge,** par le R. P. DOLMAS. In-18.   15 c.

Vie de Notre-Seigneur Jésus-Christ. In-18.   15 c.

Vie des Saints. In-18.   15 c.

REMISES POUR LA PROPAGANDE (assortis) :

14/10	pour 1 fr. 50 pris à Paris, et	1 fr. 65	*franco* par la poste.	
145/100	— 14 fr. —	16 fr. 00	*franco* par la poste.	
440/300	— 40 fr. —	43 fr. 00		*franco* jusqu'à la
735/500	— 70 fr. —	75 fr. 50	}	gare du chemin de fer
1500/1000	— 100 fr. —	115 fr. 00		la plus rapprochée.

Prière pour la paix, composée par S. S. Pie IX. In-12, le cent. 2 fr.

Litanies de Notre-Dame de la Salette. In-12, le cent. 2 fr.

Quarantaine de Prières pour nos besoins actuels. In-12, le cent. 2 fr.

Quarantaine de réparations dans les pressants dangers où nous sommes. In-12, le cent. 2 fr.

Abrégé de tout ce qu'un chrétien doit savoir, croire et pratiquer. In-18.   10 c.

La Bienheureuse Marguerite-Marie, religieuse de la Visitation. In-18.   10 c.

Cantiques des divers temps de l'année, à l'usage des catéchismes, par M. Congnet. 1re série. In-18.   10 c.
Par une heureuse innovation, dans ce livret et dans le suivant, chaque cantique est suivi de pieuses et utiles réflexions en rapport avec le sujet.

Cantiques de la première communion, par M. Congnet. In-18 10 c.

Chemin de la Croix, avec figures.   10 c.

Examen de conscience et pratique de la confession, par M. Congnet; avec des instructions dogmatiques sur le sacrement de la Pénitence. (Principalement à l'usage de la jeunesse.) In-18.   10 c.

Les pieux Exercices du soir dans les paroisses, par M. Congnet. 1re série. In-18.   10 c.
Cet opuscule contient : le Rosaire Vivant, — le Chapelet médité, avec l'offrande des Mystères à chaque dizaine, — le Chapelet de l'Immaculée Conception. — le Chemin de la Croix, — les Vêpres de la sainte Vierge, — les Chants du Salut.

Les pieux Exercices du soir. 2e série. In-18.   10 c.
Cette 2e série contient : les Vêpres du Saint-Sacrement ; — Rorate, Adeste, Attende ; — la pratique de la Dévotion au Sacré-Cœur de Jésus ; — Consécration au Sacré-Cœur ; — Amende honorable, Litanies.

Un premier mois de lectures, ou Pensées Chrétiennes du P. Bouhours. In-18.   10 c.

Un deuxième mois de lectures et de méditations. In-18.   10 c.

Un troisième mois de lectures et de méditations, par Fénelon. In-18.   10 c.

Précis complet de la doctrine chrétienne. In-18.   10 c.

Une bonne première communion en exemples. In-18. 10 c.

Les quinze oraisons de sainte Brigitte. In-18.   10 c.

Le Sacrement de Pénitence expliqué aux petits enfants, par l'abbé Dutillet. In-18.   10 c.

Le Scapulaire de l'Immaculée-Conception et les indulgences qui y sont attachées, avec approbation du card.-archev. de Paris. In-18.   10 c

Le Scapulaire de Notre-Dame du Mont-Carmel, avec approbation du card.-archev. de Paris. In-18.   10 c.

Trésor des saintes Prières, par M. Congnet. 1re série. In-18. 10 c.

Trésor des saintes Prières, par M. Congnet. 2e série. In-18. 10 c.

Visites au Saint-Sacrement. In-18.   10 c.

La Prière du P. Zucchi, de la Compagnie de Jésus. In-18. 10 c.

Histoire de Sainte Geneviève. In-18.   10 c.

Notices et Légendes sur la Vie de sainte Geneviève. In-18.   10 c.

Prières diverses à sainte Geneviève. In-18.   10 c.

Guide du visiteur à sainte Geneviève. In-18.   10 c.

REMISES POUR LA PROPAGANDE (assortis) :

14/10	pour	1 fr.	pris à Paris, et	1 fr. 20	*franco* par la poste.
145/100	—	10 fr.	—	12 fr. 10	*franco* par la poste.
440/300	—	30 fr.	—	34 fr. 50	*franco* jusqu'à la
800/500	—	50 fr.	—	58 fr. 50	gare du chemin de fer
2000/1000	—	100 fr.	—	115 fr. 00	la plus rapprochée.

VIE DU RÉVÉREND PÈRE ACHILLE GUIDÉE

de la Compagnie de Jésus

Par le P. F. GRANDIDIER, de la même Compagnie.
1 vol. in-8, broché. . . . . . 6 fr.

Vie de saint Ignace, par le P. BOUHOURS. 2 vol. in-12, gros caractères, reliés basane gaufrée, tr. marbrée.   4 fr.

Histoire de saint Thomas d'Aquin, de l'ordre des Fr.-Prêch., par M. l'abbé BAREILLE. 1 vol. in-12. 2e édit.   3 fr. 50

La vie admirable de saint Nicolas, par le P. DE BRALION, revue et annotée par le prince A. GALITZIN. 1 vol. petit in-12, br. ou joli carton. toile angl., toutes marges.   2 fr. 50
Papier vélin, demi-rel. dos et coins chagrin, plats, papier Annonay, tr. non rogn. et dor. en tête. 3 fr.

Ce charmant ouvrage, dont il ne reste que peu d'exemplaires et dont l'impression a été faite par les soins de M. Techener père, bien connu pour le goût qu'il a déployé de tout temps comme éditeur, ne se rencontrait jusqu'ici dans le commerce qu'à un prix exhorbitant ; par suite d'une heureuse combinaison nous l'avons rendu désormais accessible à toutes les bourses.

Tous les amateurs de beaux et bons livres tiendront à orner leur bibliothèque de ce joyau typographique.

Le style en est simple et correct et met en relief beaucoup de faits peu connus de la vie de ce grand saint ; il est bon de recommander spécialement ce volume à toutes les bibliothèques paroissiales.

Vie de Mme de Méjanès, fondatrice et première supérieure générale des Sœurs de Sainte-Chrétienne ; par Mgr CHALANDON, év. de Belley. 1 v. gr. in-12. 3 fr. 50

Vie de Mgr Cart, évêque de Nîmes, par M. l'abbé BESSON, supérieur du collége de Besançon. 1 fort vol. in-12, orné du portrait du saint évêque.   3 fr.

Vie de sainte Marie-Madeleine de Pazzi, par le P. VIRGILE CÉPARI, de la Comp. de Jésus, traduit par un direct. de Maison rel. 1 vol. in-12. 1 fr. 80

Vie du B. Pierre Fourier, curé de Mataincourt, instituteur de la Congrég. de Notre-Dame, réformateur et général de la Congrég. de Notre-Sauveur ; par M. l'abbé CHAPIA, curé de Vittel. 2e édit. 1 vol. in-12.   1 fr. 50

Vies de Jésus et de Marie, méditée par une jeune pensionnaire, suivies de visites au Saint-Sacrement et à la sainte Vierge, et de Méditations pour le temps des vacances, dédiées aux élèves de tous les établissements religieux, par M. l'abbé TRUCHOT, du diocèse d'Autun ; approuvé par Mgr l'évêque d'Autun. 1 vol. gr. in-32 jésus, relié.   2 fr. 50

Vie de M. l'abbé Nicolle, ancien vicaire-général et chan. hon. de Paris, par M. l'abbé FRAPPAZ. 1 vol. in-12.   2 fr.

VIE DU BIENHEUREUX LÉONARD DE PORT-MAURICE

Missionnaire Apostolique de l'Ordre de saint François d'Assise

PAR J.-M. DE GAULLE

1 volume in-18. . . . . 50 c.

Compte-rendu de la *Bibliographie Catholique*, Août 1867.

La vie du B. Léonard de Port-Maurice, destinée à populariser la mémoire, les écrits et les exemples du nouveau saint, fait bien connaître l'illustre missionnaire qui a rempli pendant un demi siècle les villes d'Italie du bruit de son nom, de ses vertus et de ses miracles. Quelques réflexions semées à propos ne ralentissent pas la marche du récit, mais, en reposant l'esprit, l'aident à recueillir les fruits des beaux exemples qui lui sont offerts. — Nous recommandons à tous cet excellent petit volume.   L'abbé DUPLESSY.

OUVRAGES ACQUIS DE LA LIBRAIRIE CALLOU. RUE DE TOURNON, 19

DE LA CONSTRUCTION ET DE L'AMEUBLEMENT

DES ÉGLISES

PAR SAINT CHARLES BORROMÉE

Nouvelle édition, revue par M. l'abbé E. VAN DRIVAL, directeur
du grand-séminaire d'Arras.

1 volume in-12, texte latin. . . . 2 fr.

Le Chrétien — *Jésus-Christ,
— l'Église, — la Vie et les
Vertus Chrétiennes, — la Mort,
— le Ciel,* par JOSEPH HOLL,
traduit de l'allemand par M. BA-
REAU. 1 beau vol. in-32 jés. 50 c.
Ce petit livre a eu beaucoup de succès en
Allemagne ; nous espérons qu'une traduction d'un auteur sincèrement catholique fera
goûter cet opuscule, parfaitement réussi,
quoique le sujet fût difficile à bien traiter.

**Dictionnaire de Théolo-
gie,** par l'abbé BERGIER ; nouv.
édit. augm. 4 vol. in-8. 18 fr.

Étrennes spirituelles pour
la Jeunesse. 1 vol. in-18 br. 50 c.

**Heures du Saint-Sacre-
ment,** ou des associés de l'A-
doration perpétuelle. 1 gros vol.
in-18. 1 fr. 75

Prælectiones in sextum Deca-
logi præceptum auctore SÆTLER.
4 vol. in-8. 1 fr. 50

L'éloquence chrétienne
dans l'idée et dans la pratique,
par le P. GISBERT. 1 vol. in-12.
2 fr.

**Lettres inédites du Père
Surin,** revues par M. l'abbé
Pouzot et M. SARION. 1 v. in-12.
1 fr. 50

**Manuel de l'enfant de
chœur,** par M. l'abbé PETIT.
1 vol. in-18. 1 fr.

**Méditations pour tous les
jours de l'année** sur les
principaux devoirs du christianisme, par le P. GRIFFET. 1 vol.
in-18. 1 fr. 25

De la Liturgie romaine et
des Liturgies particulières, par
M. l'abbé MAIRE. 1 vol. in-12.
1 fr. 25

**Opuscules théologiques
et philosophiques** de saint
Thomas d'Aquin, traduits inté-
gralement en français avec le
texte latin, par M. BANDEL, chanoine de Limoges, et MM. VÉ-
DRINE et FOURNET, prêtres du
même diocèse. 7 vol. in-8. 40 fr.

La perfection chrétienne
d'après l'Imitation de Jésus-
Christ, par M. LACHÈZE. 1 fort v.
in-18 raisin de 1400 pag. 4 fr. 50

Promptuarium Morale seu
sancti Ignatii sententiæ et effata
auctore JAUFFRET. 2 vol. in-18.
2 fr.

La route du bonheur, par
M. CARRON. 1 vol. in-18. 1 fr. 25

LETTRES D'UN RELIGIEUX TRAPPISTE

A SA SŒUR

sur la vocation religieuse, la vie intime et l'histoire de la Trappe, avec
l'approbation de Mgr l'évêque de Nantes.

1 volume in-12. . . . . 2 fr. 40

VIE DES SAINTS

POUR TOUS LES JOURS DE L'ANNÉE

PAR LE P. CROIZET

Deux magnifiques volumes in-folio, avec de belles gravures; brochés

Le prix est réduit, de 80 fr. à . . . . 40 fr.

Relié en basane très solide. . . . . 60 fr.

Le même, abrégé. 1 vol. in-4. . . . . 16 fr.

Actes du martyre de saint Blaise et de ses compagnons, par l'abbé DE GERAU-VILLIER. 1 vol. in-12.   1 fr. 20

Les Saints et leur siècle, ou les vrais sages discernés par leurs œuvres, par M. RODIÈRE. 1 vol. in-8.   5 fr.

Vie de la Bienheureuse Baptiste Varani, écrite par elle-même. 1 v. in-12. 1 fr. 20

Vie de sainte Catherine de Bologne, par le R. P. GRASSET. 1 vol. in-12.   1 fr.

Vie des justes dans la profession des armes, par M. CARRON. 1 vol. in-18.   1 fr. 20

Vie de M. de Renty, par P. SAINT-JURE. In-12.   2 fr.

Vie des justes dans les conditions ordinaires de la société, par M. l'abbé CARRON. 1 vol. in-18.   1 fr.

Vie des justes dans les plus humbles conditions de la société, par le même. 1 vol. in-18.   1 fr.

Vie de saint François de Borgia, troisième général de la Compagnie de Jésus. 2 vol. in-12.   3 fr.

Vie de Mgr Douarre, évêque d'Amata, premier vicaire apostolique de la Nouvelle-Calédonie. 1 vol. in-12.   2 fr.

CONFÉRENCES

SUR

L'ORAISON DOMINICALE

et traduction du

Traité de Saint CYPRIEN, sur le même sujet

PAR M. L'ABBÉ PIERRET

Ouvrage approuvé par S. Em. le cardinal-archevêque de Reims, et par Mgr l'évêque de Châlons.

1 vol. in-12. . . . . . . 2 fr. 50

COURS DE THÉOLOGIE

ou explication de la Doctrine Catholique, en forme de Catéchisme comprenant
le Symbole et les Commandements
PAR M. DARLAN DE LAMOTHE
Curé archiprêtre.

2 gros volumes in-8 de 700 pages chacun. 16 fr.

Cet ouvrage a été recommandé par M. l'abbé Vaillant, dans la *Revue du Monde Catholique*, du 25 novembre 1865, et par M. l'abbé Dardy, rédacteur de la *Bibliographie Catholique*, comme le plus complet, le plus bref et le plus clair des ouvrages de ce genre.

Ame aux pieds de Jésus, ou élévations sur un choix de textes de la Sainte-Ecriture propres à faire connaître et aimer Jésus, par l'abbé VINCENT, chanoine de Soissons. 2 v. in-12.   4 fr. 50

Ame pénitente, ou le nouveau Pensez-y-bien, par l'abbé BAUDRAND. In-32, broché.   50 c.

Bréviaire et Missel Romain à l'us. des laïques. 1 v. in-18. 2 fr. 50

Catéchisme spirituel de la perfection chrétienne, par le P. SURIN. 3 vol. in-12.   3 fr.

Dévotion aux Saints Anges, suivie de quelques réflexions sur saint Joseph, par M. l'abbé HAMON. 1 vol. in-18.   50 c.

Fondements de la vie spirituelle, tirés de l'Imitation de J.-C. par le P. SURIN. In-12. 1 fr. 50

Guide de la jeune fille, par l'abbé C. P., avec approb. de Mgr l'év. de Valence. In-18.   2 fr.

Méditations pour les Dimanches et les Fêtes de l'année, par le P. BUSÉE, de la Compagnie de Jésus. 2 v. in-12.   4 fr.

Méditations et entretiens spirituels sur la conduite à la perfection, par le P. LE MAISTRE. 4 vol. in-12.   4 fr. 50

Nouveau guide des âmes pieuses, par M. l'abbé SANSON. In-12 rel.   3 fr. 50

Prières de Fénelon avec instructions et méditations. Nouv. édit. 1 vol. in-32.   70 c.

Sentiments d'une âme pénitente sur le psaume *Miserere*. 1 vol. in-18.   70 c.

Traité des vertus et des moyens de les acquérir, par le R. P. ALVAREZ DE PAZ. 1 v. in-12.   1 fr.

Trente Amours sacrées, ou Sentiments sur l'amour de Dieu, pour chaque jour du mois, par le P. AVRILLON. 1 v. in-32. 60 c.

Trésor de patience du P. ALMEIDA; traduit par M. JAMET. In-18.   60 c.

Un reflet du Ciel ou la modestie chrétienne, par l'abbé MARTEL. 1 v. in-12.   2 fr. 50

LA FEMME MODESTE

d'après l'Evangile, la Morale et les Pères de l'Église, accompagnée de pieuses et courtes résolutions pour acquérir la modestie, et précédée d'une introduction, par J. MAILLOT, rédacteur de la *Bibliographie Catholique*. 1 vol. in-18.   1 fr. 25

Lettre de Monseigneur DUPANLOUP *à l'auteur.*

Orléans, le 29 octobre 1862.

J'ai reçu l'ouvrage que vous m'avez fait l'honneur de m'adresser, et je vous prie de vouloir bien en agréer tous mes remerciements.

D'incessantes occupations et une persistante fatigue m'ont seules empêché de vous remercier plus tôt de votre bonne confiance.

Je regrette aussi que l'accablement de ces occupations ne m'ait pas encore permis d'en achever la lecture.

Ce que j'ai pu en voir jusqu'à présent m'a intéressé, et je ne doute pas d'après le peu que j'ai lu déjà, que l'ouvrage ne soit vraiment bon et que le succès ne réponde à vos légitimes espérances.   † FÉLIX, évêque d'Orléans.

L'IMITATION
DE SAINT ALPHONSE DE LIGUORI
MODÈLE DE TOUS LES AGES ET DE TOUTES LES CONDITIONS
D'APRÈS
SA VIE ET SA DOCTRINE SPIRITUELLE
1 vol. in-18. Belle édition. 1 fr. 25

Compte-rendu de la Revue des Bibliothèques paroissiales d'Avignon, *15 juillet 1863.*

Ce petit livre renferme quarante-quatre sujets de piété, traités avec beaucou d'onction et d'intérêt. La doctrine est tout entière puisée dans saint Liguori; est la substance et comme le *compendium* de ses ouvrages ascétiques. Au com mencement de chaque chapitre, on trouve un ou plusieurs traits du saint relatif à la vertu ou à la règle de vie spirituelle dont on va parler. L'auteur a adopté forme du dialogue. C'est le saint docteur lui-même qui instruit l'âme fidèle et l communique la science divine.

Ce livre offre à la fois la vie et les enseignements d'un grand maître de la v spirituelle.

Compte-rendu de la Revue Catholique, *mars 1863.*

Cet ouvrage est riche pour le fond; toutes les matières les plus importantes d la vie spirituelle y sont dignement traitées. La forme en est attrayante et l'auteu a dû lire, relire et méditer tous les nombreux ouvrages de ce saint docteur pou en extraire la substance qu'il a su renfermer en un si petit volume. Cet ouvrag est destiné à produire de grands fruits de sanctification dans les âmes et tien lieu d'une foule d'autres livres qui ne renferment ni autant d'onction, ni autant d pratiques toutes édifiantes et salutaires, etc.

La vie vraiment méritoire au milieu du monde, ou Pratique des vertus de chaque instant, par M. l'abbé TH. BOURGEAU. 1 volume in-12.
1 fr. 50

Extrait du compte-rendu du Journal d'Indre-et-Loire, *n° du 1er septembre 1862.*

La Vie vraiment méritoire au milieu du monde : pouvait-on choisir un sujet plus intéressant et plus approprié aux besoins de chacun.

Ce livre traite du bon emploi du temps, de la charité fraternelle et de ses inappréciables avantages, des qualités de la conversation, de la politesse, de la bienséance, de l'affabilité, de la gracieuseté et des égards que nous devons avoir les uns pour les autres.

Le chrétien sanctifié, pa le P. HAUSEN, de la Compagni de Jésus. Ouvrage traduit d l'allemand, et mis en ordre pa M. l'abbé MOUZÉ. 1 vol. in-18
1 fr. 2

L'excellent ouvrage du P. Hausen dont nous offrons ici la traduction, cet avantage sur beaucoup d'autre livres de piété, qu'il joint l'exempl d'un grand saint aux principes essentiel de la perfection chrétienne. L'auteu suit pas à pas la vie du prince de apôtres. Il le considère dans sa chute dans sa pénitence et dans sa sanctifica tion; puis il invite le chrétien qui au rait eu le malheur de tomber dans l péché à faire comme lui un sincère re tour sur lui-même, à revenir comme lu à son Dieu, et comme lui aussi à gran dir dans la perfection.

MANUALE
TOTIUS JURIS CANONICI

AUCTORE CRAISSON

Quondam Vicario generali, RR. DD. Chatrousse, Episcopi Valentinensis
opus Romæ et auctoritate superiore examinatum

Approbatum et commendatum ab examinatoribus Romanis

4 volumes in-12.   18 fr.

ELEMENTA JURIS CANONICI

AD USUM GALLIÆ SEMINARIORUM

AUCTORE CRAISSON

1 volume in-12. — Prix. . .   5 fr.

Conférences ecclésiastiques de Malines. 4 v. in-8. 2 fr.

Conférences prononcées à l'église du Gesu à Rome, par le P. PANOGLIA. 4 v. in-12. 1 fr. 60

Conférences sur l'état ecclésiastique, par le cardinal de la LUZERNE. 4 vol. in-12. 1 fr. 60

Cours d'instruction morale et religieuse, par M. l'abbé MOISSON. 2 vol. in-12.   5 fr.

De l'Esprit des Sermons de saint Bernard, par M. l'abbé BLAMPIGNON. 4 vol. in-8. 1 fr. 50

École du Prêtre, par TANNER, renfermant un examen pour le clergé. 2 vol. in-12.   6 fr.

Explication de la Doctrine catholique sur l'Eucharistie, par M. l'abbé DUCLOT. 4 v. in-8. 3 fr.

Instructions pastorales sur les épîtres de tous les dimanches et fêtes de l'année, et de tous les jours de Carême, par M. l'abbé RAQUIN. 2 v. in-12. 3 fr.

Methodus pie & fructuose celebrandi sacrosanctum missæ sacrificium. 4 volume in-32.   80 c.

Monita ad parochos aliosque sacerdotes animarum curam habentes auctore SÆTTLER 4 vol. in-8.   4 fr. 50

OEuvres du cardinal de La Luzerne. 10 in-8.   22 fr.

Prônes ou Instructions familières, par COCHIN. 6 in-12.   10 fr.

Prônes et Instructions familières, par GIRARD. 4 in-12.   8 fr.

Sermons du P. de Ligny, de la Compagnie de Jésus. 2 in-12.   4 fr.

COURS D'INSTRUCTIONS POUR LA PREMIÈRE COMMUNION

COMPRENANT : 1° Deux retraites préparatoires à la première communion
2° Plusieurs instructions pour le grand jour

Suivi d'un Cours d'Instructions paroissiales et d'une Retraite pour les personnes pieuses, pouvant servir de Cours d'Instructions pour la Prière du soir durant le Carême

Troisième édition

Ouvrage extrait du recueil *La Doctrine Catholique expliquée*

PAR M. L'ABBÉ CLAIRIN

1 gros volume in-12. . . . . **2 fr. 50**

Lettre de S. E. le cardinal Morlot

MONSIEUR LE CURÉ,

J'ai reçu aujourd'hui le beau volume que vous avez bien voulu m'adresser. Occupé et surchargé comme je le suis, je ne sais quand je pourrai le lire, mais je n'ai pas voulu différer de vous exprimer ma reconnaissance de cette marque toute bienveillante d'attention, à laquelle je suis fort sensible, ainsi que des souvenirs d'un temps déjà fort éloigné que vous avez la bonté d'y ajouter.

Je fais bien des vœux, monsieur le curé, pour que votre travail obtienne les succès qui sont le plus selon votre cœur et que vous puissiez continuer sous les meilleurs auspices l'œuvre que vous avez entreprise.

† F. N., archevêque de Paris.

Grand Manuel ou Manuel pratique pour la première communion et la confirmation. Ouvrage pouvant servir de *Manuel de piété* et de *Livre d'offices* avant et longtemps encore après la première communion, par M. CONGNET, chanoine de Soissons. 8e édition. 1 vol. in-18 de 324 pages. Cartonné.   1 fr. 25
Ouvrage approuvé et recommandé par deux cardinaux et dix évêques.

Petit Manuel pour la première communion, par M. CONGNET, chanoine de Soissons. 1 v. in-18 de 152 pag. 8e éd.   50 c.
Cartonné.   60 c.
On peut se servir, dans une même réunion d'enfants, et du GRAND MANUEL et du PETIT MANUEL. Ils sont, l'un à l'égard de l'autre, ce qu'est le Grand Catéchisme par rapport au Petit Catéchisme.

Préparation à la Confirmation et sainte réception de ce sacrement, par M. CONGNET. 11e édition. L'instruction de quatre pages, que l'on doit apprendre par cœur, est par demandes et par réponses. Prix.   15 c.

Retraite de première et de seconde communion, par M. l'abbé LECARLATTE, ancien curé de la Fresnaye. 1 vol. in-12   3 fr.

Cours complet d'instructions pour la première communion, par M. LECARLATTE. 1 volume in-18.   1 fr. 60

Louise & Caroline ou six mois avant la première communion, par Mlle CURO. 2e édition. 1 vol. in-12.   2 fr.

Claire & Léonie ou les jeunes filles du catéchisme de persévérance, par Mlle CURO. 1 volume in-12.   2 fr.

Préparation des jeunes garçons à la première communion, par Mlle CURO. In-12.   2 fr.

Recueil d'instructions pour la première communion, par M. MARTIN. 1 volume in-12.   4 fr.

Recueil d'instructions pour la confirmation, par M. MARTIN. 1 vol. in-12.   4 fr.

ORGANISATION ET COMPTABILITÉ

DES FABRIQUES

ié complet contenant tout ce qui concerne l'organisation du personnel, la
des biens, la manière d'opérer les recettes & de faire les dépenses &
se qui a rapport à la comptabilité.

1 beau vol. in-12.   3 fr. 50

APPROBATION DE MONSEIGNEUR L'ÉVÊQUE DU MANS

rapport qui nous a été présenté, nous avons jugé que par sa brièveté, sa
son exactitude, surtout en ce qui tient à la comptabilité et à la régie des
ot principal de l'auteur, il pouvait être d'une grande utilité dans la pra-
pus l'approuvons et en recommandons l'usage aux membres des Fabriques
Diocèse.   Donné au Mans, le 1er mars 1866.

† CHARLES, évêque du Mans.

---

l du Cultivateur ou
eptes d'hygiène, par le Dr
ET. In-12.   1 fr. 30
br des Familles ou Re-
de près de 500 recettes des
usuelles dans le ménage.
                    80 c.

Plaisirs & Profits de l'éle-
veur d'abeilles, par le Dr DES
VAULX. In-12.   1 fr 25
De l'Hydrogéologie ou action et mouvement des eaux,
origine des inondations, etc., par
l'abbé JACQUET. In-12.   2 fr. 50

SANTÉ UNIVERSELLE

GUIDE MÉDICAL DES FAMILLES

sous les auspices et avec la collaboration du professeur **RÉCAMIER**
par ses élèves particuliers

les **docteurs JULES MASSÉ & HENRI COTTIN**

and in-8 à 2 colonnes, avec table générale, alphabétique et analytique

Nombreuses gravures dans le texte. Prix :   45 fr.

---

eil des **pronostics**
reux et mortels sur les dif-
les maladies de l'homme,
dé d'une explication des
lies à l'usage des ecclésias-
s. In-12.   1 fr. 20
ssé & l'Avenir expli-
par des évènements ex-
linaires arrivés à THOMAS
IN, laboureur de la Beauce.
                    5 fr.

Nouveau Manuel médical
à l'usage du clergé, ou Vade
Mecum de la santé et de la lon-
gévité, par le Dr SYDENHAM, revu
par M. l'abbé SAURET et approuvé par l'archevêque de Paris. In-18.   1 fr. 50
Le Bonheur des Champs,
Causeries agricoles, par A. PI-
TON DU GAULT. 1 volume in-8.
Prix.   3 fr.

UN INTÉRIEUR DE FAMILLE

PAR Mme MARIE DE BRAY

Auteur du Robinson des Neiges et du Pouvoir de la Charité,
couronné par l'Académie Française

1 vol. in-12, orné de figures. 2 fr.

C'est le journal, d'une jeune fille de 19 ans qui habite Fontainebl
avec son père veuf depuis trois ans, deux jeunes sœurs, (17 et 12 à
deux frères (14 et 15 ans). Ce sont, avec une belle-mère qui leur
donnée, les personnages sur lesquels s'attache principalement l'intérêt
Lecteur.

Reine, la plus jeune, est un ange d'innocence. Plus tard elle est appe
à la vie religieuse. La seconde, Berthe, aime le monde, le luxe, l'indép
dance. Elle se marie pour éviter de se trouver sous la domination d'
belle-mère ; et tandis que ses frères et ses sœurs trouvent la récompe
de l'abnégation de leur volonté, dans une existence douce et paisi
Berthe, après quelques années d'une vie mondaine, reste veuve par
affreuse catastrophe. Rentrée dans la famille avec une existence brisée
religion vient enfin la consoler.

Lucie celle qui écrit le journal, est pieuse, dévouée ; c'est l'ange
foyer paternel.

Xavier, bon avec une nature et une intelligence d'élite, devient
artiste distingué. Il obtient le grand prix de Rome où il va rejoindre
jeune frère, zouave pontifical. De là divers incidents qui animent le ré
La belle-mère après avoir eu bien des préventions à combattre, finit
gagner tous les cœurs.

Beaucoup d'incidents donnent un intérêt dramatique à cet ouvrage ;
laissera nous l'espérons de bonnes impressions au lecteur.

L'IMITATION DE JÉSUS-CHRIST

TRADUCTION NOUVELLE, AVEC DES RÉFLEXIONS A L'USAGE DE LA JEUN

PAR L'ABBÉ P. BIZE

QUATRIÈME ÉDITION, SUR BEAU PAPIER

Approuvée par NN. SS. les archevêques de Toulouse et d'Avignon, etc

1 vol. gr. in-32. 1 fr.

Approbation de Monseigneur DUBREUIL, archevêque d'Avignon

Nous avons lu avec un vif intérêt la traduction de l'*Imitation de Jé*
Christ, par M. l'abbé Bize, et les excellentes réflexions dont elle est
compagnée. Nous joignons bien volontiers notre approbation à tou
celles déjà données par nos vénérés collègues. Peu de livres seront
avec plus de consolation et de fruit dans les maisons d'éducation et d
les familles chrétiennes.

ŒUVRES DE Mme MARIE DE BRAY

Opinion de M. le marquis de Roys. — Observateur du Dimanche. —
31 décembre 1865.

Nous n'avons point à nous étendre sur le mérite du charmant volume de
Mme Marie de Bray, *les deux Orphelins*, ou Mauvaise Tête et Bon Cœur. Il
n'y a pas encore longtemps que nous en annoncions la première édition et
que nous ajoutions que sans-doute nous ne tarderions pas à en annoncer
une seconde. Notre présage, on le voit, s'est réalisé, plus tôt peut-être que
nous ne l'espérions alors, mais non que le méritait ce bon et intéressant
volume. Tout ce qui sort de la plume de Mme de Bray est attacnant pour
la lecture et de la plus exquise moralité, aussi a-t-elle mérité d'être cou-
ronnée par l'Académie française. Mais son remarquable talent sait se plier
de manière à se rendre utile et agréable même aux plus petits enfants, et
nous annonçons la réimpression des *Premiers enseignements chrétiens*,
choix de petites histoires destinées à servir de lectures aux petites filles,
et ses *Premières leçons de politesse*, à l'usage des enfants. Nous recom-
manderons à nos amis leur diffusion comme une excellente propagande.

Marquis de Roys.

Le Pouvoir de la Charité, ou Blanche et Mathilde. Seconde
édition.   1 fr. 25
Ouvrage couronné par l'Académie française qui lui a décerné un prix de 2,000 fr.

Les Filles du Ciel, ou la Foi, l'Espérance et la Charité, seconde
édition, In-12.   2 fr.

La Famille Dumonteil, ou Explication des sept Sacrements. Nouvelle édition : In-12.   1 fr. 25

Les deux Orphelins, ou Mauvaise Tête et Bon Cœur, suivi d'ÉLISA-
BETH ou la jeune Béarnaise : In-12. Seconde édition.   1 fr. 25

Le Bonheur de la Religion, ou l'Aveugle de Brunoy, Seconde
édition : In-12.   1 fr. 25

L'Ange du Pardon, ou Henriette de Tézan, épisode de la maison
de Saint-Cyr, suivi des Récits maternels : In-12.   1 fr. 25

L'Étoile de la mer. Seconde édition : In-12.   1 fr. 25

Dialogues pour les enfants sur les premières vérités,
ornés de 4 gravures in-12.   2 fr.

Les Fleurs de Jésus et de Marie. Un beau volume in-12,
orné de 50 gravures.   2 fr.

Robinson des neiges : In-12.   2 fr.

Histoire de la bienheureuse Marguerite-Marie, religieuse de la Visitation, 1 vol. in-12.   1 fr. 50

Vie de sainte Marguerite-d'Écosse, modèle des femmes
chrétiennes : In-12.   2 fr. 50

Premiers Enseignements chrétiens, en forme de petites
histoires pour les petites filles : In-18.   50 c.

Premières Leçons de politesse, mises à la portée des jeunes
enfants : In-18.   50 c.

PETITE ENCYCLOPÉDIE
DES ENFANTS

PREMIÈRES NOTIONS

DE SCIENCES USUELLES
PAR M. W. MAIGNE

LES MINÉRAUX. — LES VÉGÉTAUX. — LES ANIMAUX. — LES MÉTAUX.
LES COMBUSTIBLES. — LES ALIMENTS. — LES MATIÈRES TEXTILES.
LES MÉTÉORES. — LES ASTRES. — LE CALENDRIER.

1 beau vol. in-12, avec beaucoup de gravures, broch.. 1 fr. 40
— riche cartonnage solide. 1 fr. 50
— rel. percal., tr. jaspée, 2 fr. —Tr. dor. 2 fr. 25

L'auteur des *Premières Notions de Sciences Usuelles* a voulu donner aux instituteurs, aux institutrices et aux mères de famille, un moyen à la fois simple et sûr d'initier les enfants à la connaissance d'une infinité de choses utiles dont l'enseignement a été jusqu'à présent fort négligé principalement à cause de la forme savante et du prix élevé des ouvrages où elles sont exposées.

Ce petit livre répond donc à un besoin réel, et, ce qui en augmente nos yeux l'utilité, c'est que, à l'exemple de plusieurs Pères des anciennes congrégations enseignantes, M. Maigne l'a rédigé sous la forme d'un questionnaire, la seule qui, entre les mains d'un instituteur intelligent puisse produire des résultats rapides et durables, celle d'ailleurs que l'Eglise a adoptée pour l'enseignement du Catéchisme.

Les *Premières Notions de Sciences Usuelles* se composent de dix parties ou chapitres, chacune consacrée à une branche spéciale. Elles contiennent une si grande abondance de choses et de mots qu'elles constituent une véritable petite encyclopédie enfantine. Nous les recommandons en toute confiance à tous ceux qui, à divers titres, s'occupent de l'instruction des enfants.

CHARADES ET PROVERBES EN ACTION
Nouvelles Scènes dialoguées pour servir aux récréations des Pensionnats de Jeunes filles

PAR Mme LA COMTESSE DROHOJOWSKA

1 vol. in-12. . . 2 fr. 50

Ce volume contient : *Un Caprice de Jeune Fille. — L'Ange et la Famille. — Si la Parole est d'Argent, le Silence est d'Or. — L'Hiver mis en Jugement. — Une Matinée littéraire. — Bien faire. — Les Bons Maîtres font les Bons Serviteurs. — Foi, Espérance et Charité, etc., etc.*

SOIRÉES AMUSANTES

NOUVEAU RECUEIL

D'HISTOIRES & HISTORIETTES, ANECDOTES, BONS MOTS & FACÉTIES

PAR M. BOISSEAU

1 volume in-12. . . 2 fr.

Compte-rendu de la *Revue d'Economie chrétienne* (juillet 1865).

n'est pas toujours en train de réfléchir et de s'instruire, pas même toujours en train e charmé et d'être ému. Ce sont surtout les gens les plus graves qui ont le plus grand oin de rire à certaines heures. Pour ces heures-là, ils pourront mettre en réserve les ées amusantes... Il y a vraiment de quoi s'amuser, et sans que la plaisanterie soit aux ens de la morale : ce compliment est assez rare pour être flatteur. LECAMUS.

e **Joyeux Passe-Temps** es familles, nouveau recueil 'anecdotes, bons mots, facéties, enus propos et tours de société imples et faciles, par M. l'abbé H. BOURGEAU. 1 v. in-12. 2 fr.

. **Renan est-il un écrivain sérieux ?** Impossible e nier la divinité de Jésus-Christ, par M. l'abbé ANGLADE. n-12. 1 fr.

ttres d'un docteur catholique à un protestant sur es principaux points de controerse, par le P. SCHEFFMACHER. vol. in-8. 6 fr.

lines, fêtes et congrès, par HANTREL. In-12. 3 fr.

rnières Poésies de Jean EBOUL. 1 gros volume in-12. *franco.* 4 fr.

çon des Fleurs, par l'abbé UZE. 1 vol. in-18, br. 1 fr. 70

e fleur pour chaque ête, nouveau recueil de compliments pour les fêtes de familles et de pension, par M. ANGEAU. In-12. 1 fr.

Recueil de compliments pour le jour de l'an. In-18. 50 c.

Les Soirées de Charité, par M*** la comtesse DROHOJOWSKA. 1 vol. in-12. 1 fr. 50

Souvenirs de la sainte Enfance, recueils de Traits contemporains. 1 volume in-12. 1 fr. 25

A M. Ernest Renan. — Jésus et la vraie philosophie, par l'abbé MAURETTE. In-8. 1 fr. 50

Le livre des peuples & des rois, par M. Charles SAINTE-FOI. 1 v. in-8. 3 fr. 50

Discussion sur l'usure, par MASTROFINI. In-8. 4 fr.

L'art de bien faire soimême ses affaires et de gagner de l'argent. In-18. 1 fr. 25

Guide pratique pour faire soi-même ses affaires, instructions et modèles. In-18. 80 c.

Manuel épistolaire, véritable secrétaire français et de cabinet. 50 c.

RÉCONCILIATION DE LA RAISON AVEC LA FOI

se des quatre propositions émanées de la Sacrée Congregation de l'index

PAR M. L'ABBÉ MAUPIED

1 volume in-8. . . 2 fr. 30

LA VÉRITABLE RÉPARATION

OU L'AME RÉPARATRICE

Par les saintes larmes de Jésus et de Marie, avec un choix de priè[res]
admirables pour faire la réparation

PAR M. L'ABBÉ J. M. DE B., VICAIRE-GÉNÉRAL

1 vol. in-18, 6e édit. 1 fr. 25

L'art d'improviser étudié par une suite de 56 interludes, faciles, propres aux offices de l'Église, par M. SEGUIN. 1 v. in-4. 9 fr.

Nouveau choix de Cantiques de Saint-Sulpice. 1 v. in-18, cart. 80 c.

Le même avec tous les airs en musique. 1 v. in-18 br. 1 fr. 25

Cantiques à l'usage des églises, des missions et des retraites. 1 v. in-12 cart. 70 c.

Cantiques de l'âme dévote dits de Marseille, nouv. édit. 1 v. in-12. 1 fr. 50

Conduite pour la Toussaint, l'octave des morts et la dédicace des églises, par l'abbé POMARÈDE. 3 v. in-32. 2 fr. 40

La Confrérie des Morts, ou association canonique et universelle pour le soulagement des âmes du purgatoire, par l'abbé VERNET, approuvé par Mgr l'év. de Rodez. 1 v. in-18. 80 c.

Connaissance et amour du Fils de Dieu N.-S. J.-C., par le P. SAINT-JURE. 6 v. in-12. 10 fr.

Le Dimanche et les Fêtes catholiques, ou beaux jours de la piété, suivi de la bourse domestique des pauvres, par M. DE BOISSOUDY, approuvé par Mgr Dupanloup, évêque d'Orléans. 1 v. in-12. 2 fr. 50

Du bonheur éternel des Saints, par le cardinal BELLARMIN, trad. nouv. 1 v. in-18. 2 fr.

Le livre d'or, ou l'humilité en pratique. In-24. 25 c.

Entretiens sur le bo[n-]heur et l'excellence de l'é[tat] de virginité, par le P. CANDEL[.] 1 vol. in-12. 2[.]

Goffiné. Instructions catholiq[ues] pour la sanctification des dim[an-]ches et fêtes. 1 v. in-18 broc[.] 2 fr.

La demi-reliure solide. 0 fr.

Jardin de l'âme solitai[re], ou les plus solides méditatio[ns] cachées sous quelques mots, [par] Hubert LEBON. 1 v. in-18. 60

Les sept trompettes p[our] réveiller les pécheurs et les p[or-]ter à faire pénitence, par le [P.] SOLUTIVE, récollet. 1 vol. in-[ ] 1 fr.

L'orgue, sa connaissance, [son] administration, son jeu, [par] l'abbé REGNIER. 1 v. in-8. 6

Manuel du pénitent ou [mo-]tifs de contrition, etc. 1 v. in-[ ] 80

Montée de l'âme ve[rs] Dieu, par l'échelle des cr[éa-]tures, par le cardinal BELLAR[MIN.] 1 vol. in-18. 1 fr.

Nouveaux entretiens r[eli-]gieux et philosophiques, par M. GUINAUMONT. 1 v. in-12. 4[ ]

Solide vertu, ou traité [des] obstacles à la solide vertu, [des] moyens d'y parvenir et des m[o-]tifs de la pratiquer. In-12. 3[ ]

Triomphe de l'Évangi[le], ou mémoires d'un homme [du] monde, revenu des erreurs [du] philosophisme moderne. 4 [v.] in-12. 5[ ]

**Quelques titres cités au hasard pour indiquer le contenu
des 11 volumes de la DOCTRINE CATHOLIQUE expliquée**

I. Dominicales pour tous les dimanches de l'année, depuis l'Avent
jusqu'au temps pascal. — Sermons pour le temps de l'Avent et du
Carême. — Noël. — Epiphanie. — St Nom de Jésus. — Fêtes de la
^te Vierge. — Retraite pour une première Communion. — Consécration
d'une église. — Exhortations avant et après un mariage. — Adoration
perpétuelle du Saint-Sacrement. — Première Messe d'un jeune prêtre.
— Le premier jour de l'an. — Les Quarante-Heures. — Les Cendres.
— Clôture de Pâques.

II. Nouveau Mois de Marie paroissial, — Dominicales depuis le temps
pascal jusqu'à l'Avent. — Ascension. — Pentecôte. — Fête-Dieu. —
La Toussaint. — Les Morts. — Sacré-Cœur de Jésus. — Sujets de circonstance. — Entrée d'un curé dans sa paroisse. — Distributions de
prix. — Compliment d'un curé à un évêque. — Inauguration d'une
salle d'asile. — Distribution de prix d'une école primaire· — Bénédiction des cloches. — Fête patronale. — Funérailles d'un curé. — Bibliothèque paroissiale. — Plantation de Croix. — Bénédiction d'un
Cimetière. — Congrégation de saint Louis de Gonzague. — Adoration
perpétuelle.

III. Homélies sur les Evangiles de tous les dimanches de l'année.

IV. Instructions pour l'Avent et le Carême. — Retraite pour les personnes pieuses, pouvant servir de cours d'instructions pour les réunions du soir pendant le Carême. — Retraite pour la première Communion. — Sujets de circonstance. — Propagation de la foi. — Les
Quatre-Temps. — Le premier jour de l'an. — Compliment d'un curé
à l'Empereur. — Allocutions avant et après un mariage. — Prise
d'habit d'une religieuse. — Allocutions avant et après le saint Viatique. — Avant et après l'Extrême-Onction. — Les Quarante-Heures. —
Les Cendres.

V. Sujets de circonstance. — Saintes huiles. — Saint Pierre, martyr.
— Saint Jean Porte-Latine. — Rogations. — Ascension. — Mois de
Marie. — Pentecôte. — Sainte-Trinité. — Fête-Dieu. — Sacré-Cœur
de Jésus. — Saint Louis de Gonzague. — Bénédiction d'une cinquan-
taine de mariage. — Confirmation. — Distribution d'images dans une
école primaire. — Discours à un Comice agricole. — Sainte-Enfance.
— Adoration perpétuelle. — Assomption. — Allocution pour un mariage. — Sainte Catherine. — Sainte Anne. — Sainte Cécile. — Saint
sacrifice de la Messe. — Précieux Sang. — Saint Pierre et saint Paul.
— Saint-Scapulaire. — Sainte Marthe. — Bénédiction d'un Chemin de
Croix. — Sur les chefs temporels. — Symbole. — Nativité de la sainte
Vierge. — Sur le service de Dieu. — Conférence sur la maxime : Hors
de l'Eglise point de salut. — Saint Remy. — Saint Martin.

VI. Instructions paroissiales sur les fêtes de l'Ordo romain.

VII. Instructions pratiques sur le Symbole.

VIII. Instructions pratiques sur les commandements. 2e édition.

IX. Imitation des Saints les plus populaires. 2e édition.

X. Instructions pratiques sur les vertus chrétiennes. 2e édition.

XI. Instructions pratiques sur la grâce et les sacrements.

MAGNIFIQUES VOLUMES. — ÉTRENNES DE 1868.

LES CHEFS-D'ŒUVRE DE L'ART CHRÉTIEN

PAR M. ARMENGAUD

Magnifique volume in-4°, orné de 66 gravures, riche cartonnage, 20 fr.

BIBLIOTHÈQUE ILLUSTRÉE DE LA JEUNESSE

Chaque ouvrage forme un magnifique volume grand in-8°

Ire SÉRIE

Chaque volume, broché, couverture imprimée.   4,00
— Demi-reliure, dos en chagrin, tranche dorée.   8,00

Histoire naturelle de Buffon et de Lacépède, avec de nombreuses illustrations dans le texte.

Vie des Saints, 384 gravures.

Génie du Christianisme, par de Châteaubriand.

Les Martyrs, par de Châteaubriand.

Les plus belles Cathédrales de France, par M. Bourassé.

Les leçons de la nature, par M. Cousin Despréaux.

2e SÉRIE.

Chaque volume, broché, couverture imprimée.   7,50
— Demi-reliure, dos en chagrin, tranche dorée.   12,00

Histoire de France, par Mme la comtesse Drohojowska, née Symon de Latreiche. 1 vol. illustré de 12 gravures.

L'air et le monde aérien, par M. Mangin.

Les Mystères de l'Océan, par M. Mangin.

Le Désert et le monde sauvage, par M. Mangin.

Les plus belles églises du monde, par M. l'abbé Bourassé.

Histoire de la sainte Vierge, par M. l'abbé Bourassé.

Histoire de N.-S. Jésus-Christ, par M. l'abbé Bourassé.

Imitation de Jésus-Christ, traduction de Lamenais.

ALBUMS ILLUSTRÉS DE TOUS LES GENRES ET DE TOUS LES PRIX

Dans les demandes, on doit désigner exactement : 1° le format des livres ; 2° s'ils doivent être reliés, cartonnés, brochés ou en feuilles ; 3° la voie d'expédition, la gare du chemin de fer ou le bureau de diligence le plus proche.

Les demandes de livres choisis sur le catalogue Sarlit, et s'élevant à 100 francs ou au-dessus, jouiront **d'une prime de 25 francs** de livres brochés (en payant 100 francs, on recevra *franco* 125 francs de livres).

Cette prime sera élevée à 60 francs pour une demande de 200 francs, et à 100 francs pour une demande de 300 francs de livres du fonds Sarlit.

Nous procurons tous les bons livres qui nous sont demandés.

Wassy. — Imp. et Stér. Mougin-Dallemagne.

612. — Prix

...ADE D'ITALIE, 1 vol. in-12. — Prix : 2 »

Belle collection de gravures religieuses. 1 »

PARIS. — IMP. SIMON RAÇON ET COMP., RUE D'ERFURTH, 1.

www.ingramcontent.com/pod-product-compliance
Lightning Source LLC
LaVergne TN
LVHW050300060726
842525LV00002B/351